FRIEDRICH MEHRHOFF

Die Veränderung des Arbeitgeberbegriffs

Schriften zum Sozial- und Arbeitsrecht

Band 75

Die Veränderung des Arbeitgeberbegriffs

Von

Dr. Friedrich Mehrhoff

DUNCKER & HUMBLOT / BERLIN

CIP-Kurztitelaufnahme der Deutschen Bibliothek

Mehrhoff, Friedrich:
Die Veränderung des Arbeitgeberbegriffs /
von Friedrich Mehrhoff. — Berlin: Duncker
und Humblot, 1984.
(Schriften zum Sozial- und Arbeitsrecht;
Bd. 75)
ISBN 3-428-05709-0

NE: GT

Gedruckt 1984 bei Berliner Buchdruckerei Union GmbH., Berlin 61
Printed in Germany

ISBN 3-428-05709-0

Vorwort

Dieser Veröffentlichung liegt meine Dissertation zum selben Thema zugrunde, die ich im Februar 1984 im Fachbereich Rechtswissenschaft der Fernuniversität Hagen einreichte. Bis zu diesem Zeitpunkt ist die Rechtsprechung und das Schrifttum berücksichtigt.

Herr Prof. Dr. Thilo Ramm betreute das Thema insbesondere während meiner Assistentenzeit bei ihm, meine Ehefrau, unsere Kinder sowie meine Eltern brachten Verständnis auf und Frau Hohmann sorgte für die Schriftform meiner Gedanken.

Allen sei herzlich gedankt.

Im September 1984

Friedrich Mehrhoff

Inhaltsverzeichnis

Einleitung

Erster Teil

Begriffsgeschichte

Zweiter Teil

Der Arbeitgeberbegriff im Sozialstaat

Schluß

Abkürzungsverzeichnis

a. A.	=	anderer Ansicht
AcP	=	Archiv für civilistische Praxis (Zeitschrift)
AFG	=	Arbeitsförderungsgesetz
AiB	=	Arbeitsrecht im Betrieb (Zeitschrift)
AktG	=	Aktiengesetz
AngVersG	=	Angestellten-Versicherungsgesetz
ANÜ	=	Arbeitnehmerüberlassung
AOG	=	Gesetz zur Ordnung der nationalen Arbeit
AP	=	Arbeitsrechtliche Praxis — Nachschlagewerk des Bundesarbeitsgerichts
ArbG	=	Arbeitsgericht
ArbGG	=	Arbeitsgerichtsgesetz
AR-Blattei	=	Arbeitsrecht-Blattei
ArbNerfG	=	Gesetz über Arbeitnehmererfindungen
ArbR	=	Arbeitsrecht (Zeitschrift)
ArbStättVO	=	Verordnung über Arbeitsstätten
ArbuR	=	Arbeit und Recht (Zeitschrift)
ARS	=	Arbeitsrechtssammlung
AÜG	=	Arbeitnehmerüberlassungsgesetz
AZO	=	Arbeitszeitordnung
BAG	=	Bundesarbeitsgericht
BAGE	=	Entscheidungen des Bundesarbeitsgerichts — Amtliche Sammlung
BArbBl	=	Bundesarbeitsblatt
BB	=	Der Betriebs-Berater (Zeitschrift)
BDA	=	Bundesvereinigung der Deutschen Arbeitgeberverbände e. V.
BetrVG	=	Betriebsverfassungsgesetz
BGB	=	Bürgerliches Gesetzbuch
BGBl	=	Bundesgesetzblatt
BGH	=	Bundesgerichtshof
BGHZ	=	Entscheidungen des Bundesgerichtshofs in Zivilsachen
BKK	=	Die Betriebskrankenkasse (Zeitschrift)
BlStSozArbR	=	Blätter für Steuer-, Sozialversicherungs- und Arbeitsrecht
BMA	=	Bundesminister für Arbeit und Sozialordnung
BPersVG	=	Bundespersonalvertretungsgesetz

BReg	=	Bundesregierung
BR	=	Bundesrat
BSG	=	Bundessozialgericht
BSGE	=	Entscheidungen des Bundessozialgerichts
BT	=	Bundestag
BVerG	=	Bundesverfassungsgericht
BVerfGE	=	Entscheidungen des Bundesverfassungsgerichts
BVerwG	=	Bundesverwaltungsgericht
DB	=	Der Betrieb (Zeitschrift)
DDR	=	Deutsche Demokratische Republik
DFB	=	Deutscher Fußballbund
DGB	=	Deutscher Gewerkschaftsbund
Diss.	=	Dissertation
DJT	=	Deutscher Juristentag
Drucks.	=	Drucksache
DuR	=	Demokratie und Recht (Zeitschrift)
E.	=	Entwurf
EStG	=	Einkommensteuergesetz
EzAüG	=	Entscheidungssammlung zum AüG. Hrsg. von Becker, Friedrich / Wulfgramm, Jörg
Fn.	=	Fußnote
FS	=	Festschrift
G.	=	Gesetz
gE	=	gemeinsame (...) Einrichtung(en)
GewO	=	Gewerbeordnung
GG	=	Grundgesetz
GHB	=	Gesamthafenbetrieb
GHBG	=	Gesamthafenbetriebsgesetz
GmbHG	=	Gesetz betreffend die Gesellschaften mit beschränkter Haftung
GRUR	=	Gewerblicher Rechtsschutz und Urheberrecht (Zeitschrift)
HAG	=	Heimarbeitsgesetz
HGB	=	Handelsgesetzbuch
h. M.	=	herrschende Meinung
i. d. F.	=	in der Fassung
IG	=	Industriegewerkschaft
i. S.	=	im Sinne
IW	=	Institut der deutschen Wirtschaft

JArbSchG	=	Jugendarbeitsschutzgesetz
JuS	=	Juristische Schulung (Zeitschrift)
JW	=	Juristische Wochenschrift
JZ	=	Juristenzeitung
KE	=	Kurseinheit
KG	=	Kommanditgesellschaft
Komm.	=	Kommentar
KSchG	=	Kündigungsschutzgesetz
LadSchlG	=	Gesetz über den Ladenschluß
LAG	=	Landesarbeitsgericht
LSG	=	Landessozialgericht
m. E.	=	meines Erachtens
Mill.	=	Millionen
MitbestG	=	Mitbestimmungsgesetz
MünchKomm	=	Münchener Kommentar zum BGB
MuSchG	=	Mutterschutzgesetz
m. w. N.	=	mit weiteren Nachweisen
Nato	=	Nordatlantikpakt-Organisation
n. F.	=	neue Fassung
NJW	=	Neue Juristische Wochenschrift
NStZ	=	Neue Zeitschrift für Strafrecht
ÖJZ	=	Österreichische Juristen-Zeitung
o. J.	=	ohne Jahrgang
OLG	=	Oberlandesgericht
öster.	=	österreichisch (...)
OHG	=	Offene Handelsgesellschaft
OWiG	=	Gesetz über Ordnungswidrigkeiten
PBefG	=	Personenbeförderungsgesetz
R.	=	Rückseite
RabelsZ	=	Rabels Zeitschrift für ausländisches und internationales Privatrecht
RAG	=	Reichsarbeitsgericht
RAGE	=	Entscheidungen des Reichsarbeitsgerichts — Amtliche Sammlung
RAM	=	Reichsarbeitsminister
RArbBl	=	Reichsarbeitsblatt
RdA	=	Recht der Arbeit (Zeitschrift)
RegE	=	Regierungsentwurf
RG	=	Reichsgericht
RGZ	=	Entscheidungen des Reichsgerichts in Zivilsachen

RVA	= Reichsversicherungsamt
RVO	= Reichsversicherungsordnung
RZ.	= Randziffer
Schw(er)bG	= Schwerbehindertengesetz
SchwbWG	= Gesetz zur Weiterentwicklung des Schwerbeschädigtenrechts vom 24. 4. 1974
s. E.	= seines Erachtens
SGB	= Sozialgesetzbuch
SGG	= Sozialgerichtsgesetz
SozFort	= Sozialer Fortschritt (Zeitschrift)
SozPrax	= Soziale Praxis (Zeitschrift)
Sp.	= Spalte
StGB	= Strafgesetzbuch
Tab.	= Tabelle
TVG	= Tarifvertragsgesetz
VO	= Verordnung
VSWG	= Vierteljahresschrift für Sozial- und Wirtschaftsgeschichte
WRV	= Weimarer Reichsverfassung
WSI	= Wirtschafts- und sozialwissenschaftliches Institut des DGB
WzS	= Wege zur Sozialversicherung (Zeitschrift)
ZAS	= (öster.) Zeitschrift für Arbeits- und Sozialrecht
ZBR	= Zeitschrift für Beamtenrecht
ZfA	= Zeitschrift für Arbeitsrecht
ZfdPh	= Zeitschrift für deutsche Philologie
ZfgStW	= Zeitschrift für die gesamte Staatswissenschaft
ZNR	= Zeitschrift für Neuere Rechtsgeschichte
ZRP	= Zeitschrift für Rechtspolitik

Einleitung

§ 1 Die Begriffsverwendung

Der Begriff des Arbeitgebers* ist ein fester Bestandteil der deutschen Sprache.[1] Diese Untersuchung beschränkt sich grundsätzlich auf den Arbeitgeberbegriff in der Bundesrepublik Deutschland. Daneben wird der Sprachgebrauch in der Schweiz, in Österreich und insbesondere in der DDR nur berücksichtigt, um die Begrifflichkeit in der Bundesrepublik zu verdeutlichen.

Als Arbeitgeber wird nicht etwa bezeichnet, wer die Arbeitskraft gibt. Das ist der Arbeitnehmer. Der Arbeitgeber bietet vielmehr die Arbeitsgelegenheit.[2] In diesem Sinne wird der Arbeitgeberbegriff nicht nur in der Umgangssprache, sondern auch in den zahlreichen sich mit dem Arbeitsleben beschäftigenden Wissenschaften verwendet. Dazu zählen neben der Rechtswissenschaft auch die Wirtschafts- und Sozialwissenschaften.

Der Begriff des Arbeitgebers gehört aber in erster Linie zu den Grundbegriffen unserer Rechtsordnung.[3] Zahlreiche Rechtsnormen und Verträge verwenden ihn. Im Arbeitsrecht stellt er einen allgegenwärtigen Grundbegriff dar. Darüber hinaus ist der Arbeitgeberbegriff im Sozialversicherungsrecht gebräuchlich (§ 245 RVO[4]), im Steuerrecht (§ 42 d EStG), ebenso in den Gerichtsverfahrensgesetzen wie etwa im ArbGG und im SGG[5] und sogar im Personenbeförderungsgesetz (§ 2 III

---

* Im folgenden wird nur der „männliche" Begriff des Arbeitgebers verwendet. Unter ihn fällt also auch die Arbeitgeberin. Das entspricht der gesetzgeberischen Übung.

[1] Dies grenzt zugleich das Thema ab. Ein Vergleich mit dem Begriff „employer" im anglo-amerikanischen Sprachkreis, „emplolyeur" in der französischen Sprache oder mit dem Begriff „datore di lavoro" in der italienischen Sprache bleibt einer weiteren Untersuchung vorbehalten.

[2] *Engels* bezeichnete diese Begrifflichkeit 1883 als „Kauderwelsch" in seinem Vorwort zu Karl Marx, Das Kapital, Bd. 1 in: Marx-Engels Werke, Bd. 23 1962, S. 34; ebenso *Fetscher*, S. 59 und *Hanau / Adomeit*, S. 132. *von Nell-Breuning*, FS Backhaus, S. 182 meint, dies sei eine für den Arbeitnehmer „entwürdigende Bezeichnungsweise".

[3] So auch *Nikisch*, S. 142/143 mit dem Hinweis auf das Urteil des RAG vom 25. 1. 1930 in: RAGE 5, 120, 124.

[4] Vgl. *Alexander* in: BKK, 1962, Sp. 313 f. sowie *Fabricius*, Arbeitgeberbegriff.

[5] s. *Osswald* in: RdA 1954, S. 246.

sowie § 45 IV S. 2). Allein diese umfassende Verwendung des Arbeitgeberbegriffs deutet an, daß sich eine Untersuchung des Arbeitgeberbegriffs nicht auf das Arbeitsrecht beschränken läßt.

Vereinzelt wird von dem Begriff des Arbeitgebers abgewichen. So ist im Handelsrecht der Begriff Prinzipal gebräuchlich (§ 60 HGB), im Bereich der Heimarbeit der Begriff Auftraggeber (§ 17 HAG), in der Gewerbeordnung der Begriff Gewerbetreibender[6] (§ 105 GewO) sowie im Beamtenrecht der Begriff Dienstherr. Der Begriff des Betriebsinhabers kommt in § 613 a BGB vor, obgleich diese Norm das Arbeitsverhältnis regelt. Der Unternehmerbegriff wird im Betriebsverfassungsrecht neben dem Arbeitgeberbegriff verwendet (u. a. in §§ 106 ff. BetrVG). Zudem existiert eine Vielzahl von umgangssprachlichen Ausdrücken wie etwa Meister, Chef, Boss etc.

Diese Vielzahl scheinbar austauschbarer Bezeichnungen deutet die häufig beklagte „Unsicherheit über Grundbegriffe[7]" an, die auch den Arbeitgeberbegriff umfaßt. Diese Untersuchung soll einen Beitrag dazu leisten, Sicherheit zurückzugewinnen. Quasi als Bestandsaufnahme wird zunächst ein Überblick über die traditionelle Bedeutung des Arbeitgeberbegriffs vorangestellt, so wie ihn die Jurisprudenz beschreibt.

§ 2 Die Bedeutung des Arbeitgeberbegriffs

I. Der Begriffsinhalt

1. Der Arbeitgeber ist durch seine Stellung als *Arbeitsvertragspartei* innerhalb des Arbeitsverhältnisses zum Arbeitnehmer gekennzeichnet. Die herrschende Meinung greift damit zur Bestimmung des Arbeitgebers auf den Arbeitsvertrag als rechtliches Einheitsmerkmal zurück. Der Arbeitgeber stelle den Gläubiger des Anspruchs auf Arbeitsleistung und den Schuldner des Arbeitsentgelts gegenüber dem Arbeitnehmer dar[1] bzw. sei der Träger von arbeitsrechtlichen Rechten und Pflichten[2].

---

[6] Zum Begriff des Gewerbetreibenden vgl. das Urteil des BVerwG vom 30. 9. 1976 in: NJW 1977, S. 1250/1251. Zum Lohngewerbetreibenden als Arbeitgeber s. auch das Urteil des BAG vom 2. 10. 1974 in: AP Nr. 13 zu § 4 TVG — Geltungsbereich —.

[7] So *Mayer-Maly* in: ZAS 1966, S. 2.

[1] Vgl. § 611 S. 1 BGB. Zu dieser Sicht des Arbeitgebers s. zuletzt die Definition des BAG im Urteil vom 16. 10. 1974 in: AP Nr. 1 zu § 705 BGB = NJW 1975, S. 710; aus der Lit. *Lotmar* 1902, S. 60/61 sowie *Potthoff*, Wörterbuch 1920, S. 17/18 und *Jacobi*, Grundlehren 1927, S. 59; vgl. auch *Molitor* in: DB 1956, S. 21; *Brox*, S. 11; *Bobrowski / Gaul*, S. 20; *Ernst Wolf* in: 25 Jahre BAG, S. 715 f. sowie *Zöllner*, Arbeitsrecht, S. 50. Zum öster. Recht ebenso *Floretta* u. a., S. 159 sowie *Henrich* in: ÖJZ 1956, S. 422 f.

[2] *Fabricius*, Arbeitgeberbegriff, S. 67.

2. Ein weiteres Kennzeichen des Arbeitgebers wird in seinem *Direktionsrecht*[3] gegenüber dem Arbeitnehmer gesehen.[4] Der Arbeitgeber stellt den Arbeitnehmer ein, organisiert den Arbeitsablauf, bestimmt über das Was, Wie und Wann der Arbeitsleistung und trennt sich letztlich wieder vom Arbeitnehmer. Soziologisch handelt es sich bei dem Direktionsrecht um eine zusammenfassende Bezeichnung von Herrschaftsbefugnissen, die zu der für das Arbeitsrecht typischen Abhängigkeit des Arbeitnehmers im Arbeitsverhältnis führt[5]. Rechtsdogmatisch werden diese Befugnisse entweder auf den Arbeitsvertrag zurückgeführt[6] und damit wieder dem Arbeitgeber als Vertragspartner zugeordnet, oder aber man greift auf eine wirtschaftliche Betrachtungsweise zurück, indem man den eigentlichen Grund der Arbeitgeberbefugnisse im Eigentum über die Produktionsmittel sieht.[7]

3. Schließlich wird der Arbeitgeber als *sozialer Gegenspieler* des Arbeitnehmers innerhalb des privatkapitalistischen Gesellschaftssystems der Bundesrepublik bezeichnet.[8] Eine juristische Zuordnung wird hier nicht vorgenommen. Die Gegenspielerrolle des Arbeitgebers soll lediglich den Interessengegensatz zwischen Kapital und Arbeit zum Ausdruck bringen, auf dem das privatkapitalistische Gesellschaftssystem beruht. Der Arbeitgeber ist nach dieser Auffassung ausschließlich der Eigentümer der Produktionsmittel und damit der Vertreter des Kapitals.[9] Die Rechtsordnung der DDR kennt demgegenüber den Begriff des Arbeitgebers nicht, weil jene Gesellschaftsordnung nicht auf privatem, sondern auf sozialistischem, also gesamtgesellschaftlichem Eigentum beruht.[10]

---

[3] Neben dem Begriff Direktionsrecht (so *Stenschke, Greiser, Gast* sowie *Haug*) gibt es die Ausdrücke Leitungsbefugnis (so *Karch*), Leistungsbestimmung (so *Söllner*), Weisungsrecht (so *Schnorr von Carolsfeld*) und Leitungsmacht (so *Birk*).

[4] BAG in: AP Nr. 17 zu § 611 BGB „Direktionsrecht" Bl. 1 R; *Nikisch*, 1. Aufl., S. 66; auch *Osswald*, S. 246; *Scholz* in: ZfA 1980, S. 362; *Vollmer*, S. 395; *Schaub*, Arbeitsrechts-Handbuch, S. 63. Zum schweizer Recht ebenso *Rehbinder*, Arbeitsrecht, S. 23 und zum öster. Recht *Henrich*, S. 422 f.

[5] So *Hueck / Nipperdey*, S. 89; *Karch*, insbes. S. 128 und *Stenschke*, S. 7.

[6] Vgl. nur *Söllner* in: MünchKomm. § 611 RZ 157. Einen guten Überblick über die dogmatische Einordnung bietet *Gast*, insbes. S. 16 - 20.

[7] Zu dieser von *Marx* beeinflußten Sicht vgl. *Sinzheimer*, Grundzüge, S. 25 ff. bzw. S. 217; ebenso *Pohl*, S. 51 f., insbes. S. 53 sowie *Friedmann*, S. 81 f.

[8] *Kaskel*, Arbeitsrecht, S. 30; *Schnorr von Carolsfeld*, S. 27; *Nikisch*, S. 143; *Bobrowski / Gaul*, S. 20; *Maus / Kremp*, S. 48 sowie *Dersch*, AR-Blattei A II.

[9] Vgl. *Scholz* in: ZfA 1980, S. 364/365, der zum Ausdruck bringt, daß die eigentumsrechtliche Stellung des Arbeitgebers verfassungsrechtlich abgesichert sei.

[10] *Rüthers*, Arbeitsrecht, hier S. 37.

II. Die Definition des Arbeitgeberbegriffs

Eine einheitliche Legaldefinition des Arbeitgeberbegriffs existiert in keiner gesetzlichen Vorschrift.[11] Zwar sahen mitunter Gesetzesentwürfe eine Definition vor.[12] Sie fand aber niemals Eingang in die Gesetze selbst. Der Gesetzgeber überließ es letztlich der Wissenschaft und der Rechtsprechung, den Arbeitgeberbegriff zu bestimmen.[13] Als Arbeitgeber wird allgemein diejenige Person bezeichnet, die (mindestens) einen Arbeitnehmer beschäftigt.[14] Diese Definition ist indes sehr allgemein gehalten. Sie hat nur eine begrenzte Aussagekraft, weil mit ihr nicht der Arbeitgeber inhaltlich beschrieben, sondern lediglich klargestellt wird, daß der Arbeitgeber von der Existenz eines Arbeitnehmers abhängt. Die herrschende Meinung faßt folglich den Arbeitgeberbegriff — quasi als bloßen Reflex — nur als Gegenbegriff zum Arbeitnehmerbegriff auf.[15] Der Arbeitgeber soll im Gegensatz zum Arbeitnehmer eine unbedeutende Rolle im traditionell als Sonderrecht des Arbeitnehmers konzipierten Arbeitsrecht spielen.[16]

III. Die Abgrenzung zum Unternehmer- und Betriebsinhaberbegriff

1. Als *Unternehmer* wird häufig bezeichnet, wer in einem Unternehmen den wirtschaftlichen und ideellen Zweck fortgesetzt verfolgt.[17] Diese wirtschaftliche Zielsetzung soll den Unterschied zum Arbeitgeber hervorheben, der seinerseits in erster Linie durch seine Arbeitsvertragsstellung im Arbeitsverhältnis zum Arbeitnehmer gekennzeichnet sei.[18]

---

[11] Es gibt nur vereinzelte Umschreibungen, wie etwa die Fiktion in § 4 III SchwbG, wo die Arbeitgeber der öffentlichen Hand im einzelnen bestimmt werden.

[12] So § 7 des RegE zum BetrVG 1952 in: BT-Drucks. Nr. 1546; zit. bei *Kretzschmar* in: BB 1953, S. 209, 1. Sp.

[13] Das ergibt sich aus dem Entwurf ebenda.

[14] Bereits *Potthoff* in: ArbR 1921, S. 19; *Alfred Hueck* 1922, S. 37; *Hueck / Nipperdey*, S. 88; *Nikisch*, S. 142; *Schaub*, Arbeitsrechts-Handbuch, S. 63; *Bürger* u. a., S. 1; *Söllner*, Arbeitsrecht, S. 28; *Hanau / Adomeit*, S. 132; zum schweizer Recht s. die entsprechende Definition bei *Rehbinder*, Arbeitsrecht, S. 23 = § 4 A I. Diese Definition kann man sogar im Umkehrschluß aus § 22 I ArbGG entnehmen. Denn danach ist der ehrenamtliche Richter aus Kreisen der Arbeitgeber auch derjenige, „der vorübergehend keinen Arbeitnehmer beschäftigt."

[15] *Nikisch*, S. 142, *Hueck / Nipperdey*, S. 89 sowie *Bürger*, S. 1.

[16] Anstelle der überwiegenden Meinung nur *Hueck / Nipperdey*, S. 89 sowie *Nikisch*, S. 142.

[17] In Anlehnung an die klassische Definition des Unternehmens von *Jacobi*, Betrieb und Unternehmen 1926, S. 20. Eine entsprechende Definition gibt der RegE zum BetrVG 1952; abgedr. bei *Kretschmar* in: BB 1953, S. 209, 2. Sp.

[18] Zu dieser Gegenüberstellung s. die umfassesnden Ausführungen bei *Huppert*, insbes. S. 53, der meint, der Unternehmerbegriff bringe unzulässi-

Der Arbeitgeber- und der Unternehmerbegriff werden als Rechtsbegriffe also streng voneinander getrennt. Der Arbeitgeberbegriff wird dem Arbeitsrecht, der Unternehmerbegriff dem Wirtschaftsrecht zugeordnet.[19]

2. Der *Betriebsinhaber* soll hingegen immer dann mit dem Arbeitgeber als Vertragspartner identisch sein, wenn er einen Betrieb unterhalte.[20] Als Arbeitgeber, nicht aber als Betriebsinhaber, werden demnach Privatpersonen bezeichnet, die Haushaltshilfen oder Raumpflegerinnen beschäftigen. Als Inhaber des Betriebs wird allgemein angesehen, wer im eigenen Namen mit einem Betrieb einen arbeitstechnischen Zweck verfolgt.[21]

§ 3 Das Problem und die Aufgabe

1. Der Arbeitgeberbegriff durchläuft wie jeder Begriff als Teil der menschlichen Sprache eine geschichtliche Entwicklung und entfaltet ein veränderbares Eigenleben.[1] Entweder erweitert sich sein begrifflicher Inhalt, oder er verengt sich, oder er verändert sich graduell gleichwertig.[2] Ungeachtet dieses bekannten Phänomens der Veränderbarkeit von Begriffen übernimmt die herrschende Praxis und Wissenschaft häufig unreflektiert die traditionelle Bedeutung des Arbeitgeberbegriffs. Gerade der Rechtswissenschaft fällt aber die Aufgabe zu, den Bedeutungswandel eines Rechtsbegriffs bewußt zu machen.[3]

Betrachtet man die gegenwärtige komplexe Sozial- und Wirtschaftsordnung, so drängt sich die Frage geradezu auf, ob es noch zeitgemäß ist, den Arbeitgeberbegriff auf seine Vertragspartnerstellung im Zwei-

---

gerweise wirtschaftliche Gesichtspunkte in das Arbeitsvertragsverhältnis; zuvor ähnlich schon *Hans Schmieder* in: SozPrax 1918/1919, Sp. 272; ebenso *Kretschmar*, S. 209 sowie *Hanau / Adomeit*, S. 133.

[19] s. schon *Kaskel*, Arbeitsrecht 1928, S. 66, Fn. 3; *ders.* in: JW 1926, S. 12; vgl. auch *Dersch*, AR-Blattei 1955 B II.; aus der neueren Lit. *Zöllner*, Arbeitsrecht, S. 50 f. sowie *Schaub*, Arbeitsrechts-Handbuch, S. 64.

[20] So *Bobrowski / Gaul*, S. 45; auch *Alfred Hueck* 1922, S. 37. Anschaulich ist § 21 I LadSchlG: „Der Inhaber einer Verkaufsstelle, in der regelmäßig mindestens ein Arbeitnehmer beschäftigt wird, ...“.

[21] In Anlehnung an die Umschreibung von *Jacobi*, Betrieb und Unternehmen, S. 9; ebenso *Bobrowski / Gaul*, S. 45 sowie *Wendling*, S. 74, jeweils m. w. N.

[1] Zur Veränderbarkeit von Begriffen s. *Müller-Erzbach*, S. 373; *Mitscherlich*, S. 122 sowie *Oertmann*, S. 49.

[2] Auf diesen „numerus clausus“ der Alternativen, der letztlich nur eine einzige Veränderung des Arbeitgeberbegriffs zuläßt, weist *Kronasser*, S. 78 hin. Hier liegt auch die Erklärung für den Singular in der Überschrift dieser Untersuchung.

[3] Zur Aufgabe der Rechtswissenschaft gerade im Hinblick auf den Arbeitgeberbegriff vgl. die Ausführungen bei *Huppert*, S. 28 - 37.

Personen-Arbeitsverhältnis zu reduzieren. Wie wirkt sich etwa auf den Arbeitgeberbegriff das gerade in Großbetrieben aktuelle Phänomen der Aufspaltung der Arbeitgeberstellung auf verschiedene Personen aus? Einordnungsprobleme ergeben sich auch bei den übrigen Fällen der aufgespaltenen Arbeitgeberstellung in Mehrpersonen-Arbeitsverhältnissen, in denen die Rechte und die Pflichten des Arbeitgebers als Vertragspartei auf mehrere Personen verteilt sind. Welche gegenwärtige Bedeutung hat im übrigen das Eigentum für den Arbeitgeberbegriff? Ist der Kapitalgeber weiterhin der soziale Gegenspieler des Arbeitnehmers? Wie sind die leitenden Angestellten in das bipolare Schema von Kapital und Arbeit einzuordnen? Und wie wirkt die Mitbestimmung der Arbeitnehmer auf den Arbeitgeber als sozialen Gegenspieler ein? Machen die veränderten Interessengegensätze den Arbeitgeberbegriff etwa überflüssig? Läßt sich zudem die von der herrschenden Meinung vertretene Trennung von Unternehmer- und Arbeitgeberbegriff aufrechterhalten? Sämtliche Fragen münden in die weitere Problemstellung, ob der Arbeitgeberbegriff wirklich nur als bloßer (unselbständiger) Gegenbegriff zum Arbeitnehmerbegriff Bedeutung hat. Dieses Problem leitet zwingend zu den Grundfragen des Arbeitsrechts über, etwa zu einer zeitgemäßen Beurteilung der Ansicht, die das Arbeitsrecht mit einem Sonderrecht des Arbeitnehmers im Sinne eines Arbeiterschutzrechts gleichsetzt.[4]

2. Zur Beantwortung dieser Fragen soll der Arbeitgeberbegriff epochen- und gesetzesübergreifend untersucht werden. Die Untersuchung des Arbeitgeberbegriffs als Grundbegriff des Arbeitsrechts soll zugleich dazu beitragen, ein gedankliches Netz über die Grundlagen des Arbeitsrechts zu spannen.

a) Diese umfassende Aufgabe schließt eine *Lücke* in der wissenschaftlichen Durchdringung des Arbeitgeberbegriffs. Bislang fehlt gänzlich eine epochenübergreifende Darstellung. Mit Ausnahme von *Henrich*[5] kann die vorliegende Untersuchung nur auf einzelne gesetzesbezogene Beiträge[6] sowie auf eine ältere Untersuchung von *Huppert* aus dem Jahre 1928 über den „Begriff des Arbeitgebers, insbesondere sein Verhältnis zum Begriff des Unternehmers“ zurückgreifen. Hinzu kommen einige Vorarbeiten zum Verhältnis zwischen Direktionsrecht und Ar-

---

[4] Vorläufig mag der Hinweis auf kritische Stimmen wie etwa *Herschel* in: FS Nipperdey, S. 61; *ders.*, Vom Arbeiterschutz zum Arbeitsrecht, S. 307 sowie *Zöllner*, Arbeitsrecht, S. 39 und *Birk*, Leitungsmacht, S. 138 genügen.

[5] Der Rechtstypus des Arbeitgebers in: ÖJZ 1956, S. 421 f. zum öster. Recht.

[6] Sie nehmen seit den 50er Jahren zu. Vgl. *Kretschmar* in: BB 1953, S. 209 f.; *Osswald* in: RdA 1954, S. 246 f.; *Fabricius*, Arbeitgeberbegriff 1971; *Heinze* in: ArbuR 1976, S. 33 bis 41; *Marburger* in: BB 1977, S. 449 f.; *Müllner* 1978; *Vollmer* in: GRUR 1978, S. 393 f. sowie *Scholz* in: ZfA 1980, S. 357 f.

beitgeberbegriff[7], zum Begriff des leitenden Angestellten[8] und zur aufgespaltenen Arbeitgeberstellung[9]. Im übrigen findet man einen mehr oder weniger kurzen Überblick über den Arbeitgeberbegriff in den arbeits- und sozialrechtlichen Kommentaren, Lehr- oder Wörterbüchern.[10]

b) Die umfassende Aufgabenstellung stellt zudem klar, daß es weder darum geht, ein konkretes juristisches Sachproblem zu lösen, noch sich darauf zu beschränken, die Definition des Arbeitgebers zu überprüfen.[11] Deswegen darf der Leser auch keinen „Kommentar des Arbeitgeberbegriffs" erwarten. Vielmehr leistet diese Untersuchung einen *rechtstheoretischen Beitrag* zu den Grundlagen des Arbeitsrechts. Sie soll der Rechtspraxis immer dann Orientierungshilfe und Denkanstöße bieten, wenn die Frage auftaucht: Wer ist Arbeitgeber?

c) Die Aufgabe beinhaltet schließlich zwei *themenspezifische Schwierigkeiten.* Erstens ist der Arbeitgeberbegriff ideologieverdächtig. Wer sich mit ihm wissenschaftlich beschäftigt, setzt sich in besonderem Maße der Gefahr aus, voreingenommen zu urteilen. Diese Gefahr darf aber nicht dazu führen, daß von Wertungen gänzlich abgesehen wird. Dies wäre auch unmöglich. Nur ist der Wissenschaftler bei seinen Wertungen zur Neutralität verpflichtet. Im Rahmen dieses Neutralitätsgebots darf er, und muß er sogar Wertungen vornehmen.

Eine weitere Schwierigkeit des Themas liegt darin, daß jeder, der sich die Aufgabe stellt, Veränderungen freizulegen, sich einer erhöhten Kritik aussetzt, weil die Entwicklung nur lückenhaft oder unzutreffend beschrieben oder lediglich Selbstverständliches verarbeitet worden sei. Auch im Zusammenhang mit dem Arbeitgeberbegriff liegt die Schwierigkeit darin, Veränderungen wahrzunehmen und sie in ihrer komplexen Gesamtheit zu erfassen. Letztlich soll diese Untersuchung aber Sensibilität für entwicklungsspezifische Zusammenhänge und damit dem Leser Anreize geben, den traditionellen Arbeitgeberbegriff und über ihn das traditionelle Arbeitsrecht zu überdenken. Dies regt zur Diskussion an und entspricht der Aufgabe der Wissenschaft.

---

[7] Hier insbesondere *Titze,* Das kaufmännische Hilfspersonal in: Handbuch des gesamten Handelsrechts, S. 545 f. sowie die in Fn. 3 zu § 2 Zit., insbes. *Birk,* Leitungsmacht.

[8] So *Pakebusch, Hromadka,* Leitende Angestellte und *Eichenhofer,* Leitende Angestellte sowie *ders.* in: ZfA 1981, S. 219 f.

[9] *Ramm* in: ZfA 1973; *Müllner; Heinze* in: ArbuR 1976, S. 33 f. sowie *Fabricius,* Arbeitsverhältnisse im Konzern.

[10] *Bürger* u. a.; *Dersch* in: AR-Blattei; *Figge,* Sozialversicherungs-Handbuch sowie *Reifferscheid,* Lexikon des Rechts, jeweils unter dem Stichwort „Arbeitgeber".

[11] Diese Aufgabe stellte sich *Huppert,* S. 8.

§ 4 Das methodische Vorgehen

Eine epochenübergreifende Untersuchung des Arbeitgeberbegriffs muß von der *Begriffsgeschichte* ausgehen. Sie klärt die Verbindung zwischen vergangener und gegenwärtiger Begrifflichkeit.[1] Diese Klärung erfordert erstens eine über den dogmatischen Ansatz[2] hinausgehende Betrachtung der entwicklungsspezifischen Besonderheiten des Arbeitgeberbegriffs.[3] Als epochenübergreifendes Untersuchungskriterium bietet sich zweitens die Analyse von Herrschaftsstrukturen im Arbeitsleben an.[4]

Eine gesetzesübergreifende Untersuchung des Arbeitgeberbegriffs muß grundsätzlich die *typologische Methode* i. S. des Idealtypus von Max Weber zugrundelegen.[5] Nur sie schafft die Grundlage für einen Einblick in die Begriffsstrukturen, die hinter den einzelnen Gesetzen verborgen liegen. Hier ist insbesondere die mit der Begriffsverwendung verbundene Bedeutung[6] ebenso wie die Aufgaben des Arbeitgebers in der Rechts- und Gesellschaftsordnung von Interesse.

Über die Gesetzes- bzw. Aufgabenanalyse hinaus muß die Untersuchung die *Entwicklung des Arbeitsrechts* miteinbeziehen. Dieser Ansatz berücksichtigt die Wechselbeziehung von Rechtsordnung und Rechtsbegriff und beugt der Gefahr vor, sich durch eine dogmatische Einzelaufzählung den Weg für eine begriffliche Gesamtentwicklung zu versperren. Denn entsprechend der Dynamik der Rechtsordnung verändern sich auch die einzelnen Begriffe in ihrem Inhalt.[7]

Schließlich muß die Untersuchung auch die auf den Arbeitgeberbegriff einwirkenden *gesellschaftlichen Entwicklungen* aufgreifen. Denn gerade das Arbeitsrecht — und damit auch der Arbeitgeberbegriff als Grundbegriff — entwickelt sich in ständiger Wechselbeziehung von ökonomischen, rechtlichen und politischen Einflußfaktoren innerhalb einer Gesellschaftsordnung.[8] Dieser Ansatz entspricht der Auffas-

---

[1] s. *Koselleck,* S. 129.

[2] Darauf beschränken sich *Bernert* sowie *Turin.*

[3] *Esser,* S. 207 spricht von Begriffen als „Kinder ihrer Zeit“.

[4] Zu diesem Ansatz vgl. *Mestitz* in: ZNR 1980, S. 52 sowie *Willoweit* in: JuS 1977, S. 573 f.

[5] Die typologische Methode legt auch *Henrich* seiner Abhandlung über den Arbeitgeberbegriff im öster. Sprachgebrauch zugrunde. Im Zusammenhang mit dem Unternehmerbegriff wird sie auch von *Jungfer,* S. 112 benutzt.

[6] Daß ein in der Gesetzessprache mehrfach benutzter Begriff nicht überall in demselben Sinn verwendet wird, bringt *Rittner,* S. 7 zum Ausdruck.

[7] Auf diese Wechselbeziehung weist zutreffend *Rittner,* S. 13 hin; ebenso *Oeser / Raisch,* KE 3, S. 53.

[8] So *Rüthers,* Arbeitsrecht im Wandel, S. 8 sowie S. 18.

sung, die in allen zentralen Rechtsbegriffen im Kern gesellschaftliche Begriffe sieht.[9] Erst durch die über das Arbeitsrecht hinausgehenden Wirkungszusammenhänge öffnet sich der Blick über den Arbeitgeberbegriff als Rechtsbegriff hinaus. Sie schaffen die Einbruchstellen sowohl für soziologische[10] als auch für wirtschaftswissenschaftliche Erkenntnisse, ohne deren Einbeziehung die Untersuchung über die Veränderung des Arbeitgeberbegriffs unvollständig bliebe.

In der Berücksichtigung der gesellschaftlichen Entwicklung zeigt sich zugleich der *interdisziplinäre* und der *rechtspolitische Charakter* dieser Untersuchung. Sie muß über das geltende Rechtssystem hinaus die gesellschaftlichen und rechtstatsächlichen Veränderungen einbeziehen. Dieser Ansatz fügt sich nahtlos in die beiden wichtigsten Aufgaben der Rechtswissenschaft ein, sowohl rechtspolitisch gestaltend zu wirken[11], als auch der Wirklichkeit gerecht zu werden[12].

Die so beschriebene Methode bestimmt den konkreten *Aufbau*. Um sich der Vergangenheit des Arbeitgeberbegriffs zu nähern, wird im ersten Teil die Begriffsgeschichte untersucht. Erst sie schafft die Grundlage für den zweiten Teil, in dem die begriffsgeschichtlichen Entwicklungslinien aufgenommen und in die Gegenwart verfolgt werden. Entsprechend der typologischen Methode wird dort insbesondere das Objekt des Arbeitgeberbegriffs — der Arbeitgeber als Erscheinung der gesellschaftlichen Wirklichkeit — und die Begriffsverwendung untersucht. Danach läßt sich das Ergebnis im dritten Teil formulieren. In diesem Schlußteil wird auch auf die Auswirkungen der Untersuchungsergebnisse auf das Arbeitsrecht eingegangen und die Frage behandelt, ob der Arbeitgeberbegriff beibehalten oder durch einen anderen Begriff ersetzt werden soll.

---

[9] So bereits *Lorenz von Stein*, zit. bei *Rüthers*, ebenda, S. 9; ebenso *Müller-Erzbach*, S. 345.

[10] Das Hilfsmittel der Rechtssoziologie für die Bestimmung des Arbeitgeberbegriffs hebt *Huppert*, S. 30 besonders hervor. Auch *Scholz* in: ZfA 1980, S. 363 weist auf soziologische Wandlungsprozesse im Zusammenhang mit dem Arbeitgeberbegriff hin.

[11] Vgl. *Sinzheimer* in: ArbR 1922, Sp. 193/194; zur rechtspolitischen Aufgabe der Rechtswissenschaft auch *Ballerstedt* in: RdA 1976, S. 6 sowie *ders.* bereits in: Grundfragen, S. 65.

[12] Dies hebt zutreffend *Huppert* auf S. 29 sowie S. 53 hervor.

Erster Teil

Begriffsgeschichte

In den überlieferten schriftlichen Quellen tauchte der Begriff des Arbeitgebers zuerst im 19. Jahrhundert auf. Bevor der Frage nachgegangen wird, warum der Arbeitgeberbegriff gerade in dieser liberalen Geschichtsepoche entstand, und wie er sich verbreitete, soll die Begrifflichkeit im Vorliberalismus untersucht werden. Dieser Rückblick öffnet den Gesamtblick für die weitere begriffliche Entwicklung in der Weimarer Republik, im Nationalsozialismus bis hin zur Gegenwart.

§ 5 Die Begrifflichkeit im Vorliberalismus

I. Der uneinheitliche Sprachgebrauch

Vor seiner Entstehung im 19. Jahrhundert existierte zwar nicht der Begriff des Arbeitgebers. Hingegen gab es seit jeher Personen, die Arbeitsgelegenheiten anboten.[1] Aus der Antike ist der Sklavenhalter bekannt[2] ebenso wie der Besitzer des Weinbergs, der Tagelöhnern Arbeit gab[3].

Im deutschen feudalen Mittelalter verwendeten die schriftlichen Quellen eine Vielfalt von Begriffen. Die Rechtsnormen und die gemeinrechtlichen Lehren bezeichneten den Arbeitgeber etwa als Conductor, Dinger, Herrschaft (so im Bayerischen Landrecht)[4], als Herr (so im Sachsenspiegel, im Bremer-, Lübecker- und Hamburger Stadtrecht)[5], als Dingender (so im Preußischen Allgemeinen Landrecht)[6] sowie als Dienst- oder Arbeitsherr[7] etc. Diese begriffliche Uneinheit spiegelte die

---

[1] Sie könnte man mit *Max Weber* als den „Idealtypus“ des Arbeitgebers bezeichnen. Der Vorteil dieses die soziale Wirklichkeit beschreibenden Begriffs des Idealtypus ist es, daß er „als Terminus für Einheiten verwendet wird, die sich mit den konkreten Objekten oder Erscheinungen in der Wirklichkeit grundsätzlich nur annäherungsweise decken“. So die Beschreibung bei *Schoeck*, Stichwort „Idealtypus“.

[2] Dazu *Brockmeyer*, Antike Sklaverei.

[3] Vgl. das biblische Gleichnis der Arbeiter im Weinberg (Neues Testament, Matthäus 20).

[4] Diese Angaben sind *Bernert*, S. 56 entnommen.

[5] *Bernert*, S. 47 - 51.

[6] *Bernert*, S. 64.

uneinheitlichen mittelalterlichen Arbeitsverhältnisse wider.[8] Es existierte kein einheitlicher Begriff und es gab kein einheitliches Recht der Arbeit.[9]

II. Die unterschiedlichen Begriffsinhalte

1. In den Arbeitsverhältnissen der Landwirtschaft, die von Leibeigenschaft, Hörigkeit und Frondienst geprägt waren, gaben die Gutsherren bzw. der ländliche und städtische *Adel* die Arbeitsgelegenheit. Hinzu trat das Arbeitsverhältnis mit dem Gesinde. In diesem deutschrechtlichen Arbeitsverhältnis empfing die *Herrschaft* auf der einen Seite die gesamte Arbeitskraft und Treue des Gesindes, auf der anderen Seite verpflichtete sie sich aber, für das Gesinde zu sorgen. Die Machtstellung korrespondierte also mit der Verantwortung der Herrschaft für den sozialen Schutz des Gesindes. Den Schutz erhielt das Gesinde insbesondere durch die Aufnahme in die Familie der Herrschaft. Dort gab es keine grundlegenden Interessengegensätze, eher eine „gefühlsmäßige Solidarität".[10] Denn das Gesinde strebte nicht nach einem beruflichen Aufstieg.

2. Die gewerblichen Arbeitsverhältnisse im feudalen Mittelalter wurden durch Arbeitsverträge begründet und entsprachen der im römischen Rechtskreis vorherrschenden Sicht der „Arbeit gegen Entgelt". In diesen Arbeitsverhältnissen war also derjenige, der die Arbeitsgelegenheit bot, bereits als Arbeitsvertragspartei gekennzeichnet. Diese Stellung verkörperte im Handwerk der *Meister*.[11] Ebenso wie im Gesindearbeitsverhältnis bot der Meister den Gesellen und Lehrlingen sozialen Schutz im Familienverband. Zusammen mit den Lehrlingen und Gesellen als „Schutzgenossen" gehörte er als „Vollgenosse" der Zunft an.[12] Dort unterlag er der Zunftordnung und damit auch Beschränkungen seiner Rechte, so des Rechts, Arbeitskräfte einzustellen.[13] Andererseits schützte die Zunftordnung die wirtschaftliche Existenz des Meisters dadurch, daß sie den Aufstieg der Gesellen zum Meister reglementierte. Insoweit nahm die Zunft als Berufsorganisation eine interessenausgleichende Funktion ein. Denn die Gesellen suchten stets ihre berufliche Aufstiegschance. Als diese Möglichkeit schwand, entwickel-

---

[7] *Bernert*, S. 30.

[8] *Wackernagel*, S. 10 bzw. S. 12 f. kennzeichnet das Mittelalter durch „Kasuistik" und durch „fehlende gemeinsame Begriffe".

[9] Ausdrücklich *Schröder*, S. 1 sowie *Willoweit*, S. 573.

[10] Dazu und zum Vorstehenden *Wackernagel*, S. 23 f.

[11] s. zu den gewerblichen Arbeitsverhältnissen *Ebel*, Arbeitsvertragsrecht, S. 14 f., insbes. S. 15/16; ebenfalls *Eberhard Schmieder*, S. 95 f.

[12] So die ausdrucksvollen Begriffe von *Schmieder*, ebenda, S. 96/97. Mitunter bot die Zunft als Berufsorganisation selbst Arbeitsgelegenheiten.

[13] Dazu *Schmieder*, ebenda, S. 108 sowie *Ebel*, Arbeitsvertragsrecht, S. 16.

ten sich im Laufe des 15. Jahrhunderts heftige soziale Interessengegensätze.[14]

3. Im Arbeitsverhältnis der Bergleute, das ebenfalls zu den gewerblichen Arbeitsverhältnissen des Mittelalters zählte, gaben bis in das 16. Jahrhundert hinein die einzelnen *Gewerken*, sodann die *Gewerkschaft* als Werksgenossenschaft die Arbeitsgelegenheit.[15] In den Arbeitsverhältnissen der Seeschiffahrt war der *Reeder* als Eigentümer zugleich die Arbeitsvertragspartei.[16] Auf See übernahm seine Stellung der *Kapitän*. Seit dem 13. Jahrhundert schufen auch die aufkommenden *Städte* zunehmend öffentliche Einrichtungen und damit Arbeitsgelegenheiten.[17] So nahm parallel mit der Entwicklung der Stadtgemeinde als Aufenthaltsort von Menschen das Bedürfnis nach Arbeitskräften zu, die verwaltungsmäßige, bauliche und militärische Aufgaben erledigten.[18]

III. Die Gemeinsamkeiten

Drei gemeinsame Kennzeichen durchziehen sämtliche Begriffsinhalte. Sie schaffen gleichsam eine verbindende Klammer der ansonsten uneinheitlichen Erscheinungsformen desjenigen, der die Arbeitsgelegenheit gab.

1. Die Person, die Arbeit gab, war nicht als Individuum einer Gesellschaft von Bedeutung.[19] Ihre Wertigkeit richtete sich vielmehr nach ihrem Status innerhalb einer Gruppe von Individuen im Rahmen eines Personenverbandes. In dieser Stellung als Mitglied der Familie, einer Zunft-, Gilden- oder sonstigen Ordnung war seine rechtliche und soziale Stellung genau festgelegt und kaum veränderbar.[20]

2. Innerhalb dieser festgelegten Ordnung besaß der Arbeitsgelegenheitsgeber neben seiner wirtschaftlichen Macht weitgehende persönliche Herrschaftsrechte gegenüber seinen Arbeitskräften.[21] Dieser patriarchalische Charakter kennzeichnete die vorliberalen Arbeitsverhältnisse. Der arbeitgebende und arbeitnehmende Teil des Arbeitsverhältnisses waren keine gleichberechtigten Subjekte. Der Arbeitgeber hatte

---

[14] s. dazu die Ausführungen von *Schoenlank*.

[15] Dazu *Ebel*, Arbeitsvertragsrecht, S. 76 sowie *Imbusch*, insbes. S. 39.

[16] s. zu diesem Arbeitsverhältnis die Ausführungen bei *Ebel*, ebenda S. 48, insbes. S. 50.

[17] Dazu die Ausführungen von *Schröder*, S. 6 sowie S. 12. Auch *Eberhard Schmieder*, S. 77.

[18] Diese Aufgabe wurde überwiegend den Beamten übertragen.

[19] Ebenso *Wackernagel*, S. 7.

[20] Entsprechende Feststellungen macht *Schröder*, S. 10.

[21] Zu beachten ist indes der zunehmende Einfluß der Gesellenverbände auf die Herrschaftsstrukturen im Handwerk.

die Subjektstellung inne, der Arbeitnehmer wurde lediglich als bloßes Objekt betrachtet.[22] Diese Machtstellung des Arbeitgebers beschränkte letztlich auch nicht die ggf. vorhandene Berufsorganisation. Zwar regelten die Ordnungen mitunter, daß der Arbeitgeber nicht nach seinem Belieben Arbeitskräfte einstellen durfte wie etwa bei den Zünften. Diese Bestimmungen verfolgten aber in erster Linie einen wirtschaftlichen Interessenausgleich unter den Meistern. Sie schützten nicht die Arbeitskräfte.

3. Den Schutz der Arbeitskräfte übernahmen grundsätzlich diejenigen, denen die Arbeitskraft zugute kam. Sie gaben die Arbeitsgelegenheit und gewährleisteten die soziale Sicherheit der Arbeitskraft. Dieser Schutz war der soziale Ausgleich zur wirtschaftlichen und persönlichen Machtstellung. Erst als der soziale Ausgleich nicht mehr funktionierte wie etwa zwischen den Meistern und den Gesellen und auch die Zunftverfassung keinen Machtausgleich ermöglichte, kam es zu den Gesellenverbänden und den heftigen Interessengegensätzen.

§ 6 Das Aufkommen des Arbeitgeberbegriffs im Liberalismus

I. Die Entstehung und Verbreitung

1. Der eigentliche *Wortschöpfer* ist nicht zu ermitteln. Das weite Feld der Umgangssprache hält ihn verborgen. Eine rein grammatische Analyse des Wortes „Arbeit-Geber“ läßt indes auf den Personenkreis der Wortschöpfer schließen: die Unternehmer als Arbeitgeber. Denn der Begriff drückt das Selbstbewußtsein und den Stolz der Unternehmer aus, die anderen Menschen Arbeit gaben.[1]

Wer den Arbeitgeberbegriff in die geschriebene Fachsprache einbrachte, kann ebenfalls nicht exakt rekonstruiert werden. Sicher ist, daß der Arbeitgeberbegriff in der *Wissenschaft* seit der Mitte des 19. Jahrhunderts zum ersten Mal gebraucht wurde. So verwendete ihn 1848 *Fanny Imle* in den „frühesten Veröffentlichungen standesbewußter deutscher Buchdruckergehilfen, mit denen sie ihre Sammlung ‚Gewerblicher Friedensdokumente‘ einleitete“.[2] Auch im rechtswissenschaftlichen Lehrbuch von *Daniels* läßt sich der Arbeitgeberbegriff bereits 1851 nachweisen.[3]

---

[22] Zu dieser Beschreibung vgl. *Potthoff*, Grundlagen, S. 450 sowie *Fabricius*, FS Fechner, insbes. S. 177.

[1] Zu dieser Schlußfolgerung auch *Mann*, S. 44.

[2] Zitiert nach *Kessler*, Arbeitgeberorganisation, S. 230/231, der diese Stelle herausfand.

[3] So auf S. 252. Auf *Daniels* bezieht sich auch *Bernert*, S. 65.

Etwa zeitgleich fand der Arbeitgeberbegriff in den *Rechtsnormen* des 19. Jahrhunderts zunehmend Eingang. So läßt er sich belegen im preußischen Gesetz vom 16. Mai 1853 betreffend einige Abänderungen des Regulativs vom 9. März 1839[4] über die Beschäftigung jugendlicher Arbeiter in Fabriken[5] sowie im preußischen Gesetz vom 24. April 1854, betreffend die Verletzung der Dienstpflichten des Gesindes, der Schiffsknechte und der ländlichen Arbeiter.[6]

2. Neben dem Arbeitgeberbegriff wurden zunächst weiterhin die zahlreichen den Arbeitgeber umschreibende Begriffe aus dem Vorliberalismus verwendet wie etwa Herrschaft, Dingender oder Arbeitsherr.[7] Erst allmählich verbreitete sich der Arbeitgeberbegriff und verdrängte die anderen Begriffe. Der Gesetzgeber nahm den Arbeitgeberbegriff in der Gewerbeordnung für den Norddeutschen Bund vom 21. Juni 1869 auf wie etwa in den §§ 130 ff., sodann in der Gewerbeordnung des Deutschen Reichs von 1884[8] und weiterhin in zahlreichen Arbeiterschutzgesetzen, so in § 10 des Gesetzes, betreffend Kinderarbeit in gewerblichen Betrieben von 1903[9] sowie in den Sozialversicherungsgesetzen wie etwa im Gesetz über die eingeschriebenen Hülfskassen vom 7. April 1876[10], im Krankenversicherungsgesetz von 1883[11] und später im Versicherungsgesetz für Angestellte vom 20. Dezember 1911[12] sowie in der Reichsversicherungsordnung vom 19. Juli 1911[13].

Der Arbeitgeberbegriff trat neben den aufkommenden Unternehmerbegriff. Beide Begriffe wurden von der Gesetzgebung nebeneinander verwendet. Nachdem das Allgemeine Landrecht für die preußischen Staaten 1794 noch allein den Begriff des Fabrikunternehmers[14] gebraucht hatte, trat erst in der Gewerbeordnung des Norddeutschen Bundes von 1869 neben den Begriff des Gewerbe-Unternehmers (§ 107), des Gewerbetreibenden (§ 105)[15], des Fabrikinhabers (§§ 134, 138) sowie des Meisters (§ 114) der Arbeitgeberbegriff.

---

[4] Preuß. Ges. Sammlung 1839, S. 156. 1839 wurde der Arbeitgeberbegriff also noch nicht verwendet.

[5] 2, 3, 5; Allgemeines Landrecht II, 12. §§ 43 ff., Preuß. Ges. Sammlung 1853, S. 225.

[6] § 2 d; Allgemeines Landrecht II, 5. §§ 1 ff. Ges. Sammlung, S. 214.

[7] Vgl. *Bernert*, s. o. § 5 Fn. 4 ff.

[8] § 112 S. 1 sowie in der Überschrift zu §§ 115 f.; abgedr. bei *Koch*, S. 4.

[9] Abgedr. bei *Gustav Böhm*, S. 89 f., hier S. 92.

[10] § 9; s. RGBl 1876, 125.

[11] §§ 49 S. 1 und 52; abgedr. bei *Koch*, S. 49 f.

[12] So in § 170; RGBl 1911, 989.

[13] z. B. §§ 13, 15, 17; RGBl 1911, 509.

[14] § 408 ALR für die preußischen Staaten, 1794 Teil II Titel 8 Abschnitt 4; vgl. dazu *Ebel*, Quellen, S. 257.

[15] Auch schon in § 134 Preuß. GewO vom 17. 1. 1845 in: Preuß. Ges. Sammlung 1845, S. 41 ff.

Der Sprachgebrauch des Gesetzgebers förderte die Verbreitung des Arbeitgeberbegriffs auch in der Wissenschaft. So verwendete *Schmoller* den Arbeitgeberbegriff 1870 durchgängig in seiner Abhandlung „Zur Geschichte der deutschen Kleingewerbe im 19. Jahrhundert“[16]. Es folgten die Monographien von *Hickmann*[17], *Dannenberg*[18] sowie *Brentano*[19]. Der Gebrauch des Arbeitgeberbegriffs setzte sich bis zur Jahrhundertwende lebhaft fort.[20]

II. Der Begriffsinhalt

1. Für den Begriffsinhalt wesentlich war zunächst, daß der Arbeitgeberbegriff nur als Bezeichnung für die eine *Partei des gewerblichen Arbeitsverhältnisses* verwendet wurde, nicht aber im Rahmen anderer Arbeitsbeziehungen. Dies wird sowohl bei *Daniels* deutlich, der den Arbeitgeberbegriff unter dem systematischen Gliederungspunkt des Arbeitsverhältnisses faßt, den er als „Teil des Lohnvertrags im Gegensatz zum Gesindevertrag bzw. Herrschafts- oder Dienerschaftsvertrag“ bezeichnet.[21] Auch die Rechtsnormen des 19. Jahrhunderts führen gerade für die Regelungen der gewerblichen Fabrikarbeitsverhältnisse den Arbeitgeberbegriff ein. Dies geht aus der Systematik der bereits angeführten Gesetze aus den Jahren nach 1853 hervor.[22] Der Arbeitgeberbegriff stand dort im Anschluß an die Überschrift „Verhältnisse der Fabrikarbeiter“[23] neben den Begriffen „Herrschaft“ oder „Dienstberechtigter“, die ihrerseits für das Gesinde- oder sonstige Arbeitsverhältnisse herangezogen wurden.

2. Kennzeichnend für den Arbeitgeber war zudem seine wirtschaftliche Macht. Sie dokumentierte sich rechtlich in seiner *Vertragspartnerstellung*. Nach der Einführung der Gewerbefreiheit in § 105 GewO für den Norddeutschen Bund von 1869 bestimmte sich die Stellung des Arbeitgebers nicht mehr nach den starren Regeln der feudalen Berufsorganisationen. Der Arbeitgeber war fortan als Vertragspartner des Arbeitnehmers gekennzeichnet. Er existierte nicht mehr als Glied einer

[16] z. B. S. 327.

[17] Der soziale Krieg 1872, z. B. S. 14.

[18] Das deutsche Handwerk und die soziale Frage, 1872, S. 22 f.

[19] Das Arbeitsverhältnis gemäß dem heutigen Recht 1877, z. B. S. 43.

[20] *Gilles*, Der Staat als Arbeitgeber 1884; *Hitze*, Pflichten und Aufgaben der Arbeitgeber in der Arbeiterfrage 1888; *Rhein*, Ein Appell an alle Arbeitgeber 1891; *Erwin Stein*, Arbeitgeber und Arbeitnehmer 1906 sowie *Tille*, Die politische Arbeitgeberbewegung 1909. Zudem erschien der 1. Jahrgang der Zeitschrift „Der Arbeitgeber“ im Mai - Dezember 1890. *Georg* nahm den Begriff des Arbeitgebers als Stichwort (im 2. Band = 1888 - 1892) erstmals 1898 in seinem Schlagwortkatalog auf.

[21] 1851, S. 252. Später auch *Förster / Eccius*, 6. Aufl. 1892, S. 271.

[22] s. o. Fn. 5 und die späteren Gesetze in Fn. 8 ff.

[23] GewO des Norddeutschen Bundes von 1869, Überschrift vor §§ 127 ff.

Familie oder Berufsgemeinschaft, sondern als Individuum der gesamten Gesellschaft. Als Unternehmer konnte er nunmehr ohne rechtlichen oder sozialen Zwang insbesondere seine Rechte weitgehend vertraglich gestalten. Die in der Vertragsstellung zum Ausdruck kommende wirtschaftliche Macht erklärt auch die parallele Begriffsverwendung von Unternehmer- und Arbeitgeberbegriff. Beide Begriffe beinhalten eine wirtschaftliche Machtposition gegenüber den Arbeitskräften ebenso wie übrigens der Begriff des Eigentümers, der in den Arbeitgeberbegriff überging. So verwendete noch das preußische Regulativ vom 9. März 1839 den Begriff des Eigentümers[24], während sodann in dem Gesetz vom 16. Mai 1853[25] der Arbeitgeberbegriff Eingang fand.

3. Ein weiteres Kennzeichen des Arbeitgebers lag in seiner *persönlichen Machtstellung*. Die Vertragsfreiheit löste zwar das standesgebundene Herrschaftsrecht des Arbeitgebers ab, seine Machtstellung blieb aber erhalten. Die Kontinuität dieser persönlichen Machtstellung verdeutlicht wiederum die Verwendung des Arbeitgeberbegriffs. Er trat zunehmend an die Stelle der das persönliche Herrschaftsverhältnis ausdrückende Begriffe „Fabrikherr“[26], „Hütten-Herr“[27] sowie „Arbeitsherr“[28]. Der Arbeitgeber fühlte sich als „Herr im Hause“[29], im Unterschied zu dem patriarchalischen Arbeitgeber des Vorliberalismus aber nicht zum Schutz der Arbeitskräfte verpflichtet. Diese Schutzverpflichtung ergriff erst in der zweiten Hälfte des 19. Jahrhunderts der Staat durch die Arbeiterschutzgesetzgebung. Das Aufgreifen dieser Schutzverpflichtung durch den Staat kann mit der Rolle der Monarchie erklärt werden, die ihrerseits noch die persönliche Bindung an den „politischen Machthaber“ betonte, so daß es naheliegt, diese Charakterisierung der Macht im politischen Bereich auch auf den wirtschaftlichen Bereich im Staat zu übertragen.

4. Die *Schutzverpflichtung* des Arbeitgebers wurde zunehmend wesentlicher Begriffsinhalt. So zog man den Arbeitgeberbegriff heran, um den Verursacher der „sozialen Frage“[30] und zugleich den Adressaten

---

[24] § 7; vgl. o. Fn. 4.

[25] s. o. Fn. 5.

[26] § 8 Preuß. Regulativ über die Beschäftigung jugendlicher Arbeiter von 1839, s. o. Fn. 4.

[27] So § 1 des Hütten-Reglements für die Glasfabriken zu Schreiberhan/Schlesien vom 18. 12. 1812; abgedr. bei *Ebel*, Quellen, Nr. 84, S. 270 f.

[28] So §§ 138 und 139 der Preuß. GewO vom 17. 1. 1845; Preuß. Ges. Sammlung 1845, S. 41 f.

[29] Zur Entwicklung dieser Machtstellung des Arbeitgebers insbes. im Zeitraum zwischen 1840 - 1890 vgl. *Sachtler*, S. 34.

[30] Vgl. zur Geschichte des Begriffs „sozial“ *Geck*, Eindringen des Wortes „sozial“ sowie *Zimmermann*.

des sozialen Schutzgedankens zu kennzeichnen. Zielrichtung der Begrifflichkeit war also die Forderung nach einem sozialen Arbeitgeber. Diese Forderung, mit der man auf die wirtschaftliche und persönliche Machtstellung des Arbeitgebers reagierte, stand im Gegensatz zu der Bedeutung, die ihm noch in der ersten Hälfte des Jahrhunderts stolz die Unternehmer als „Arbeit-Geber" beigemessen hatten.[31] Mit seinem sozialen Inhalt läßt sich der Arbeitgeberbegriff auch nahtlos in die Kette der „Zukunftsbegriffe" einordnen, mit denen insbesondere in der 2. Hälfte des 19. Jahrhunderts politische Positionen vorformuliert wurden.[32] Interessant ist, daß im Gegensatz zum Gesetzgeber, der den sozialen Schutzgedanken aufnahm und den Arbeitgeberbegriff in die Arbeiterschutzgesetze einführte, die Rechtswissenschaft des 19. Jahrhunderts die soziale Verpflichtung des Arbeitgebers kaum beachtete.[33] Vielmehr war es die Nationalökonomie wie etwa *Schmoller*, die mit dem Arbeitgeberbegriff zugleich sozialpolitische Forderungen verknüpfte.[34] Erst allmählich — um die Jahrhundertwende — entwickelte sich die liberale — am Arbeitsvertrag orientierte — Rechtswissenschaft zu einer „sozialen Rechtswissenschaft"[35].

Der soziale Inhalt des Arbeitgeberbegriffs paßt sich ebenfalls nahtlos in die Entwicklung der aufkommenden Rechtsdisziplin des Arbeitsrechts ein. Der Arbeitgeberbegriff als Grundlage des Arbeitsrechts und das dazugehörige Rechtsgebiet standen in einem besonderen Wirkungszusammenhang. Die Geschichte des Arbeitgeberbegriffs ist eng verknüpft mit der Geschichte des Arbeitsrechts, die ebenso wie die Geschichte des Arbeitgeberbegriffs in der zweiten Hälfte des 19. Jahrhunderts begann.[36]

---

[31] s. o. unter I. 1. sowie Fn. 1. Auch *Daniels* (s. o. in Fn. 3) verwendete den Arbeitgeberbegriff nicht mit seiner sozialen Bedeutung, sondern verknüpfte ihn wohl mit dem Stolz der Unternehmer, anderen Gesellschaftsmitgliedern Arbeit zu geben.

[32] Vgl. die Ausführungen von *Kosellek*, S. 119 f.

[33] Noch während der Verhandlungen zum BGB um die Jahrhundertwende wurde der Begriff „Dienstberechtigter" dem Arbeitgeberbegriff vorgezogen; vgl. dazu die Hinweise bei *Hromadka*, Leitende Angestellte, S. 10, insbes. Fn. 28.

[34] Vgl. die bereits in Fn. 17 - 19 Zit.

[35] So *Otto von Gierke* in seinem Vortrag von 1889 über „Die soziale Aufgabe des Privatrechts". Die Entwicklung des sozialen Rechts, die durch die Arbeiterschutzgesetze und die Sozialversicherungsregelungen eingeleitet, aber zunächst aus dem Privatrecht herausgehalten und in das öffentlich-rechtliche Gewerberecht abgedrängt wurde, beschreibt auch *Schmid*, S. 73 f.

[36] Mit dieser Koppelung von Arbeitgeberbegriff und Arbeitsrecht soll indes keine zeitliche Verkürzung der Arbeitsrechtsgeschichte auf das 19. Jahrhundert vertreten werden. Denn zum Verständnis des Arbeitsrechts und seiner Grundbegriffe muß vielmehr die vorliberale Zeit — wie hier — notwendig mitberücksichtigt werden. Vgl. zu dieser Ansicht in der Arbeitsrechtswissenschaft *Mayer-Maly* in: RdA 1975, S. 59; *Ramm*, Geschichte, S. 5, obgleich

5. Mit dem Aufkommen des Arbeitgeberbegriffs und seinem sozialen Inhalt bildete sich die *soziale Gegenspielerrolle* des Arbeitgebers, die den Gegensatz von Kapital und Arbeit widerspiegelte, heraus. Dieser Gegensatz von Kapital und Arbeit entstand aber nicht etwa erst im liberalen 19. Jahrhundert. Sein Ursprung lag bereits im 15. Jahrhundert. Seinerzeit verselbständigte sich der Gesellenstand zu einem eigenen Arbeiterstand. Es entstanden die Gesellenvereinigungen. Schon damit war eine Trennung der zuvor noch allein in der Person des Meisters vereinigten Faktoren Kapital und Arbeit vollzogen.[37] Eine Klassenkampfkonstellation entstand also bereits, als sich die Selbständigen von den Unselbständigen dadurch trennten, daß die Aussicht für den Gesellen und Gehilfen schwand, zum Meister oder Prinzipal aufzusteigen.[38] Diese Klassenkampfkonstellation verstärkte sich im Verlauf des 19. Jahrhunderts, weil sich durch den statusaufhebenden freien Arbeitsvertrag nunmehr zwei voneinander getrennte Klassen und damit Machtungleichgewichte herausbildeten. Fortan existierten keine in eine Vielzahl von Berufsständen zersplitterte Gruppe mehr, die den einzelnen Mitgliedern ihren Status verliehen, sondern freiheitliche Individuen ohne einengende soziale Bindungen. Nunmehr gab es auf der einen Seite der Klassengesellschaft die Selbständigen, die wirtschaftliche und persönliche, also soziale Macht ausübten, die Unternehmer als Arbeitgeber, auf der anderen Seite die Arbeiter, die den Aufstieg zum Arbeitgeber nur schwer erreichten.

6. Eng mit der Herausbildung von sozialen Interessengegensätzen und der sozialen Schutzaufgabe des Arbeitgebers war die Entwicklung der *Arbeitgebervereinigungen* verknüpft. Diese Entwicklung ist von zwei Phasen gekennzeichnet.

Zum ersten Mal verwendete der am 6. Dezember 1878 gegründete „Verein der Anhaltischen Arbeitgeber“ den Arbeitgeberbegriff.[39] Dieser Verein verfolgte den Zweck, „die Verbesserung der sozialen Lage und materiellen Stellung des Arbeiterstandes sowie die Förderung des friedlichen Zusammenwirkens von Arbeitgebern und Arbeitnehmern“

er die eigentlichen Wurzeln der geltenden Arbeitsverfassung in der Arbeitsverfassung des Kaiserreichs sieht, so *ders.* in: JZ 1977, S. 2; *Willoweit* sowie *van der Ven*, Bd. 1, S. 7. Sie alle beziehen den Vorliberalismus mit in die Arbeitsrechtsgeschichte ein. Dagegen wendet sich *Mestitz*, S. 47 sowie S. 53 f., der die Arbeitsrechtsgeschichte in erster Linie mit der Entstehung des Kapitalismus, also mit dem Aufkommen der sozialen Frage beginnen lassen will.

[37] Vgl. zu dieser Entwicklung schon früh *Brentano*, S. 13 f. und S. 24 f., insbes. S. 29; ebenso *Ebel*, Arbeitsvertragsrecht, S. 15 sowie *Hromadka*, Leitende Angestellte, S. 9.

[38] Darauf weist zutreffend *Brentano*, S. 34/35 hin, der schon von einer „Klasse der Arbeitgeber“ (S. 333/334) sprach; ebenso *Eberhard Schmieder*, S. 96/97.

[39] Vgl. *Leckebusch*, S. 25 f. und S. 33; ebenso *Braun*, S. 8; s. auch die Hinweise bei *Herkner*, S. 397, insbes. Fn. 1.

zu gewährleisten.[40] Es zeigt sich also, daß der Arbeitgeberbegriff vom Verständnis der Arbeitgeber her *zunächst* keinen Klassenkampfgedanken beinhaltete, der auf den ersten Blick wegen der bereits zuvor gegründeten (politischen) Gewerkschaften nahegelegen hätte. Auch der bereits 1869 gegründete Deutsche Buchdruckerverein, der als erster und ältester — nicht aber den Arbeitgeberbegriff verwendender — Verband der Arbeitgeber bekannt ist,[41] war keine klassenkämpferische Vereinigung. Er mag zwar als Antwort auf die 1866 gegründete Gewerkschaft derselben Branche, den Deutschen Buchdruckerverband, gegründet worden sein.[42] Auch war Aufgabe des Vereins die „Ordnung und Befestigung der geschäftlichen Verhältnisse zwischen Arbeitgebern und Arbeitnehmern“. Aber es handelte sich nicht etwa um eine reine gegen die Gewerkschaft gerichtete Abwehrorganisation, einen sog. Anti-Streikverein[43], sondern um eine Vereinigung, die die Gewerkschaften als Partner von Tarifverträgen anerkannte[44] und auf Kooperation angelegt war.

Eine *Wende* und damit eine zweite Phase in der Entwicklung der Arbeitgebervereinigungen begann erst nach 1890. Die in der Folgezeit zahlreichen neu gegründeten Arbeitgebervereinigungen bezweckten fast ausschließlich die Abwehr von gewerkschaftlichen Ansprüchen.[45] Erst in dieser zweiten Phase lassen sich die Arbeitgeberverbände als Anti-Streikvereine bezeichnen. Der Unternehmer erkannte jetzt zunehmend, daß er der kollektiven Arbeiterbewegung allein ohnmächtig gegenüberstand. Das Zusammengehörigkeitsgefühl der Arbeiter auf der einen Seite bewirkte also — quasi als Reflex — eine Solidarität unter den ansonsten von wirtschaftlichem Konkurrenzdenken geprägten Unternehmern als Arbeitgeber.

§ 7 Der Arbeitgeberbegriff in der Weimarer Republik

I. Die Verselbständigung des Arbeitgeberbegriffs

1. Zu Beginn der Weimarer Republik im Jahre 1918 wurde der Arbeitgeberbegriff als einheitlicher Ausdruck für die arbeitgebende Vertragspartei in sämtlichen über das Gewerberecht hinausgehenden Ar-

[40] s. die Quellen zit. bei *Kessler*, Arbeitgeberorganisation, S. 335; zum Ganzen *Oechelhäuser*, „Über die Durchführung der sozialen Aufgabe im Verein der Anhaltischen Arbeitgeber“, Berlin 1888.

[41] Dazu *Tänzler*, S. 11; *Kessler*, ebenda, S. 234 sowie *Emil-Peter Müller*, S. 45.

[42] s. die Zit. ebenda.

[43] Zu dieser Umschreibung *Kessler*, Arbeitgeberverbände, S. 20 sowie *ders.*, Arbeitgeberorganisation, S. 233.

[44] Dazu *Erdmann*, Arbeitgeberverbände, S. 54.

[45] Ebenda, S. 55 f., insbes. S. 57.

beitsverhältnissen verwendet.[1] Die Beseitigung des Gesinderechts[2], das Inkrafttreten des Betriebsrätegesetzes und der verfassungsrechtliche Auftrag, „ein einheitliches Arbeitsrecht" zu schaffen[3], förderte die *Vereinheitlichung des Arbeitgeberbegriffs.* Dieser Begriff wurde nunmehr auf alle Betriebe, Büros und Verwaltungen ungeachtet der Größe oder Branche des einzelnen Arbeitgebers ausgedehnt.[4] Andere Begriffe neben ihm blieben zwar erhalten, waren aber selten.

2. Der verselbständigte Arbeitgeberbegriff ist ein Teil der *Verselbständigung des sozialen Schutzes.* In den arbeitsrechtlichen Gesetzen entwickelte sich der Arbeitgeberbegriff zu einem umfassenden begrifflichen Zeichen für den sozialen Schutzverpflichteten.[5] Hierin zeigte sich die Entwicklung vom liberalen zum sozialen Recht. Das soziale Recht fand insbesondere in dem neuen selbständigen Rechtsgebiet des Arbeitsrechts seinen Ausdruck. In diesem sozialen Arbeitsrecht nahm der Arbeitgeber eine soziale Schutzstellung innerhalb eines Arbeitsverhältnisses mit sozialer Zielsetzung ein.[6] Dem Arbeitgeber oblagen nicht nur reine Vertragspflichten, also die Zahlung von Arbeitsentgelt, sondern auch soziale Aufgaben. Diese soziale Schutzverpflichtung kam dem Arbeitgeber auch im Bereich des Sozialversicherungsrechts zu.[7] Die

---

[1] *Hromadka,* Leitende Angestellte, S. 10 verlegt entgegen der hier vertretenen Ansicht die zeitliche Grenze für die allgemeine Durchsetzung des Arbeitgeberbegriffs bereits auf den Beginn des 20. Jahrhunderts. Es mag dafür einsichtige Gründe geben. Man denke etwa nur an die Schrift von *Lotmar* aus dem Jahre 1902, der darin bereits von einem „Stand der Arbeitgeber" sprach (S. 66). Er knüpfte bereits die Verbindung vom Gewerbe- zum Dienstvertragsrecht des BGB (S. 20). Auch *Sinzheimer* forderte schon 1914 ein einheitliches Arbeitsrecht in seinen „Grundgedanken und die Möglichkeit eines einheitlichen Arbeitsrechts für Deutschland". Aber ein einheitliches Arbeitsrecht entstand erst nach den Rechtsänderungen zu Beginn der Weimarer Republik.

[2] Durch den Rat der Volksbeauftragten.

[3] So Art. 157 Abs. 2 WRV.

[4] *Kaskel,* Das neue Arbeitsrecht, 1. Aufl. 1920, S. 27; s. auch *Sinzheimer,* Grundzüge, S. 6 sowie S. 45/46; ebenso den Beitrag von *Molitor,* Geschichte, S. 391 bzw. 397, insbes. dort die Fn. 57.

[5] Z. B. die VO über die Arbeitszeit in den Bäckereien und Konditoreien vom 23. 11. 1918; das Gesetz über die Beschäftigung Schwerbeschädigter vom 6. 4. 1920 usw. Vgl. dazu und zu weiteren den Arbeitgeberbegriff verwendenden Gesetzen die abgedruckten Gesetzestexte bei *Gustav Böhm,* S. 100 f.; hier S. 159 f. bzw. S. 329 f.

[6] Diesen Gedanken verbreitete mehrfach *Potthoff,* so in: JW 1927, S. 227 sowie in: ArbR 1922, S. 277/278; vgl. zudem die Abhandlung von *Geck,* Die sozialen Arbeitsverhältnisse 1931. Auch *Hug* beschrieb 1926 schon das „soziale Funktionsverhältnis", das s. E. über die beiden Beteiligten im Arbeitsleben hinaus auch die „organisatorische Zusammenfassung der sozialen Kräfte" mitumfasse (S. 173).

[7] Obgleich sich im Laufe der Weimarer Republik die zuvor gleichbedeutenden Rechtsgebiete des Arbeits- und Sozialrechts formal trennten; s. zu dieser Verselbständigung *Schmid,* insbes. S. 77 f. Der Begriff des Arbeitgebers

Folgen des sozialen Rechtsdenkens lagen in der Abkehr des Arbeitgeberbegriffs als Bezeichnung einer Person. Das soziale Recht führte zu einer „nivellierenden Abstraktion des Personenbegriffs", zu „Typen des Arbeitgebers und Arbeitnehmers".[8] Hierin liegt ein Grund für die Entpersönlichung des Arbeitgebers als Vertragspartei.

3. Die Verselbständigung des Arbeitgeberbegriffs führte auch zu einer Trennung vom *Unternehmerbegriff*. Während die Unternehmergesellschaft des 19. Jahrhunderts noch keinen Unterschied zwischen der arbeitsrechtlichen Stellung des Unternehmers im Verhältnis zu dem Arbeitnehmer einerseits und seiner wirtschaftlichen Stellung im wettbewerblichen Verhältnis zum Wirtschaftskonkurrenten andererseits machte, entwickelte sich parallel mit der Verselbständigung des Arbeitgeberbegriffs und des Arbeitsrechts als Schutzrecht der Arbeitnehmer eine Spaltung der Begriffe.[9] Der Arbeitgeber als Subjekt des Arbeitsverhältnisses trennte sich vom Unternehmer als Subjekt des Wettbewerbs. Diese Trennung wurde notwendig, um das Arbeitsrecht als verselbständigtes Schutzrecht neben dem übrigen Wirtschaftsrecht überhaupt aufbauen zu können.[10] Neben dem zuvor umfassenden Unternehmerbegriff entstand der Rechtsbegriff des Arbeitgebers als Grundbegriff des Arbeitsrechts.[11] Diese Identität von Rechtsbegriff und Rechtsgebiet zeigt wiederum die historische Kontinuität der Wechselwirkung zwischen Arbeitgeberbegriff und Arbeitsrecht. Die Sicht des Arbeitsrechts als Schutzrecht und damit als Sonderrecht der Arbeitnehmer spiegelte sich in der untergeordneten Rolle des Arbeitgebers als des sozialen Schutzverpflichteten des Arbeitnehmers wider. In dieser Einräumung des untergeordneten Stellenwerts lassen sich die Wurzeln der heute noch vorherrschenden Sicht erkennen, die den Arbeitgeberbegriff als bloßen Gegenbegriff des Arbeitnehmerbegriffs auffaßt (s. o. § 2 II).

in beiden Rechtsgebieten blieb indes gleich. Der Arbeitgeber war der soziale Schutzverpflichtete. Zum sozialen Schutzgedanken im Sozialversicherungsrecht s. *Schulz / Eckert* 1922, S. 26.

[8] Aus der Fülle wissenschaftlicher Beiträge über das soziale Recht setzte mit diesen Formulierungen insbes. *Radbruch*, Zum sozialen Recht, S. 35 f. hier S. 39 und S. 42 das soziale Element für den Arbeitgeberbegriff um. Auch *Potthoff*, Arbeitsrecht 1931, S. 41 meinte, das soziale Recht kenne nicht mehr nur Personen, sondern Arbeitgeber und Arbeitnehmer. *Hickmann*, S. 25 formulierte, daß die Namen „Arbeitgeber" und „Arbeitnehmer" vielmehr in ihrer sächlichen als persönlichen Fassung charakteristisch seien.

[9] Darauf aufmerksam gemacht zu haben ist das Verdienst von *Huppert* 1928.

[10] Diesen Gedanken bringt *Kaskel* zum Ausdruck in: JW 1926, S. 12; ebenso *Ramm*, Arbeitsrecht, KE 6, S. 1 u. S. 15.

[11] Im Gegensatz dazu kam dem Unternehmerbegriff nicht von vornherein ein fester Platz in einem bestimmten Rechtsgebiet zu; dies hob *Huppert* 1928, S. 44 hervor.

II. Der Arbeitgeber im Betrieb

1. Seit der starken Verbreitung der Aktiengesellschaften und der Gesellschaften mit beschränkter Haftung zum Ende des 19. Jahrhunderts hin[12] wurden die einzelnen natürlichen Personen und Personengesamtheiten als Arbeitgeber zunehmend verdrängt. Es entwickelte sich der *kapitalintensive Großbetrieb.*[13] In diesen kapitalistischen Großbetrieben verkörperte rechtlich die abstrakte juristische Person die Arbeitsvertragspartei auf Arbeitgeberseite.[14] Diese Rechtszuweisung verdeutlicht, daß die juristische Person wegen ihrer wirtschaftlichen Machtstellung in den sozialen Schutz des Arbeitsrechts einbezogen wird. Die Arbeitsvertragspartnerstellung der juristischen Person trat also hinter dem eigentlichen Kriterium der sozialen Schutzverpflichtung zurück. Nicht der Arbeitsvertrag, sondern die wirtschaftliche Macht des Arbeitgebers und die korrespondierende wirtschaftliche Abhängigkeit des Arbeitnehmers waren also weiterhin die Anknüpfungstatbestände für den Regelungsbereich des Arbeitsrechts.

In der Entwicklung zum kapitalintensiven Großbetrieb zeigte sich auch die mit dem sozialen Recht schlechthin verbundene und unter I. 2. bereits erwähnte Entpersönlichung des Arbeitgebers als Vertragspartei. Im Gegensatz zu den engen persönlichen Bindungen in den Arbeitsverhältnissen des feudalen Mittelalters und noch des 19. Jahrhunderts existierte in den Organisationen der Großbetriebe keine personinfizierbare Arbeitsvertragspartei mehr.[15] Vertragspartei und die Personen, die die Leitungsmacht ausübten, fielen auseinander. Je unpersönlicher das Verhältnis zwischen Arbeitgeber und Arbeitnehmer wurde, desto gleichgültiger wurde auch die Person des Arbeitgebers.[16]

---

[12] Vor 1891 gab es nur 203 Aktiengesellschaften; vgl. dazu *Hromadka,* Leitende Angestellte, S. 314, insbes. Fn. 32. Zur Verbreitung der Aktiengesellschaft s. im einzelnen *Passow,* S. 14 f.

[13] *Hitze* faßt unter die Großbetriebe alle Betriebe, die mehr als 50 Personen beschäftigen; so in: Die Arbeiterfrage 1900, Statistikteil, S. 6/6. Dagegen unterteilt *Preller* 1949 in Kleinbetriebe, in denen bis zu 10 Personen beschäftigt sind, in mittlere Betriebe mit 11 bis 200 und in Großbetriebe mit mehr als 200 Arbeitnehmern (S. 99). Wegweisende Ausführungen über die Entwicklung von den Klein- zu den Großbetrieben machte bereits *Brentano* 1877, S. 28 sowie S. 318; ebenso *Potthoff,* Wesen und Ziel 1922, S. 14 sowie *Bruck* 1933, S. 85 f., insbes. S. 109.

[14] Hier wird der Zusammenhang zum Gesellschaftsrecht deutlich. Denn gerade § 1 AktG schafft der juristischen Person eine eigene Rechtspersönlichkeit.

[15] Daß die Vorstellung vom Arbeitgeber als physischer Einzelperson und Inhaber des Betriebes nicht mehr der Wirklichkeit entspreche, beschreibt bereits *Huppert* 1928, S. 14. Zur Entpersönlichung des Arbeitgebers s. auch *Geck* 1931 insbes. S. 59, 120 f.

[16] So auch *Stenschke,* S. 7, Fn. 9.

2. Die Entpersönlichung des Arbeitgebers führte zur *Verselbständigung des Betriebs,* in dem nur noch in den Klein- und Mittelbetrieben der Arbeitgeber als Arbeitsvertragspartei auftrat, ansonsten aber eine Vielzahl von am Arbeitsprozeß Beteiligten Arbeitgeberaufgaben wahrnahmen. Zwar ging die rechtliche Ordnung weiterhin von der Person des Arbeitgebers als des Inhabers des Betriebes aus. Nur ihn sah die h. M. als Rechtssubjekt und damit als Träger von Rechten und Pflichten an, nicht aber den Betrieb als Organisationseinheit. Die Betriebsorganisation war nur Rechtsobjekt.[17] Diese rechtliche Konzeption entsprach der auf Privateigentum beruhenden privatkapitalistischen Arbeits- und Wirtschaftsverfassung der Weimarer Republik. Daneben nahmen indes rechtspolitische Stellungnahmen zu, die den Betrieb vom Betriebsinhaber als Arbeitgeber verselbständigen wollten, um ihm — de lege ferenda — eigene Rechtsfähigkeit zu verschaffen.[18] Dies wurde mit den tatsächlichen Veränderungen wie etwa mit der Verlagerung des Arbeitsvertragsrechts zum Betriebsverfassungsrecht begründet.[19] Ein solches selbständiges Recht entwickelte sich nach den Vorläufern von 1891 in der Novelle zur Reichsgewerbeordnung (Arbeiterausschüsse) durch das Betriebsrätegesetz von 1920.

III. Die Verselbständigung der arbeitsrechtlichen Leitungsmacht

1. Parallel mit der Entwicklung in den arbeitsteiligen kapitalistischen Großbetrieben verlagerte sich die Machtstellung des Arbeitgebers im Arbeitsverhältnis auf zahlreiche Personen, die die wirtschaftliche Macht des Arbeitgebers als Vertragspartei und dessen persönliche Macht gegenüber den Arbeitnehmern ausübten. Diese Personen bezeichnete man mit *leitende Angestellte*[20] und *gesetzliche Vertreter*[21]. Die ge-

---

[17] Statt vieler ausdrücklich *Isay* in: JW 1926, S. 535.

[18] Hier ist insbes. *Potthoff* mit seinen zahlreichen Beiträgen zu nennen; vgl. nur in: JW 1926, S. 533 f. sowie in: Probleme des Betriebes, S. 49 f., insbes. S. 57 und in: Arbeitsrecht 1931, S. 42/43, wo er die Überschrift wählte „Vom Unternehmer zur Unternehmung (der Begriff des Arbeitgebers)". Vgl. ebenso *Pohl,* S. 51 f., insbes. S. 63. Einen guten Überblick über die geschichtliche Entwicklung gibt *Galperin,* Betriebsverband, S. 75 f.

[19] Vgl. *Potthoff* in: JW 1926, S. 533 f. und in: Arbeitsrecht 1931, S. 51 sowie *Kaskel,* Arbeitsrecht, S. 287.

[20] Dieser Begriff fand zunehmend Aufmerksamkeit in der Wissenschaft; so *Höfchen* in: ArbR 1921, S. 277 f. und *Totschek* 1932. Einen einheitlichen Begriffsinhalt gab es indes nicht.

[21] Dieser Begriff war ebenfalls gesetzlich nicht einheitlich definiert und konnte auch inhaltlich nicht durch das Gesetz bestimmt werden. Denn neben den Vertretern kraft Gesetzes gab es in juristischen Personen auch die durch Satzungen, Gesellschaftsvertrag oder die aus anderem Rechtsgrund eingesetzten rechtlichen Vertreter, die stellvertretend für die nicht handlungs- bzw. nicht geschäftsfähige Person in wirtschaftlichen, arbeitsrechtlichen und in Prozeßangelegenheiten handelte. Dazu zählten die Vorstandsmitglieder der Aktiengesellschaft ebenso wie die Geschäftsführer einer GmbH sowie die

setzlichen Vertreter verselbständigten sich von den leitenden Angestellten zu Beginn der Weimarer Republik zu einer eigenen Gruppe mit eigenem Recht.[22] Das gemeinsame Kennzeichen beider Personengruppen lag in ihrer Befugnis zur arbeitsrechtlichen Leitungsmacht[23], die der Arbeitgeber als Vertragspartner in den ansonsten persönlich geprägten Arbeitsverhältnissen in einer Person vereinigte.[24] Die leitenden Angestellten unterschieden sich hingegen von den gesetzlichen Vertretern dadurch, daß sie nicht wie diese als oberste Träger der Leitungsmacht ausschließlich Arbeitgeberbefugnisse ausübten, sondern nur gelegentlich. Sie wurden ihrerseits von den gesetzlichen Vertretern eingesetzt, um die Aufgaben des Arbeitgebers als Vertragspartei auszuüben.

2. Die soziologische Sonderstellung der gesetzlichen Vertreter und leitenden Angestellten zwischen dem Pol des Arbeitgebers auf der einen und den Arbeitnehmern auf der anderen Seite griff die Arbeitsrechtswissenschaft selten auf, obgleich die Frage nach der *begrifflichen Einordnung* dieses Personenkreises in den Arbeitgeber- oder in den Arbeitnehmerbegriff nahe lag.

a) Über seine Zeit hinaus bekannt und häufig zitiert wurde *Titze*, der sich 1918 mit dem Phänomen der innerbetrieblichen Aufspaltung der Arbeitgeberstellung im Rahmen der Handelsgesellschaften befaßte.[25] Er untersuchte gerade die Fälle, in denen die juristische Person als abstrakte Vertragspartei selbst nicht handeln kann und sich deswegen natürlicher Personen bedienen muß. Diese Wirklichkeit setzte *Titze* in juristische Begrifflichkeit um. Auf ihn geht das Begriffspaar des „abstrakten" und des „konkreten" Prinzipals zurück. Abstrakter Prinzipal ist nach ihm der Vertragspartner des Arbeitnehmers, konkreter Prinzipal der Träger der obersten Leitungsmacht. Diese begriffliche Konzeption übertrug *Titze* auf alle anderen Fälle der gesetzlichen Vertretung, also auch auf den Fall des Konkurses. Sowohl Gemeinschuldner als auch Konkursverwalter waren nach ihm konkrete Prinzipale.

Aber *Titze* war nicht der erste, der sich mit der aufgespaltenen Arbeitgeberstellung im Betrieb beschäftigte.[26] Bereits 1904 setzte sich

---

sog. Parteien kraft Amtes, also der Konkursverwalter bzw. der Testamentsvollstrecker, der den Gemeinschuldner bzw. die Erben gesetzlich vertrat.

[22] Zur Begriffsgeschichte beider Personenkreise s. *Hromadka*, Leitende Angestellte, insbes. S. 309 f.

[23] Dieser Begriff wird hier deshalb vorgezogen (vgl. zu den anderen Begriffen o. § 2 I Fn. 3), weil er wegen seines soziologischen Begriffsinhalts nur tatsächlich beschreibt und weniger rechtliche Wertungen vorwegnimmt. Ihn verwendet *Birk*, Leitungsmacht.

[24] Auf diese Gemeinsamkeit weist *Höfchen*, S. 277 hin.

[25] Das kaufmännische Hilfspersonal in: Handbuch des gesamten Handelsrechts, S. 545 f.

Bail[27] mit der Leitungsmacht in Gewerbebetrieben wissenschaftlich auseinander und faßte unter den Begriff des „mittelbaren Arbeitgebers" den obersten Träger der arbeitsrechtlichen Leitungsmacht.[28]

b) Ein Echo erhielten diese Stimmen aber erst im Verlauf der 20er Jahre, also zu Beginn der Weimarer Republik. Der Gedanke der persönlichen Machtstellung und damit der arbeitsrechtlichen Leitungsmacht bekam einen Aufschwung sowohl in der Wissenschaft als auch in der Rechtsprechung. Dies hatte verschiedene Gründe. Zunächst wirkte sich in der Weimarer Republik die in der Entwicklung der kapitalistischen Großbetriebe begründete Veränderung des Eigentums und der wirtschaftlichen Macht aus, die auch veränderte persönliche Machtverhältnisse mit sich brachte. So wurde die Leitungsmacht zu einem selbständigen „Recht" mit gleichzeitiger Beschränkung erhoben.[29] Wegen der zunehmenden Veränderung der Herrschaft des Eigentums über den Menschen,[30] die auch überwiegend als wesentlicher Anknüpfungspunkt für den Schutzbereich des Arbeitsrechts aufgefaßt wurde,[31] trat zunehmend die persönliche Machtstellung des Arbeitgebers als selbständiges Schutzmotiv und Regelungsgegenstand des Arbeitsrechts. Dieses bisherige Nebeneinander beider Anknüpfungspunkte schlug sodann zu Beginn der 30er Jahre in Richtung der persönlichen Machtstellung als das eigentliche Kriterium für den Anwendungsbereich des Arbeitsrechts aus.[32] Diese Wandlung des dogmatischen Ansatzes von der wirtschaftlichen zur persönlichen Abhängigkeit vollzog schließlich auch die Rechtsprechung.[33]

Der so vollzogene Umschwung in der Wertung des Eigentums und der Hinwendung zur persönlichen Machtkonstellation im Arbeitsrecht

---

[26] So aber die heute einhellig vertretene Ansicht.

[27] Auf S. 14 ff.: „Wer ist Arbeitgeber im Gewerbe".

[28] Der Beitrag von *Großmann*, Wer ist Prinzipal im Sinne des Handelsgesetzbuchs? in: JW 1912, S. 774 f. ist hingegen nicht sehr ergiebig.

[29] s. *Karch*, Leitungsbefugnis des Arbeitgebers 1931 sowie *Stenschke*, Das Direktionsrecht des Arbeitgebers 1932; *Sinzheimer*, Grundzüge, S. 11, S. 118 f., S. 145 f. entwickelte die Theorie von einem „rechtlichen Gewaltverhältnis".

[30] Diese Ansicht nahm zu; vgl. nur *Huppert* 1928, S. 16, Fn. 1 sowie *Renner* 1929 und *Naphtali* 1928, S. 148 f., insbes. S. 160, der die „abnehmende Herrschaft des Eigentums über den Menschen" beschreibt und diese Ansicht bereits bei *Lassalle* nachweist.

[31] Diese Theorie geht auf *Marx* zurück. Sie wird deutlich bei *Sinzheimer*, Grundzüge, S. 25 sowie S. 217; vgl. auch *Pohl*, S. 51 f., insbes. S. 53.

[32] Die „Hinwendung vom Ökonomischen zum Persönlichen" stellt eingehend *Heuberger*, S. 30 ff. dar.

[33] Während noch in der Entscheidung des RAG vom 17. Oktober 1931 in: ARS 13, 311 ff. beide Anknüpfungspunkte nebeneinander herangezogen wurden, sah man in der „Krankenhausarzt"-Entscheidung vom 10. August 1932 in: ARS 15, 550 f. die wirtschaftliche Abhängigkeit als Schutzkriterium des Arbeitsrechts als unerheblich an.

zeigt zugleich eine Abkehr vom Arbeitsvertrag.[34] Dieses Phänomen war es gerade, das insbesondere *Titze* erhebliche dogmatische Schwierigkeiten bereitete. Er wollte die persönliche Machtstellung des Arbeitgebers in die Schutzkonstellation des Arbeitsrechts zwar einbeziehen, konnte sich aber auf keine gesicherten rechtlichen Argumente des 19. Jahrhunderts stützen. Deswegen sah er den konkreten Prinzipal in einem dem öffentlichen Recht nicht unähnlichen Subordinationsverhältnis zum Arbeitnehmer.[35] Damit kommt ihm das Verdienst zu, in dem Arbeitgeberbegriff nicht allein den Vertrag und die wirtschaftliche Macht des Arbeitgebers als prägendes Merkmal herausgestellt zu haben, sondern auch seine persönliche Herrschaft im Verhältnis zum Arbeitnehmer.

3. Der *persönlichen Machtstellung* des Arbeitgebers trat insbesondere das Betriebsrätegesetz vom 4. 2. 1920 entgegen. Dieses Gesetz schränkte die persönliche Macht des Arbeitgebers im Verhältnis zum Arbeitnehmer durch die Einführung des Rätesystems ein. Das gesamte Konzept der Räteverfassung der WRV wurde indes nicht realisiert. Deswegen kam es auch nicht dazu, die Zunftverfassung des Mittelalters auf einer neuen juristischen Ebene wieder einzuführen.[36] Gleichwohl blieb die Leitungsmacht erhalten, aber mit Einschränkungen. Die „Herr im Hause"-Stellung des Arbeitgebers im 19. Jahrhundert wurde abgelöst durch eine Betriebsverfassung, in der die Arbeitnehmer über den Betriebsrat in großen Bereichen eine nahezu gleichberechtigte Stellung innehatten. Zumindest war der Arbeitgeber nicht mehr von vornherein dem Arbeitnehmer über-, sondern im Prinzip gleichgeordnet in einer „Gemeinschaft auf tatsächlicher und wirtschaftlicher Basis zum Wohle des Betriebs".[37]

Im Betriebsrätegesetz zeigte sich auch anschaulich die gesetzgeberische Konzeption zur rechtlichen Einordnung der leitenden Angestellten. Sie blieben grundsätzlich außerhalb des Anwendungsbereichs des Gesetzes, weil sie ebenso wie der Arbeitgeber in den persönlich geprägten Kleinbetrieben persönliche Macht gegenüber den übrigen Arbeitnehmern ausübten.[38] Daneben wurden sie aber auch selbst unter den

---

[34] Ausdrucksvoll ist insoweit *Sinzheimer*, Grundzüge, der im Rahmen seiner Theorie des rechtlichen Gewaltverhältnisses meint, der Arbeitgeber mache das Befehlsrecht geltend, nicht weil er Gläubiger, sondern weil er Herr sei (S. 147).

[35] S. 551/552.

[36] Zu den Arbeiterausschüssen im 19. Jahrhundert als Vorläufer der Räte vgl. die Ausführungen von *Teuteberg*.

[37] *Kaskel*, Arbeitsrecht 1928, S. 287/288. Er bezeichnete beide Parteien des Arbeitsvertrags als „Betriebsbürger".

[38] Im Entwurf des Sozialdemokratischen Programms zu Beginn der Weimarer Republik wurde die „Produktionsleitung" ausdrücklich neben die „arbeitenden Massen" gestellt; s. Einleitung Abs. 3 in: „Vorwärts" Nr. 333 Beilage 1, zit. nach *Bodmann* in: Arbeitsrecht 1921, S. 233 (S. 244).

Schutzbereich arbeitsrechtlicher Gesetze gefaßt wie im Arbeitsgerichtsgesetz, weil bei ihnen ebenfalls ein soziales Schutzbedürfnis gegenüber der wirtschaftlichen Macht der juristischen Person bestand.

§ 8 Die Begrifflichkeit im Nationalsozialismus

I. Der Bezeichnungswandel

1. Das Gesetz zur Ordnung der nationalen Arbeit (AOG) ersetzte den Arbeitgeberbegriff durch den *Begriff des Unternehmers.* Dieser Begriff fand damit zum ersten Mal als Grundbegriff Eingang in das Arbeitsrecht.[1] Ungeachtet des Bezeichnungswandels blieb der Unternehmer in der Sache weiterhin durch seine Vertragsstellung innerhalb des Arbeitsverhältnisses gekennzeichnet.[2] Er nahm als Wertschaffender eine zugleich wirtschaftliche und persönliche Machtstellung gegenüber der Gefolgschaft ein.

2. Der eigentliche Grund für den Bezeichnungswandel lag im *Gemeinschaftsdenken* der nationalsozialistischen Rechtsordnung. Die Hinwendung zum Unternehmerbegriff stellte dies klar. Denn der Unternehmerbegriff brachte mehr die sozialen Gemeinsamkeiten als die den traditionellen Arbeitgeberbegriff prägenden sozialen Gegensätze zum Ausdruck.[3] Die soziale Gegenspielerrolle des Arbeitgebers versuchte die nationalsozialistische Rechtsordnung sowohl innerbetrieblich als auch außerbetrieblich durch den Gemeinschaftsgedanken zu ersetzen.

a) In der *Betriebsorganisation* war nicht die Sicht des Unternehmers als Individuum in einem klassenkämpferischen Gegensatz zur Gefolgschaft kennzeichnend[4], sondern beide Vertragsparteien waren „Arbeitsbeauftragte des ganzen Volkes“[5]. Die Betriebsgemeinschaft bildete das Kernstück der nationalsozialistischen Arbeitsordnung (vgl. § 2 II S. 2. AOG). Der Betriebsbegriff stellte den „wichtigsten und fruchtbarsten Grundbegriff“ und gleichsam die „Wurzel“ der nationalsozialistischen Arbeitsverfassung dar.[6] Insoweit machte das nationalsozialistische Recht auch einen weiteren Schritt auf dem Weg zur Verselbständigung des

---

[1] So auch *Mansfeld* u. a. zu § 1 AOG, S. 82.

[2] Denn trotz der viel diskutierten Eingliederungstheorie fand im nationalsozialistischen Arbeitsrecht keine grundlegende Abkehr vom schuldrechtlichen Arbeitsvertrag statt; vgl. u. a. dazu die umfassende Untersuchung von *Kranig.*

[3] So ausdrücklich *Mansfeld,* s. o. Fn. 1. Noch 1963 benutzte *Schnorr von Carolsfeld* den Begriff des Unternehmers ausschließlich, weil dieser weniger als der Arbeitgeberbegriff das Spannungsverhältnis zwischen Arbeitgeber und Arbeitnehmer, als vielmehr die Zusammenarbeit betone (S. 26/27).

[4] So *Kinkel,* Individualismus, S. 88; *ders.,* Unternehmer, S. 15.

[5] *Adolf Hitler,* zit. bei *Siebert,* Arbeitsverfassung, S. 56.

[6] So *Ley* und *Hitler,* zit. bei *Siebert,* ebenda, S. 71 Fn. 47 bzw. S. 56.

Betriebes vom Arbeitgeber als Person. Gleichwohl wurde der Betrieb als solcher nicht als Rechtssubjekt anerkannt.[7]

b) Die Einheit des Unternehmerbegriffs versuchte zudem Brücken zu der *gesamtgesellschaftlichen Einheit* zu schlagen. Der Unternehmer war eingebettet in die gesamte Gesellschaftsordnung. Der Nationalsozialismus ersetzte den Arbeitgeber als Individuum durch den Status des Unternehmers innerhalb des Volksganzen.[8] Seine Stellung als Glied einer übergeordneten Gemeinschaft entsprach somit weniger dem Begriff des Klassenkampfes als vielmehr dem an feudale Zeiten erinnernde Begriff des Standes.[9] Diese Tendenz wurde in der neu geschaffenen Institution der Deutschen Arbeitsfront deutlich, in der die Unternehmer und die Gefolgschaft unter der ausgleichenden Führung des Treuhänders der Arbeit zusammengeschlossen waren.[10]

II. Die Betriebsführerstellung des Unternehmers

1. Neben der Stellung des Unternehmers als Arbeitsvertragspartei und wirtschaftlicher Organisator des Unternehmens erhielt der Unternehmer eine Stellung als Führer des Betriebs (vgl. § 1 und 3 AOG).[11] Dieser neue *Rechtsbegriff* brachte die Verselbständigung der arbeitsrechtlichen Leitungsmacht zum Ausdruck. Fortan wurde die Herrschaft von Menschen im Arbeitsprozeß nicht nur soziologisch umschrieben, sondern auch rechtlich anerkannt.[12] Von der Unternehmerstellung als Vertragspartner spaltete sich also der Betriebsführer als Träger der arbeitsrechtlichen Leitungsmacht ab.[13] Gleichwohl blieb der Unternehmerbegriff als Oberbegriff erhalten. Unternehmer und Betriebsführer waren

---

[7] Dies wäre auch nicht mit der Tendenz zu vereinbaren gewesen, das „Persönliche" im Arbeitsverhältnis zu betonen, was deutlich im Versuch zum Ausdruck kam, die Umwandlung der juristischen Personen in Personengesellschaften zu fördern. Andererseits wäre die Hinwendung zu einem patriarchalischen Verhältnis mit der Entwicklung zum Großbetrieb unvereinbar gewesen, worauf zutreffend *Erdmann*, Arbeitgeberverbände, S. 210 f. hinweist.

[8] s. dazu insbes. den Beitrag von *Kinkel*, Individualismus, S. 7 f.

[9] So *Kinkel*, ebenda, S. 57 f. m. w. N. in Fn. 78. An dieser, geschichtliche Brücken schlagenden Konzeption änderte sich auch nichts dadurch, daß Adolf Hitler 1935 „der Partei jede weitere Diskussion über den ständischen Aufbau untersagte"; zit. nach *Broszat*. s. auch *Frauendorfer*, Der ständische Gedanke im Nationalsozialismus, 1933.

[10] Vgl. zu der damit einhergehenden Auflösung der Arbeitgeberverbände die Ausführungen von *Erdmann*, Arbeitgeberverbände, S. 210 f.

[11] Vgl. aus der zahlreichen Literatur über die Betriebsführerstellung insbes. den Beitrag von *Kinkel*, Unternehmer, hier S. 74.

[12] Dies ist den Ausführungen von *Hueck / Nipperdey / Dietz*, RZ 7 zu § 1 AOG zu entnehmen.

[13] Zu dieser Sicht *Hessel* in: BB 1950, S. 371 sowie „im wesentlichen" auch *Molitor* in: DB 1956, S. 22.

grundsätzlich in Personalunion vereinigt. Der Unternehmer wurde als der „geborene Betriebsführer" bezeichnet.[14] Damit schaffte man ein begriffliches Einfallstor für gesamtgesellschaftliche Interessen auf die liberale Unternehmerstellung, und dies in zweifacher Hinsicht.

2. Zunächst erhielt der Unternehmer in seiner Stellung als Betriebsführer eine zuvor nicht gekannte *soziale Verantwortung* gegenüber der Gesamtgesellschaft zugewiesen. Der Arbeitgeber war als Glied einer gesamten Gesellschaftsordnung zum sozialen Schutz verpflichtet.[15] Auch hier zeigt sich wiederum der feudale Statusgedanke im Nationalsozialismus. In der sozialen Verantwortung des Unternehmers über das Zwei-Personen-Arbeitsverhältnis hinaus wird letztlich die Veränderung des nationalsozialistischen Arbeitsrechts deutlich. Es ging über ein Arbeitsschutzrecht hinaus.[16]

3. Der Begriff des Betriebsführers war zudem mit dem allumfassenden staatlichen *Führerprinzip* eng verklammert. Die verselbständigte Leitungsmacht gab dem Staat bzw. der Partei einen Rechtsgrund, über die Betriebsführerstellung des Unternehmers auf das Arbeitsleben und auf die freie Entscheidungsgewalt des Unternehmers einzuwirken. Damit kam es zu einem Durchgriff des Staates auf die wirtschaftliche und persönliche Machtstellung des Unternehmers. Der Staat bestimmte die Grundlinien des Arbeitsverhältnisses, sei es um den sozialen Schutzgedanken zu verfolgen und damit den Klassenkampfgedanken zu überwinden, sei es um die politischen Ziele des Nationalsozialismus zu verwirklichen, wozu auch die Einbeziehung und Effektivität der Wirtschaft gehörte. Diese Machtstellung des Staates auf die Unternehmerposition verdeutlicht § 38 Nr. 4 AOG, wonach dem Staat die Möglichkeit gegeben wurde, die Befähigung, Führer des Betriebs zu sein, durch ein ehrengerichtliches Verfahren abzuerkennen.

---

[14] *Siebert,* Arbeitsverfassung, S. 78/79.

[15] Daß der Begriff „sozial" außer im Wort National-„Sozialismus" vermieden wurde, liegt weniger daran, daß man den Unternehmer als sozialen Schutzverpflichteten, sondern vielmehr als den sozialen Gegenspieler aufgeben wollte. Das soziale Element schlechthin blieb aber für das nationalsozialistische Recht charakteristisch; vgl. dazu die Ausführungen bei *Schmid,* S. 84; den Wandel vom Individuum zu der Gliedstellung in einer Sozialordnung als eines der obersten Leitmotive des Nationalsozialismus stellt *Kinkel,* Individualismus, insbes. S. 6 heraus.

[16] s. dazu *Rhode,* S. 23 f.

Zweiter Teil

Der Arbeitgeberbegriff im Sozialstaat

Die Begriffsgeschichte hat ergeben, daß der Arbeitgeberbegriff ungeachtet zahlreicher epochenspezifischer Besonderheiten von seiner Schutzverpflichtung im Arbeitsverhältnis gekennzeichnet wird. Die Frage ist nunmehr, wie das insbesondere vom Sozialstaatsprinzip gemäß Art. 28 Abs. 1 GG geprägte Recht der Bundesrepublik Deutschland auf den Arbeitgeberbegriff einwirkt und ihn inhaltlich ausformt. Um einen Zugang zu begrifflichen Veränderungen bzw. kontinuierlichen Entwicklungslinien zu finden, sollen im folgenden die den traditionellen Begriffsinhalt prägenden Merkmale einer zeitgemäßen Überprüfung unterzogen werden. Im 1. Abschnitt wird die Stellung des Arbeitgebers als Vertragspartner und im Betrieb untersucht, sodann im 2. Abschnitt die sog. aufgespaltene Arbeitgeberstellung, anschließend im 3. Abschnitt die soziale Gegenspielerrolle des Arbeitgebers und letztlich im 4. Abschnitt seine Unternehmer- und Eigentümerstellung.

Erster Abschnitt

Der Arbeitgeber als Vertragspartei und im Betrieb

§ 9 Die Ausgestaltung der Vertragspartnerstellung

I. Das Problem

1. Der Arbeitgeber wird von der h. M.[1] weiter wie im liberalen 19. Jahrhundert mit der Vertragspartnerstellung im Arbeitsverhältnis zum Arbeitnehmer gekennzeichnet. In dieser Stellung sei der Arbeitgeber der Träger von arbeitsrechtlichen Rechten und Pflichten.[2] Zu untersuchen ist, ob der eigentliche Grund dieser Trägerschaft wirklich im Arbeitsvertrag liegt oder ob nicht außerjuristische Ziele den Arbeitgeberbegriff charakterisieren.

---

[1] s. die Nachweise im einzelnen o. § 2 Fn. 1.

[2] Ausdrücklich *Fabricius*, Arbeitgeberbegriff, S. 67.

2. Die einheitliche am Arbeitsvertrag orientierte Stellung des Arbeitgebers kommt in zahlreichen geltenden Gesetzen zum Ausdruck, die an die *Arbeitsleistung* anknüpfen. So regelt das Arbeitnehmererfindungsgesetz die wirtschaftliche Verwertbarkeit der Erfindung zugunsten des Arbeitgebers als Arbeitsvertragspartei.[3] Auch das Lohnfortzahlungsgesetz entspricht der Stellung des Arbeitgebers, dem der Anspruch auf die Arbeitsleistung zusteht.[4] Das Kündigungsschutzgesetz verwendet den Arbeitgeberbegriff mit dem Inhalt der Arbeitsvertragspartei, weil nur der Arbeitsvertragspartner kündigungsberechtigt ist.[5] Nicht zuletzt wird der Arbeitgeberbegriff im Sinne der Arbeitsvertragspartei auch als Anspruchsgegner des Konkursausfallgeldes gemäß § 141 a AFG verwendet.[6]

Darüber hinaus weist das auf dem Zivilrecht beruhende Arbeitsrechtssystem den gesamten öffentlich-rechtlichen *Arbeitsschutz* dem Arbeitgeber als Vertragspartner zu.[7] Diese juristische Konstruktion entspricht den Interessen der Arbeitnehmer. Sie trägt dem sozialen Schutzgedanken dadurch Rechnung, daß dem Arbeitnehmer ein eigener, dem Arbeitgeber gegenüber einklagbarer Anspruch gewährt wird und die für ihn günstige Verschuldensvorschrift des § 278 BGB (anstatt § 831) Anwendung findet.[8]

3. In der Verwendung des Arbeitgeberbegriffs als des Vertragspartners zeigt sich überall die Berücksichtigung der wirtschaftlichen Machtposition des Arbeitgebers. Ihm steht zwar die Arbeitsleistung zu. Deswegen ist er aber zum sozialen, sprich wirtschaftlichen und persönlichen, Schutz des Arbeitnehmers verpflichtet. Der Arbeitsvertrag ist dabei nur ein Instrument, um den eigentlichen mit dem Arbeitgeberbegriff verbundenen Schutzgedanken zu verwirklichen. Dieser soziale Schutzgedanke als Begriffsinhalt ist im folgenden näher zu prüfen.

II. Der Arbeitgeber in besonderen Rechtsformen

1. Die Frage, wer Arbeitgeber im Sinne der Vertragspartei ist, taucht weniger bei einem Einzelarbeitgeber, sondern vielmehr bei einer besonderen Rechtsform des Gesellschaftsrechts auf. Im Falle einer *Gesell-*

---

[3] s. im einzelnen *Volmer* in: GRUR 1978, S. 393 f.

[4] So bei der Ermittlung der Arbeitnehmerzahl für den Ausgleich von Lohnfortzahlungsaufwendungen; s. dazu das rechtskräftige Urteil des LSG Schleswig-Holstein vom 9. 6. 1978 in: BB 1980, S. 107.

[5] Ebenso die Ausführungen von *Manfred Wolf* in: Becker u. a. S. 103, Rz. 93.

[6] So *Gagel* § 141 a, Rz. 5.

[7] Grundlegend schon 1929 *Nipperdey*, S. 203 f.; ebenso § 29 des RegE eines ArbeitsschutzG 1982 sowie § 71 des E. eines Arbeitsgesetzbuchs, Arbeitsgesetzbuchkommission 1977.

[8] Dazu die Ausführungen von *Nipperdey*, S. 221.

schaft bürgerlichen Rechts gemäß § 705 BGB sind nach einhelliger Meinung sämtliche Gesellschafter zugleich Arbeitgeber.[9]

Ebenso ist vorherrschend, daß jeder Gesellschafter einer *Offenen Handelsgesellschaft* gemäß § 105 HGB eine Arbeitgeberstellung innehat.[10] Dies entspricht der Haftungsregelung gemäß § 128 HGB. Daneben wird aber auch die Gesellschaft als solche wegen der Haftungszuweisung gemäß § 124 HGB als Arbeitgeber im Sinne der Arbeitsvertragspartei angesehen.[11] Dies folgt zwingend aus der gesellschaftsrechtlichen Sicht der OHG als einer der juristischen Person angenäherten Gesellschaft, die als solche ebenfalls als Arbeitsvertragspartei auf Arbeitgeberseite aufgefaßt wird.[12]

Entsprechendes gilt für die Rechtsform der *Kommanditgesellschaft* gemäß § 161 HGB. Die Besonderheit liegt hier in der Stellung des Kommanditisten, der gemäß § 171 HGB lediglich begrenzt haftet. Überwiegend wird die Frage, ob auch er neben den Komplementären eine Arbeitgeberstellung einnimmt, nach der jeweils im Einzelfall zu entscheidenden gesellschaftsrechtlichen Beteiligung entschieden.[13]

Auch der Stille im Rahmen einer *Stillen Gesellschaft* gemäß § 335 HGB ist in dem Maße Arbeitsvertragspartei und damit Arbeitgeber, wie er am wirtschaftlichen Gewinn und Verlust der Gesellschaft beteiligt ist (§ 336 HGB). Überwiegend wird auf seinen rechtlichen Einfluß innerhalb der Gesellschaft abgestellt.[14]

---

[9] So ausdrücklich unlängst das BAG im Urteil vom 16. 10. 1974 in: NJW 1975, S. 710; zustimmend *Schaub*, Arbeitsrechts-Handbuch, S. 63; zur sog. Arbeitsgemeinschaft im Baugewerbe ebenso *Knigge*, S. 9.

[10] Vgl. nur *Kretschmar* in: BB 1953, S. 209; *Figge*, S. 406 sowie *Dersch* in: RdA 1951, S. 214.

[11] So schon *Großmann* in: JW 1912, S. 774; *Gagel* § 141 a AFG, Rz. 6; vgl. auch *Teichmann* in: AcP 1979 (179), S. 475 ff. a. A. ist *Dersch*, ebenda, der die OHG arbeitsrechtlich nur als reine Personengesellschaft auffaßt.

[12] s. bereits o. § 7 II 1 und dort Fn. 14 sowie zudem *Söllner*, Arbeitsrecht, S. 28 und *Zöllner*, Arbeitsrecht, S. 50. *Maus* war zwar 1948 noch der Ansicht, der Arbeitgeber sei nur derjenige, der selbständig im Rahmen des Arbeitsverbands über die Arbeitskraft des Unternehmers verfügen könne (S. 112). Dieses Herausheben der natürlichen Person als Arbeitgeber und das Außerachtlassen der juristischen Person ist ebenso wie bei *Dersch*, ebenda, geprägt vom nationalsozialistischen Recht, wonach das Element der persönlichen Herrschaft im Arbeitsverhältnis besonders herausgestellt wurde; s. dazu oben § 8 II, insbes. Fn. 7. Eine Annäherung an die im übrigen einhellige Meinung findet sich nunmehr bei *Maus / Kremp*, S. 48.

[13] Auf die Beteiligung abstellend und insoweit die Arbeitgebereigenschaft des Kommanditisten bejahend *Dersch* in: RdA 1951, S. 214 m. w. N. auf die früher vielfach entgegenstehende Ansicht des RVA und der Literatur. Wie *Dersch* auch *Götz Hueck* in: DB 1962, S. 1365. a. A. ist wohl *Kretschmar* in: BB 1953, S. 210.

[14] *Molitor* in: BB 1956, S. 22. Das BAG nahm im Urteil vom 16. 3. 1954 in: DB 1955, S. 651 eine Haftung des Stillen Gesellschafters für Gehaltsansprüche

2. In sämtlichen besonderen Rechtsformen wird die Arbeitgebereigenschaft entsprechend der zivilrechtlichen Haftungszuweisung im Gesellschaftsrecht verteilt. Es besteht also eine Identität von zivilrechtlicher Haftungszuweisung im Gesellschaftsrecht und der Stellung des Arbeitgebers im Arbeitsrecht. Der eigentliche Grund für die Zuweisung der Arbeitgebereigenschaft liegt aber nicht etwa im Gesellschaftsvertrag, sondern im sozialen Schutzgedanken. Der Gesellschaftsvertrag ist nur ein Anknüpfungspunkt, um die soziale Schutzkonstellation zu analysieren. Gerade dem wirtschaftlichen Machtträger wird im Rahmen der Arbeitsverhältnisse der besonderen Rechtsformen die Arbeitgebereigenschaft und damit die Schutzverpflichtung übertragen. Für die Frage, ob und wer die wirtschaftliche Macht ausübt, kommt der gesellschaftlichen Haftungsregelung Indizwirkung zu, ebenso wie dem Kriterium des wirtschaftlichen und rechtlichen Einflusses innerhalb der Gesellschaft. Zu beachten ist auch das Kriterium der persönlichen Machtausübung, wie etwa bei der Bewertung des Kommanditisten oder Stillen Gesellschafters als Arbeitgeber. Dieses außervertragliche Kriterium zur Bestimmung der Arbeitgebereigenschaft, also die rechtliche Berücksichtigung von tatsächlichen Machtverhältnissen, soll nunmehr weiter untersucht werden.

III. Die faktische Arbeitgeberstellung

1. Neben der Arbeitsvertragspartei als Begriffsinhalt wird der Arbeitgeberbegriff im Arbeitsrecht mit einer faktischen Arbeitgeberstellung verwendet. Auch in diesen Fällen kommt es zu einer Verdrängung des Arbeitsvertrags durch den sozialen Schutzgedanken als eigentlichem Regelungskriterium.

So beinhaltet der Arbeitgeberbegriff im Rahmen des *faktischen Arbeitsverhältnisses* eine nur vertragsähnliche Stellung. Über das Institut des faktischen Arbeitsverhältnisses werden dem Arbeitgeber als Partei eines unwirksamen Arbeitsvertrages alle Rechte und Pflichten einer Vertragspartei zugewiesen. Damit wird gerade aus einem sozialen Schutzgedanken heraus die Nichtigkeit des Vertrags korrigiert und somit ein — vertragsloser — Arbeitgeber konstruiert.[15]

2. Als faktischer Arbeitgeber wird der Arbeitgeberbegriff auch in den Fällen verwendet, in denen es auf den *guten Glauben an die Arbeitgebereigenschaft* ankommt.[16] Gerade in der arbeitsteiligen Organi-

eines Arbeitnehmers an. Damit entschied es anders als noch das RAG wie etwa am 14. 3. 1934 in: ARS 20, 230 f. sowie *Titze*, S. 556.

[15] *Reifferscheid / Benseler* „Arbeitgeber-Begriff“. Zur sozialen Funktion des faktischen Arbeitsverhältnisses vgl. *Simitis*, S. 263 f., insbes. S. 389.

[16] Vgl. die Ausführungen von *Erich Frey* in: ArbuR 1957, S. 137 f.; s. auch *Maus / Kremp*, S. 49 Fn. 94.

sation eines Großbetriebs sowie in den familiengeführten Betrieben ergeben sich mitunter Probleme, wer — insbesondere bei der Einstellung — als Arbeitgeber anzusehen ist. In diesen Fällen zeigt sich ein besonderes Schutzbedürfnis der Arbeitnehmer, das gerade in jüngster Vergangenheit die Rechtsprechung beschäftigte. So ist kraft Rechtsscheins Arbeitgeber, wer gegenüber dem Arbeitnehmer das Vertrauen erweckt, er sei Inhaber oder persönlich haftender Gesellschafter.[17] Auch dieser Arbeitgeber kraft Rechtsscheins erhält also seine Pflichtenstellung nicht durch den Arbeitsvertrag, sondern aus dem sozialen Schutzgedanken.

3. Das *Jugendarbeitsschutzgesetz* bietet ein weiteres Beispiel für die Verwendung des Arbeitgeberbegriffs mit seiner faktischen Arbeitgeberstellung. Dieses Gesetz knüpft weniger an die vertraglichen, sondern vielmehr an die tatsächlichen Voraussetzungen der Beschäftigung an. Deswegen wird hier neben dem Arbeitgeber als Vertragspartner auch angesehen, in wessen Interesse und unter wessen Leitung die Beschäftigung im Sinne des § 1 I JArbSchG ausgeübt wird.[18] In den Schutzbereich dieses Gesetzes fällt ebenso, wer ein Kind oder einen Jugendlichen außerhalb des Arbeitsvertragsverhältnisses beschäftigt. Der Begriff des Arbeitgebers wird im Rahmen dieses Gesetzes mithin weiter als im allgemeinen Arbeitsrecht gefaßt,[19] also über die Vertragspartnerstellung hinaus. Der eigentliche Grund liegt in der differenzierten, die wirtschaftliche und persönliche Macht umfassende Machtkonstellation und in dem daraus resultierenden Schutzgedanken.

4. Auch im *Schwerbehindertengesetz* wird der Arbeitgeberbegriff über seine Vertragspartnerstellung hinaus verwendet.[20] So ist Arbeitgeber jeder, der über Arbeitsplätze im Sinne des § 6 Abs. 1 SchwerbG verfügt, also auch, wer Beamte, Richter und Auszubildende beschäftigt oder überhaupt, wer seine Aufgabe ausschließlich darin sieht, berufliche Bildung zu vermitteln.[21] Dieses Gesetz bietet also ein weiteres Beispiel dafür, daß weniger der Arbeitsvertrag, sondern vielmehr der soziale Schutzgedanke die Begriffsverwendung des Arbeitgebers prägt.

---

[17] So das Urteil des BAG vom 19. 4. 1979 in: AP Nr. 3 zu § 128 HGB. M. E. kommt es auch auf die tatsächliche Entscheidungskompetenz im konkreten Einzelfall an.

[18] *Molitor / Volmer / Germelmann*, RZ 3 f. zu § 3 JArbSchG; *Zmarzlik*, RZ 3 ff. zu § 3; *Knopp / Kraegeloh*, Anm. 2 a zu § 3; *Herschel / Lorenz*, Anm. 1 zu § 3; sowie zum JArbSchG 1961 *Brennberger / Bauernfeind*, insbes. S. 15.

[19] Ausdrücklich RegE zum JArbSchG 1974 in: BR-Drucks. 207/74 zu § 3, S. 26; abgedr. bei *Hautmann / Krohn / Riedel*, S. 40 (§ 3 II 1).

[20] Dazu *Harmsen*, S. 39 unter Hinweis auf die Regbegründung zum SchwbWG.

[21] Zum Ganzen *Jung / Cramer*, § 4, Rz. 2.

IV. Der Arbeitgeber im Sozialversicherungsrecht

Der Begriff des Arbeitgebers im Sozialversicherungsrecht lehnt sich nach h. M. grundsätzlich an den Begriff des Arbeitgebers im Arbeitsrecht an.[22] Die Besonderheit besteht aber darin, daß das Sozialversicherungsrecht nicht schematisch an die arbeitsrechtliche Überlegung anknüpft, wer Arbeitsvertragspartei ist. Darüber hinaus sind vielmehr die tatsächlichen Verhältnisse maßgebend.[23] Das Abstellen auf die tatsächlichen Verhältnisse bietet den geeigneten Anknüpfungspunkt für die Fälle, in denen — unabhängig vom Zufall der vertraglichen Ausgestaltungen — auch sozialen Erwägungen Rechnung getragen werden muß. Der sozialversicherungsrechtliche Arbeitgeber ist etwa in den Fällen, in denen er dafür verantwortlich ist, die Versicherungsbeiträge abzuführen, immer derjenige, dem der wirtschaftliche Ertrag der Arbeit zugute kommt.[24] Andererseits wird als Arbeitgeber aber nur angesehen, wer auch die tatsächliche Möglichkeit hat, unmittelbar auf das Beschäftigungsverhältnis einzuwirken (z. B. um den Meldepflichten nachzukommen)[25], nicht aber, wer als ein dahinterstehendes Wirtschaftssubjekt bloßer Geldgeber ist wie etwa das Kreditinstitut als Kreditgeber.[26] Im Sozialversicherungsrecht zeigt sich also deutlich, daß zugleich die wirtschaftliche und persönliche Machtstellung des Arbeitgebers die grundlegenden Motive für die Begriffsverwendung abgeben, die wiederum im Umkehrschluß in den sozialen Schutzgedanken einmünden. Dieses Wechselspiel läßt sich wie folgt an der weitreichenden Verwendung des fiktiven Arbeitgeberbegriffs belegen.

---

[22] *Wannagat*, S. 251; aus der Rechtsprechung das Urteil des BSG vom 20. 12. 1962 in: BSGE 18, 190 f.: „Arbeitgeber ist derjenige, der mindestens einen Arbeitnehmer beschäftigt" (S. 196).

[23] So schon eingehend *Schulz / Eckert* 1922, S. 26; aus der neueren Lit. insbes. *Marburger* in: BB 1977, S. 450 m. w. N.; s. auch den Beitrag von *Sommerhalder*, S. 4 zum schweizer Recht. Ein anschauliches Beispiel aus der neueren Rechtsprechung bietet das Urteil des LSG Niedersachsen vom 7. 1. 1981 in: WzS 1981, S. 280, wo der Hintermann eines „Strohmanns" als tatsächlicher Arbeitgeber sozialversicherungsrechtlich verpflichtet wurde.

[24] So das Urteil des BSG vom 31. 1. 1964 in: Die Beiträge 1961, S. 182 sowie das Urteil des LSG Niedersachsen (ebenda Fn. 23); s. auch *Figge*, Der Begriff „Arbeitgeber" 2.2.0.2.

[25] Zu dem Kriterium der Einwirkungsmöglichkeit vgl. das Urteil des LSG Schleswig-Holstein vom 9. 6. 1978 in: BB 1980, S. 107. Dies bedeutet jedoch nicht, daß der Träger der arbeitsrechtlichen Leitungsmacht allein maßgebend ist. Im Sozialversicherungsrecht hat er kaum Bedeutung; so *Birk* in: NJW 1979, S. 1022 m. w. N. (auch zu den Ausnahmen). Deswegen ist auch die Definition von *Schaub*, Arbeitsrechts-Handbuch auf S. 64 zu eng, wo er als sozialversicherungsrechtlichen Arbeitgeber nur denjenigen bezeichnet, für den in *persönlicher* Abhängigkeit Dienste erbracht werden.

[26] So das Urteil des BSG vom 24. 5. 1972 in: AP Nr. 9 zu § 611 BGB — Abhängigkeit — insbes.Bl. 578 R. Zur Problematik des Kapitalgebers als Arbeitgeber s. auch das Urteil des BSG vom 20. 12. 1966 abgedr. und erläutert bei *Figge*, „Der Arbeitgeber als Schuldner" 7.5.2.1.

V. *Der fiktive Arbeitgeberbegriff*

Der Gesetzgeber verwendet in zahlreichen Fällen einen sog. fiktiven Arbeitgeberbegriff. Gesetzgeberisches Leitmotiv ist dabei weniger die Vertragspartnerstellung des Arbeitgebers, sondern Sinn und Zweck der einzelnen gesetzlichen Vorschrift. So gibt es arbeitsrechtliche Regelungen, die den Arbeitgeber heranziehen, um denjenigen zu bezeichnen, der gewöhnlich oder berufsmäßig Arbeitsverträge abschließt.[27] Als Beispiel sei nur der prozessuale Arbeitgeberbegriff in § 22 I ArbGG herausgestellt. Danach gilt als Arbeitgeber auch, „wer vorübergehend oder regelmäßig zu gewissen Zeiten des Jahres keine Arbeitnehmer beschäftigt" (vgl. ebenso die entsprechende Formulierung in § 16 IV Nr. 1 SGG). Diese „latent fortwirkende Arbeitgebereigenschaft" wird auf „Zweckmäßigkeitserwägungen" für die Arbeitsgerichtsbarkeit zurückgeführt.[28] Auch in Art. 44 VIII S. 2 des Zusatzabkommens zum Nato-Truppenstatut wird ein besonderer Arbeitgeber konstruiert. Dieser völkerrechtliche Vertrag bestimmt die Bundesrepublik zur Prozeßpartei auf Arbeitgeberseite.

Als derjenige, der gewöhnlich Arbeitsverträge abschließt, wird auch der Arbeitgeber in § 196 I Nr. 9 BGB sowie in §§ 2 III und 45 IV S. 2 PBefG aufgefaßt. § 16 KSchG spricht vom alten Arbeitgeber und meint damit nicht den gegenwärtigen, sondern den früheren Vertragspartner des Arbeitnehmers. § 13 AFG hingegen versteht unter Arbeitgeber denjenigen, der erst beabsichtigt, Arbeitnehmer zu beschäftigen.[29] Als zukünftige Arbeitsvertragspartei wird der Arbeitgeberbegriff auch in § 125 I GewO verwendet. Danach haftet der neue Arbeitgeber dann, wenn er den Arbeitnehmer eines anderen Arbeitgebers zum Vertragsbruch verleitet. Hierbei ist der Arbeitgeber, der verleitet, nicht als Arbeitgeber i. S. der gegenwärtigen Vertragspartei gemeint.[30] Nach § 475 b f. RVO haben Selbständige die „Pflichten der Arbeitgeber zu erfüllen". Gemäß § 12 III SGB IV gilt „als Arbeitgeber der Hausgewerbetreibende oder Heimarbeiter ...".

Sinn und Zweck aller Bestimmungen, die den fiktiven Arbeitgeberbegriff verwenden, ist der soziale Schutz der Arbeitnehmer.[31] Dieses

---

[27] Darauf weist bereits *Lotmar* 1902, S. 66 m. w. Beispielen hin; ebenso *Stier-Somlo*, S. 268. Hier kommt anschaulich auch der Status des Arbeitgebers zum Ausdruck.

[28] So *Maus / Kremp*, S. 50. Dort spricht man auch von „virtuellem Arbeitgeberbegriff".

[29] Vgl. *Gagel*, RZ 18 zu § 13 AFG.

[30] Darauf machte bereits *Lotmar*, S. 66 in Fn. 4 aufmerksam.

[31] Dies entspricht dem Wesen der Fiktion als Instrument, über das neuartige Gedanken in überkommene rechtliche Vorstellungen eingeführt werden, ohne die traditionellen Begriffe selbst verändern zu müssen; so *Esser*, S. 35.

soziale Motiv wird häufig durch inhaltsleere Worte wie die soeben zitierten „Zweckmäßigkeitserwägungen“ nur verschleiert.

VI. Zusammenfassende Stellungnahme

Der Arbeitgeber ist, wie etwa *Fabricius* zutreffend meint, als Vertragspartner das umfassende rechtliche Zuordnungssubjekt. Über den Vertrag weist ihm das Recht neben den Rechten auch umfassende, den Arbeitnehmer schützende Pflichten zu. Aber in allen die Vertragspartnerstellung gestaltende Fällen zeigt sich, daß der gemeinsame Anknüpfungspunkt der Begriffsverwendung weniger im Arbeitsvertrag, als vielmehr in der Schutzverpflichtung des Arbeitgebers liegt, die wiederum dessen wirtschaftliche und persönliche Machtstellung berücksichtigt. Der soziale Schutz ist dabei mitunter so wichtig, daß man vom Arbeitsvertrag sogar abweicht, um Allgemeininteressen anzuerkennen. Um den sozialen Schutzverpflichteten[32] zu kennzeichnen, wird der Arbeitgeberbegriff auch außerhalb eines Vertragsverhältnisses wie etwa in den Fällen der faktischen Arbeitgeberstellung oder im Sozialversicherungsrecht herangezogen oder etwa über das gesetzestechnische Hilfsmittel[33] der Fiktion auf den Arbeitsvertrag zurückgeführt. Hier wird der ordnungsbegriffliche Inhalt des Arbeitgeberbegriffs deutlich[34], der als juristischer Grundbegriff[35] nur rechtsdogmatisch über den Arbeitsvertrag auf einen einheitlichen Rechtsinhalt zurückgeführt werden kann, in der Rechtswirklichkeit aber uneinheitlich verwendet wird.[36] Damit ist indes keine „völlige Entleerung“ verbunden, so wie *Huppert* meinte[37], wohl aber eine Anknüpfung an das soziale Machtverhältnis und insoweit an eine Kategorie, die dem Vertrag vorgegeben ist.

---

[32] *Henrich,* S. 456 f., insbes. S. 459 bezeichnet den Arbeitgeber im öster. Recht als „gesetzlichen Anspruchsverpflichteten“.

[33] Vgl. zu diesem Begriff im Zusammenhang mit dem Arbeitgeberbegriff auch *Hromadka,* Leitende Angestellte, S. 326.

[34] Zum Ordnungsbegriff s. im einzelnen *Radbruch,* Ordnungsbegriffe, S. 46 f., insbes. S. 53, der auch eine Abgrenzung vom Klassenbegriff vornimmt. *Birk,* Leitungsmacht, S. 139 bezeichnet den Arbeitgeberbegriff als Systembegriff.

[35] Zu den juristischen Grundbegriffen vgl. allgemein *Oertmann,* S. 50 f.

[36] *Gast,* S. 15 Fn. 1 faßt den Arbeitgeberbegriff als „neutralen Terminus der Rechtssprache“ auf, der „allein durch den unmittelbaren Wortsinn keine ... Rechtspositionen präjudiziert“.

[37] S. 15.

§ 10 Der Arbeitgeber und die Betriebsgröße

I. Die Entwicklung zum kapitalistischen Großbetrieb

1. Die bereits zum Ende des 19. Jahrhunderts einsetzende und sich in der Weimarer Republik fortsetzende[1] Verdrängung des Einzelarbeitgebers durch die Mittel- und *Großbetriebe*[2] fand in der Bundesrepublik ihre kontinuierliche Entwicklung.[3] Zwar existieren personifizierbare Arbeitgeber noch in weiten Teilen des Handwerks, des Einzelhandels und im Bereich der freien Berufe. Aber im überwiegenden Bereich gerade der Industrie und des Handwerks sind mehr als 50 % aller Arbeitnehmer in Betrieben mit mehr als 200 Arbeitnehmern beschäftigt.[4] Im einzelnen sind die Zahlen branchenabhängig. Innerhalb der metallverarbeitenden Industrie arbeiten sogar 76,2 % in Großbetrieben.[5]

2. Parallel mit der Zunahme der Großbetriebe steigt die Anzahl der *Kapitalgesellschaften*, die die natürlichen Personen und Personengesamtheiten als Arbeitgeber verdrängen.[6] Einen bedeutenden Stellenwert in der Konzentrierung des Kapitals nehmen dabei die Konzerne ein. So sind ca. zwei Drittel aller Aktienunternehmen in Konzernen zusammengefaßt.[7] Der besondere Einfluß der Kapitalgesellschaften auf den Arbeitgeberbegriff ergibt sich daraus, daß in der Bundesrepublik ca. ein Drittel aller Beschäftigten in Kapitalgesellschaften arbeiten, wobei diese Gesellschaften keine 3 % aller Unternehmensformen ausmachen.[8] Wenige Arbeitgeber beschäftigen also viele Arbeitnehmer.

3. Die Entwicklung zum kapitalistischen Großbetrieb stellt die *wirtschaftliche Machtstellung* jener Arbeitgeber heraus. Parallel zu dieser Entwicklung geht die Tendenz von der Unternehmergesellschaft des 19. Jahrhunderts zur gegenwärtigen Arbeitnehmergesellschaft einher.[9]

---

[1] s. oben § 7 II 1.

[2] Die Größe wird danach bemessen, wieviele Arbeitskräfte der Arbeitgeber als Betriebsinhaber einsetzt. Über die Frage der Betriebsgrößen-Kategorien herrscht dabei weiterhin keine Übereinstimmung. Neben den o. g. Unterteilungen (vgl. § 7) faßt aus der neueren Literatur *Thürbach*, insbes. S. 80 f. unter die Mittelbetriebe 3 - 49 Beschäftigte. Zur „Relativität" des Begriffs Betriebsgröße s. auch den Überblick bei *Gross / Meier*, S. 16 f.

[3] Vgl. zu den jüngeren Zahlen die tabellarische Übersicht bei *Mück*, S. 210.

[4] s. die Nachweise bei *Ramm*, Privatrecht, S. L 298/299.

[5] So die Zahlen des Statistischen Bundesamts in: IG Metall, Daten 1983, S. 82, die den Stand von September 1980 wiedergeben.

[6] Diese Tendenz hebt insbes. *Ramm*, Arbeitsverhältnis, S. 17/18 hervor.

[7] Diese Angaben sind *Däubler*, Arbeitsrecht, S. 348 entnommen.

[8] Zu den exakten Zahlen mit dem Stand von 1970 vgl. *Ramm*, Privatrecht, S. L 300. Im Jahre 1895 waren es keine 10 % aller Beschäftigten, die in Kapitalgesellschaften arbeiteten; dazu im einzelnen *Preller*, S. 99.

[9] Diese Entwicklung hebt auch *Kunze*, S. 361 hervor.

Während es im Jahre 1882 noch 28 % Selbständige gab[10], waren es 1982 nur noch 8,7 %.[11] Die Großbetriebe spiegeln die gegenwärtigen arbeitsrechtlichen Probleme und Interessenkonflikte wider. Sie sind der Motor unseres Arbeitslebens und stellen die Weichen der zukünftigen Arbeits- und Sozialordnung.[12] In ihnen treten die intensivsten Gewerkschaftsaktivitäten auf und dort werden Betriebsvereinbarungen mit Pilot-Charakter geschaffen. Die kleineren Betriebe ziehen nur insoweit nach, als es ihre Konkurrenzfähigkeit auf dem Arbeitsmarkt erfordert.

II. Die Entpersönlichung der Arbeitsvertragspartei

Die Untersuchung der Begriffsgeschichte hat bereits ergeben, daß die arbeitsteilige Organisationsform eines kapitalistischen Großbetriebs einer persönlichen Bindung zwischen den Parteien des Arbeitsvertrags entgegensteht.[13] Diese Ergebnisse wirken auch auf den Arbeitgeberbegriff im gegenwärtigen Sozialstaat ein. Nicht mehr der Arbeitgeber als personifizierte Arbeitsvertragspartei tritt dem Arbeitnehmer gegenüber, sondern eine Vielzahl von Arbeitgeberbefugnisse ausübende Personen. Durch diese organisatorische Aufteilung kommt es zu einer *Versachlichung der Leitungsmacht.*[14] So reduziert sich in den großen Betriebsorganisationen die Leitungsmacht gegenüber den qualifizierten Mitarbeitern mit ihrem überlegenen Fachwissen praktisch auf unwesentliche Bereiche des Arbeitsablaufs.[15] Auch die Humanisierungsbestrebungen am Arbeitsplatz tragen dazu bei, die Leitungsmacht zu versachlichen. Maßstab ist insgesamt nicht eine autoritäre, sondern eine kooperative Organisationsstruktur, in der die Arbeitsanweisung zunehmend zurücktritt, um dem Arbeitnehmer ein Höchstmaß an Eigeninitiative zu ermöglichen.[16] Diese Verhältnisse verändern die vormals persönlichen Beziehungen zwischen Arbeitgeber und Arbeitnehmer und zugleich die Schutzkonstellationen im Arbeitsrecht. In den arbeitsteiligen Organisationsformen stellt der Arbeitgeberbegriff nur noch eine „zusammenfassende Bezeichnung für die Unternehmensleitung“[17] dar. Die soziale Macht wird insoweit von dem abstrakten Rechtsträger auf

---

[10] So die Angaben bei *Mück*, S. 169.

[11] s. die Angaben (ohne mithelfende Familienangehörige) in: IW (Hrsg.), Zahlen 1983, Tab. 5.

[12] Vgl. zu dieser Auffassung auch *Ramm* in: ZfA 1978, S. 365.

[13] Vgl. die Ausführungen bereits o. in § 7 II 1. Zur Entpersönlichung insoweit auch *Ramm* in: ZfA 1973, S. 293 und *Farthmann* in: RdA 1960, S. 7.

[14] So *Ramm*, Arbeitsverhältnis, S. 7.

[15] Vgl. schon *Herschel* in: RdA 1956, S. 161 f.

[16] Diese Konzeption beschreibt *Ballerstedt* in: RdA 1976, S. 8. Sie entspricht einem kooperativen Führungsstil.

[17] So *Rüthers / Stindt* in: BB 1972, S. 977.

zahlreiche, die wirtschaftliche und persönliche Macht ausführende konkrete Personen verlagert.

Einen begrifflichen Ausdruck der Entpersönlichung des Arbeitgebers in Großbetrieben findet sich etwa in dem vom Betriebsverfassungsgesetz geregelten Beschwerderecht des einzelnen Arbeitnehmers. Adressat des Beschwerderechts ist gemäß § 84 BetrVG nicht der Arbeitgeber als persönliche Vertragspartei, sondern „die zuständige Stelle". Auch die Regelung des § 613 a BGB, wonach sich ein Betriebsinhaberwechsel nicht auf den Bestand des Arbeitsverhältnisses auswirkt, bringt die Entpersönlichung des Arbeitgebers zum Ausdruck.[18] Durch den Austausch der Vertragspartei auf Arbeitgeberseite wird zudem die verlagerte wirtschaftliche Machtstellung des Arbeitgebers zum Schutzziel gewählt. Hier deutet sich die enge Verknüpfung zwischen der Entpersönlichung und dem sozialen Schutzgedanken an. Man könnte überspitzt formulieren, daß — neben anderen Einflüssen wie etwa die Arbeitsteilung — der soziale Schutzgedanke im Recht die Entpersönlichung des Arbeitgebers als Vertragspartei fördert.

III. Die Differenzierung nach Betriebsgrößen

1. Das Arbeitsrecht der Weimarer Republik mit der verselbständigten Zielrichtung des Arbeitnehmerschutzes richtete sich grundsätzlich an sämtliche Arbeitgeber unabhängig von der Art der Betriebe.[19] Die unterschiedlichen Machtkonstellationen in den verschieden großen Betrieben fand keine nennenswerte Beachtung in der *Rechtswissenschaft*. Auch in der Bundesrepublik nimmt die Arbeitsrechtswissenschaft erst allmählich die Unterschiede in den Betriebsgrößen und damit die unterschiedlichen Machtstellungen der Arbeitgeber auf.[20] Zwar gehört es zu den geltenden arbeitsrechtlichen Grundprinzipien, daß jeder Arbeitgeber und damit auch jede Betriebsgröße Beachtung finden muß. Ausdrucksvoll ist insoweit § 2 Abs. 1 TVG, wonach u. a. jeder „einzelne Arbeitgeber" auch Tarifvertragspartei ist. Dieser Grundsatz verdeutlicht die Einheit des Arbeitgeberbegriffs. Aber zunehmend werden von diesem Grundsatz Ausnahmen gemacht.

---

[18] s. bereits die Ausführungen von *Potthoff*, Arbeitsrecht 1931, S. 45.

[19] Vgl. oben § 7 I 2.

[20] Vgl. die Ausführungen von *Ramm* in: ZfA 1978, S. 364 f. sowie die Hinweise von *Wlotzke* in: 25 Jahre BAG, S. 698. Eine Zunahme der die einzelnen Betriebsgrößen berücksichtigenden Beiträge läßt sich im Bereich des Arbeitsschutzes bzw. im Rahmen der „Humanisierung des Arbeitslebens" beobachten wie etwa der Forschungsbericht des BMA Nr. 49 von *Gisela Eisenhardt* und *Günter Urlaub*, Modelle für die arbeitsmedizinische Betreuung von Arbeitnehmern in Kleinbetrieben, Bonn 1981 sowie *Karl-Heinz Diekershoff*, Nicht für Kleinbetriebe in: BArbBl 1983, S. 35 - 36. Demgegenüber haben sich die Sozial- und Wirtschaftswissenschaften dem Betriebsgrößenproblem schon mehrfach zugewandt; so *Gross / Meier*, *Scheuch* und *Kleine*.

2. Insbesondere der *Gesetzgeber* (aber auch die Tarifvertragsparteien) differenziert nach Betriebsgrößen, wenn es darum geht, den Anwendungsbereich arbeitsrechtlicher Regelungen festzulegen. So existieren umfassende Anzeigepflichten bei (Massen-)Entlassungen von Arbeitnehmern, die gemäß § 17 KSchG nach der Betriebsgröße und den zu entlassenden Arbeitnehmern gestaffelt sind (20 - 50, 50 - 500 bzw. 500 und mehr Arbeitnehmer) sowie Auslagepflichten gemäß § 18 Abs. 1 MuSchG bei Betrieben mit mehr als 3 beschäftigten Frauen oder § 21 LadSchlG. Daneben differenzieren zahlreiche Arbeitsschutzvorschriften nach Betriebsgrößen. Dazu zählen § 133 g und 134 i GewO ebenso wie §§ 49 Abs. 1, 37 f., 47 f. bzw. 45 Abs. 7 ArbStättVO, sodann das Gesetz über Betriebsärzte, Sicherheitsingenieure und andere Fachkräfte für Arbeitssicherheit, nach dem die werksärztliche Betreuung der Arbeitnehmer durch Bereitstellung eines eigenen Werkarztes in Betrieben mit mehr als 2 000 Arbeitnehmern erforderlich ist.

Einen weiteren nach Betriebsgrößen differenzierenden gesetzgeberischen Bereich stellt das Betriebsverfassungsgesetz dar. In Betrieben mit mehr als 20 Arbeitnehmern kann der Betriebsrat bei personellen Einzelmaßnahmen mitbestimmen (§ 99) und müssen ihm Betriebsänderungen mitgeteilt werden (§ 111), bei mehr als 100 Beschäftigten ist ein Wirtschaftsausschuß zu bilden (§ 106), in Betrieben mit mehr als 1 000 Arbeitnehmern müssen Auswahlrichtlinien bei personellen Angelegenheiten festgelegt werden (§ 95) und es besteht eine Unterrichtungspflicht über die wirtschaftliche Lage des Unternehmens bei Unternehmen mit mehr als 1 000 Beschäftigten (§ 110). Hinzu kommt der betriebsgrößenabhängige Anwendungsbereich der Mitbestimmungsgesetze. So findet das Montan-MitbestG gemäß § 1 Abs. 2 nur auf Betriebe mit mehr als 1 000 Arbeitnehmern, das MitbestG von 1976 gemäß § 1 Abs. 1 Ziff. 2 nur auf Unternehmen mit mehr als 2 000 Arbeitnehmern Anwendung.

3. In sämtlichen Regelungsbereichen, die nach Betriebsgrößen differenzieren, liegt das eigentliche gesetzgeberische Motiv im sozialen Schutzgedanken. Er trägt den unterschiedlichen wirtschaftlichen und persönlichen Machtkonstellationen in Klein-, Mittel- und Großbetrieben Rechnung. Der sachliche Grund für die Differenzierung nach Betriebsgrößen liegt zwar auch in den unpersönlichen Arbeitsbeziehungen zwischen Arbeitgeber und Arbeitnehmer in den Großbetrieben.[21] Als übergeordnetes Ziel verfolgt aber die ungleiche Behandlung der Arbeitgeber, die veränderten Machtkonstellationen auf Arbeitgeberseite mit der Erweiterung des sozialen Schutzes zu beantworten. Dieser soziale

---

[21] Darauf machte auch das BVerfG im Rahmen des Mitbestimmungsurteils aufmerksam in: NJW 1979, S. 711 unter Bezugnahme auf den Mitbestimmungsbericht in: BT-Drucks. VI 334, S. 114 f.

Schutz vor wirtschaftlicher und persönlicher Macht als Ausformung des Sozialstaatsprinzips schränkt letztlich das grundsätzlich zugunsten aller Arbeitgeber wirkende Gleichbehandlungsgebot im Sinne des Art. 3 GG ein. Zugleich bedeutet die praktizierte Ungleichbehandlung nach Betriebsgrößen in der Konsequenz die beginnende Auflösung des einheitlichen Arbeitgeberbegriffs.

IV. Die Verselbständigung des Betriebs

1. Ebenso wie in der Weimarer Republik[22] geht die *geltende Rechtsordnung* der Bundesrepublik grundsätzlich von der Person des Arbeitgebers als Inhaber des Betriebes aus. Nur er ist Rechtssubjekt, der Betrieb hingegen besitzt weder Rechts- noch Vermögensfähigkeit. Über diese de lege lata unbestrittene[23] Trennung von Betrieb und Arbeitgeber hinaus wird aber mehrfach gefordert, den Betrieb vom Betriebsinhaber als Arbeitgeber zu verselbständigen, um ihm de lege ferenda eigene Rechtsfähigkeit zu verschaffen.[24] Insoweit zeigt sich eine kontinuierliche Entwicklung der rechtspolitischen Überlegungen zu Zeiten der Weimarer Republik[25] und der rechtlichen Ausformungen im Nationalsozialismus.[26]

2. Arbeitsrechtliche Regelungen und Abwägungen knüpfen weniger an die Person des Arbeitgebers als Vertragspartei an, als vielmehr an den Betrieb als dem Ort, an dem Menschen innerhalb einer gesamten

---

[22] s. oben § 7 II 2.

[23] *Bobrowski / Gaul,* S. 45 sowie *Gaul,* S. 66, der darauf hinweist, daß im Gegensatz zu anderen staatlichen verliehenen Rechtsformen im Handels- und Gesellschaftsrecht der Betrieb nicht als eine solche anerkannt ist.

[24] Einen guten Überblick über die gesamte Entwicklung gibt *Galperin,* Betriebsverband, S. 75 f. *Maus,* S. 118/119 spricht von einer „Verdinglichung des Betriebs" und plädiert dafür, daß der Betrieb als überpersönliche Einheit von der Person des Unternehmers losgelöst werden müsse. Als Mitglied des Betriebs bezeichnet den Arbeitgeber *Söllner,* Arbeitsrecht, S. 206 in Anlehnung an *Raiser.* Vgl. auch *Herschel,* Freier Beruf, S. 29; *ders.* in: RdA 1956, S. 168; *ders.,* Vom Arbeiterschutz zum Arbeitsrecht, S. 313/314.

[25] Vgl. oben § 7 und die dort in Fn. 18 Zit.

[26] s. oben § 8 I 2 a sowie *Kunze,* S. 341 m. w. N., der meint, der Nationalsozialismus habe zum ersten Mal in reiner Form die Konzeption eines Betriebsverbandes geschaffen, in dem als Glied auch der Arbeitgeber integriert gewesen sei. Diese über das nationalsozialistische Arbeitsrecht bis in die Gegenwart hinein wirkende Entwicklung zeigt, daß jener deutschen Geschichtsepoche entgegen der vielerorts zu findenden Ansicht kein entwicklungsgeschichtlicher Ausnahmecharakter zufällt. Zwar überwiegt im nationalsozialistischen Arbeitsrecht das — zumindest unter der Gemeinschaftsmaske verdeckte — diktatorische Führerprinzip. Insoweit handelt es sich in der Tat um einen (hoffentlich einmaligen) geschichtlichen Makel. Aber in seinen grundsätzlichen Strukturen läßt sich auch das nationalsozialistische Arbeitsrecht mit aller gebotenen Vorsicht und unter Berücksichtigung der epochenspezifischen Verschiedenheiten den kontinuierlichen Linien der Rechtsentwicklung anpassen.

Sozialordnung mit unterschiedlichen Interessen zusammenarbeiten. Das geltende Arbeitsrecht ist von einer rechtlichen *Akzentverlagerung vom Arbeitsvertrags- zum Betriebsverfassungsrecht* gekennzeichnet.[27] Zwischen beiden Bereichen beginnen die Grenzen unscharf zu werden.[28] In dieser Verlagerung zeigt sich wiederum, daß — abgesehen von einer insgesamt betrachtet geringen Zahl von Kleinbetrieben — der Arbeitgeber nicht mehr als Vertragspartei innerhalb eines persönlichen Zwei-Personen-Verhältnisses angesehen werden kann. Vielmehr steht der überpersönliche Betrieb als Organisationseinheit im Mittelpunkt des Arbeitslebens. Der Betrieb als verselbständigte Sacheinheit übernimmt hier die Stelle des Arbeitgebers als Person.

Eine solche Betriebsorganisation umfaßt (mindestens) zwei selbständige Bestandteile, den Betriebsrat und den Arbeitgeber. Dem Betriebsverfassungsgesetz von 1972 liegt die Konzeption eines Betriebes zugrunde, der von seiner Grundstruktur her einem Zweikammersystem mit unterschiedlicher Kompetenzverteilung vergleichbar ist. Arbeitgeber und Betriebsrat bilden in diesem System zwei Zuständigkeitsträger mit unterschiedlicher Kompetenz, aber zum Wohle des Betriebs. Die Betriebsvereinbarung stellt dabei nicht etwa eine Vereinbarung zwischen zwei Vertragskontrahenten dar, sondern eine Satzung, die durch übereinstimmenden Beschluß zweier Organe des Betriebes zustande kommt.

Die Verselbständigung des Betriebs zeigt sich auch darin, daß die *Betriebszugehörigkeit* des Arbeitnehmers zunehmend als schutzwürdiges Gut und als Rechtsproblem anerkannt wird[29], wie etwa im Kündigungsschutz, der weniger auf schuldrechtlichem Denken, sondern auf Vorstellungen des Betriebes als eines sozialen Organismus beruht. Danach ist Kündigungsschutz ein sozialer Schutz, der die Teilnahme am Betrieb sichern soll.[30] Je mehr der Betrieb als übergeordnete schutzwürdige Einheit rechtlich anerkannt wird, desto mehr erweitert sich die traditionelle Zwei-Personen-Beziehung zwischen Arbeitgeber und

---

[27] Dies beschrieb schon früh *Potthoff*, Arbeitsrecht 1931, S. 51; ebenso *Benda*, S. 141 m. w. N. Zum bedeutenden Stellenwert des Betriebsverfassungsrechts innerhalb der Streitigkeiten vor den Arbeitsgerichten vgl. die Ausführungen von *Joachim* in: ArbuR 1982, S. 12.

[28] Darauf weist schon *Kaskel*, Arbeitsrecht, S. 287 hin sowie *Potthoff* in: JW 1926, S. 533 f.; aus dem jüngeren Schrifttum vgl. *Kunze*, S. 356, insbes. S. 359.

[29] Den Wandel vom schuldrechtlichen Austauschvertrag zur Betriebszugehörigkeit beschreibt im Anschluß an die zahlreichen Beiträge von *Potthoff* insbes. *Wlotzke* in: RdA 1963, S. 44; ebenso immer wieder *Herschel*, so in: RdA 1956, S. 168; *ders.*, Vom Arbeiterschutz zum Arbeitsrecht, S. 313/314.

[30] Obwohl zuzugestehen ist, daß diese Vorschrift gleichsam das rechtliche System stabilisiert. Denn ansonsten wäre § 613 a überflüssig. Auf diese zwingende Folgerung weist zutreffend *Wendling*, S. 67 hin.

Arbeitnehmer und öffnet sich die soziale Schutzverpflichtung über den einzelnen Arbeitgeber hinaus.

Nicht zuletzt beruht der Betriebsinhaberwechsel gemäß § 613 a BGB neben dem sozialen Schutzgedanken auf der Tendenz, den Betrieb von seinem Inhaber zu verselbständigen.[31] Beide Elemente hängen also eng miteinander zusammen.

3. Die *begriffliche Auswirkung* der Verselbständigung zeigt anschaulich § 3 II TVG. Dort ist nämlich von „Betrieben, deren Arbeitgeber ..." die Rede, entsprechend auch in § 84 I BetrVG: „Arbeitgeber und Arbeitnehmer des Betriebes".[32] Diese Formulierungen sind kein Redaktionsversehen, sondern vielmehr begriffliche Umsetzung neuzeitlichen Denkens.[33]

Die Bedeutungszunahme des Betriebs als überpersönliche Einheit und zugleich der Bedeutungsverlust des Arbeitgebers als persönliche Vertragspartei äußert sich auch in der Bezeichnung des Arbeitgebers als *Betriebsverfassungsorgan*.[34] Dieser Begriff bezeichnet den Status des Arbeitgebers in der Betriebsorganisation.[35]

---

[31] Die Formulierung „Arbeitgeber des Entleiherbetriebs" verwendet der 1. Senat des BAG in den Beschlüssen vom 14. 5. 1974 bzw. 6. 6. 1978 in: *Becker / Wulfgramm*, EzAüG Nr. 19, S. 73 bzw. Nr. 45, S. 156/157.

[32] Bei diesem Denken kann man wohl nicht mehr nur von einem bloßen rechtssoziologischen Phänomen oder von einem „rechtssoziologischen Unbehagen" sprechen, so wie es *Zöllner*, FS Fechner, S. 165 tut.

[33] *Galperin*, FS Schmitz, S. 55 f. meint, der Arbeitgeber sei neben seiner individualrechtlichen Stellung kollektivrechtliches Verfassungsorgan; s. zudem *Kunze*, S. 341 f., insbes. S. 342 m. w. N.; *Maus*, S. 111; *Herschel*, Vom Arbeiterschutz zum Arbeitsrecht, S. 314; ebenso *Fitting / Auffahrt / Kaiser*, RZ 30 zu § 1 m. w. N. *Däubler* in: ArbuR 1982, S. 9 bezeichnet Arbeitgeber und Arbeitnehmer als „Subjekte der Betriebsverfassung". Zu der entsprechenden, von der Rechtsprechung verwendeten Begrifflichkeit s. schon RG vom 6. 2. 1923 in: RGZ 106, 272, 275 f. zu dem Betriebsrätegesetz 1920, ebenso das Urteil des BAG vom 3. 12. 1954 in: AP Nr. 1 zu § 88 BetrVG 1952 Bl. 2; s. auch den Beschluß des LAG Düsseldorf vom 11. 2. 1982 in: DB 1982, 1066, wo von dem Arbeitgeber als „betriebsverfassungsrechtlichem Organ" gesprochen wird.

[34] Den Weg zur Teilnahme am Betrieb als eigenes Rechtsgut wies das Urt. des ArbG Bocholt vom 22. 6. 1982 in: DB 1982, S. 1938 - 1939, wo das Gericht den Arbeitgeber verpflichtete, vor dem Ausspruch einer betriebsbedingten Kündigung eines einzelnen Arbeitnehmers die Arbeitszeit aller Arbeitnehmer des Betriebes zu verkürzen. Diese Entscheidung wurde aufgehoben durch das Urt. vom 15. 12. 1982 des LAG Hamm in: DB 1983, S. 506 - 507; vgl. zu dem erstinstanzlichen Urteil auch die ablehnende Besprechung von *Lothar Vollmer* in: DB 1982, S. 1933 - 1934.

[35] Vom „körperschaftlichen Status" spricht *Galperin*, Betriebsverband, S. 89, *Scholz* in: ZfA 1980, S. 363 von einem „arbeitgeberischen Status". Nur angedeutet, nicht aber vertieft werden kann der parallele Sprachgebrauch im Zusammenhang mit dem Arbeitnehmerbegriff. Die unterschiedlichen Arbeitnehmergruppen wie die Beamten, Angestellten, Arbeiter und auch die leiten-

Diese Begrifflichkeit macht anschaulich, daß der Arbeitgeberbegriff nicht nur ein starrer Gegenwartsbegriff ist, sondern — ebenso wie im 19. Jahrhundert[36] — durch seinen Inhalt auch zukünftige rechtspolitische Forderungen zum Ausdruck bringt. Der Arbeitgeber wird im Betrieb weniger von seiner Vertragspartnerstellung gekennzeichnet, sondern vielmehr von seiner sozialen Stellung innerhalb der verselbständigten Betriebsorganisation.[37] Diese soziale Wirklichkeit in einer Betriebsorganisation zeigt indes nur eine neuzeitliche Ausformung des Arbeitgebers als sozialen Schutzverpflichteten und zugleich eine Ausweitung der Schutzkonstellationen im Betrieb. Je mehr etwa der Betriebsrat durch die Übernahme von Arbeitgeberfunktionen[38] in die Verantwortung des Betriebsgeschehens einbezogen wird, desto mehr werden neuartige Schutzkonstellationen sichtbar, in die der Betriebsrat auch als sozialer Machtträger Berücksichtigung finden muß wie etwa bei einer ablösenden Betriebsvereinbarung zum Nachteil der Belegschaftsmitglieder.

V. Zusammenfassende Stellungnahme

Die in § 9 bereits festgestellte uneinheitliche Verwendung des Arbeitgeberbegriffs setzt sich in der Feststellung der uneinheitlichen Erscheinungsformen des Arbeitgebers in der Wirklichkeit fort. Die Verhältnisse in den unterschiedlichen Betriebsgrößen führt zu einer Teilung des Arbeitgebers.[39] So ist der Arbeitgeber abgesehen von einer insgesamt betrachtet geringen Zahl von Kleinbetrieben nicht mehr als Person geprägt. Vielmehr steht der überpersönliche Großbetrieb als Orga-

---

den Angestellten werden als sog. selbständige Statusgruppen im Arbeitsrecht bezeichnet. Zum Verhältnis des Arbeitnehmerbegriffs zum Statusbegriff allgemein *Siebert* in: RdA 1956, S. 14 sowie *Rancke* in: ArbuR 1979, S. 15 f.

[36] Vgl. oben § 6 II 4.

[37] Damit einhergeht die Verselbständigung des Unternehmens vom Unternehmer. Zwar gilt de lege lata auch hier der Grundsatz, daß das Unternehmen selbst keine eigene Rechtsfähigkeit besitzt. In jüngster Vergangenheit häufen sich aber die Stimmen, die eine grundsätzliche Umgestaltung des traditionellen Privatrechtsdenkens fordern. Grundlegend ist insoweit die Untersuchung von *Raiser*, Unternehmen 1969; s. dazu die positive Stellungnahme von *Raisch*, Bd. 1, S. 83 f.; ebenso *von Nell-Breuning* in: FS Backhaus, S. 194/195; s. auch *Eichenhofer*, „Leitende Angestellte", der das Unternehmen als „teilrechtsfähiges Subjekt" auffaßt (S. 141) sowie *ders.* in: ZfA 1981, S. 219 f.; auch *Hanau* in: BB 1969, S. 736 sieht das „Unternehmen an sich", also ein Abstraktum, als Gegenspieler der Arbeitnehmer an.

[38] s. *von Hoyningen-Huene* in: manager magazin 1983, S. 158, S. 159.

[39] Daß unsere Sozial- und Rechtsordnung einen einheitlichen Arbeitgeberbegriff nicht kenne, meinen ebenfalls *Birk*, Leitungsmacht, S. 138 sowie *Bobrowski / Gaul*, S. 20. Ebenso *Henrich*, S. 421 zum öster. Recht. *Vacarie* kommt für den Begriff „l'employeur" in der französischen Rechtssprache zum entsprechenden Ergebnis; vgl. das Vorwort von *Lyon-Caen*, S. VIII: „. . . changement d'employeur et qui masque en réalité d'innombrables cas de figure de plus en plus difficilement réductibles à l'unité."

nisationsgesamtheit im Mittelpunkt des Arbeitslebens. Der Betrieb als soziale Sacheinheit hat hier die Stelle des Arbeitgebers als Individuum übernommen. An die Stelle des personifizierten Arbeitgebers in Kleinbetrieben tritt in der Organisation der Großbetriebe eine Vielzahl von Trägern der Leitungsmacht. Diese Verhältnisse führen zu einer Abstraktion des Arbeitgebers als einheitlicher Vertragspartei.[40]

Die Bedeutungszunahme des Betriebs als einer überpersönlichen Einheit führt auf der anderen Seite zu einem Bedeutungsverlust des Arbeitgebers als der persönlichen Vertragspartei. In der arbeitsteiligen Sozialordnung der Bundesrepublik sowie in den arbeitsteiligen Großbetrieben erschöpft sich der schuldrechtliche Teil des Arbeitsverhältnisses weitgehend nur noch in dem Begründungsakt. Der Vertrag wird also hier für die zweifellos nicht unbedeutende Frage herangezogen, *ob* ein Arbeitsverhältnis eingegangen wurde. Dadurch wird insbesondere der wirtschaftliche Arbeitgeber ermittelt, der rechtlich das Arbeitsentgelt schuldet und dem wegen des sozialen Schutzgedankens ordnungspolitisch gewisse Teilbereiche der wirtschaftlichen Lasten des sozialen Netzes auch rechtlich zugeordnet werden. Für die Frage hingegen, *wie* das Verhältnis zwischen Arbeitgeber und Arbeitnehmer im einzelnen ausgestaltet ist, sind indes schuldrechtliche Werte weniger maßgebend. Sie werden von sozialen und organisationsspezifischen Motiven verdrängt, die weitaus mehr Bedeutung für eine ausgewogene gegenwärtige Sozialstruktur einnehmen.[41]

Zweiter Abschnitt

Die aufgespaltene Arbeitgeberstellung

§ 11 Die Lehre von der aufgespaltenen Arbeitgeberstellung

I. Das Problem

Der Rechtsbegriff des Arbeitgebers wird üblicherweise mit der Vertragspartnerstellung gekennzeichnet, in der sich zahlreiche Rechte und Pflichten des Arbeitgebers im Arbeitsverhältnis vereinigen. Eine wesentliche Aufgabe des Arbeitgebers ist seine arbeitsrechtliche Leitungsmacht, die unterschiedliche Herrschaftsbefugnisse umfaßt. In der arbeitsrechtlichen Leitungsmacht tritt insbesondere das soziologische Element im Arbeitsverhältnis hervor. Dieses soziologische Element ordnet die herrschende am Privatrechtssystem orientierte Auffassung ebenso

---

[40] Zu den Abstraktionsbegriffen vgl. *Oeser / Raisch*, KE 3, S. 47.

[41] Diesen Gesichtspunkt stellt *Wiethölter*, S. 807 heraus.

wie das wirtschaftliche Element des Arbeitgebers als Eigentümer rechtsdogmatisch dem Arbeitgeber als Vertragspartner zu.[1] Daß diese rechtlich einheitliche Zuordnung sich letztlich am sozialen Schutzgedanken orientiert und sowohl auf wirtschaftliche als auch auf persönliche Macht reagiert, hat die bisherige Untersuchung gezeigt.[2]

Die rechtliche Einheit setzt indes eine personelle Einheit voraus. Eine Personenidentität von Arbeitsvertragspartei und Träger der arbeitsrechtlichen Leitungsmacht liegt tatsächlich auch häufig vor. In einer sozialen und arbeitsteiligen Gesellschaftsordnung findet aber immer häufiger eine Arbeitsteilung auf Arbeitgeberseite statt[3], die die Arbeitsvertragspartei auf Arbeitgeberseite in zahlreichen verschiedenen Konstellationen aufspaltet und damit über eine Zwei-Personen-Beziehung hinausführt. Die in dieser Untersuchung bereits beschriebene Entwicklung vom Einzelarbeitgeber zum kapitalistischen Großbetrieb mit seiner arbeitsteiligen Organisation[4] bietet für die folgenden Ausführungen erste Anknüpfungspunkte. In sämtlichen Aufspaltungsfällen treten nicht nur arbeitsrechtliche, sondern auch begriffliche Probleme deshalb auf, weil Funktionen selbständig von Personen übernommen werden, die außerhalb des den Funktionstyp als Ganzes konstruktiv erfassenden Vertrags stehen.[5] Diese Personen erhalten in dem Maße, in dem sie selbst Arbeitgeberfunktionen wahrnehmen, arbeitgeberähnliche Machtstellungen. Die Frage ist, wie sie in den traditionellen Arbeitgeberbegriff eingeordnet werden.

II. Der funktionelle Arbeitgeberbegriff

1. Die Überlegungen von *Bail* und insbesondere *Titze*[6] hat 1951 *Nikisch* neu belebt durch seinen die Funktionsverteilung heraushebenden funktionellen Arbeitgeberbegriff .Er erkannte, daß der Begriff des Arbeitgebers „sich nicht notwendig, wie der des Arbeitnehmers, mit einer bestimmten Person verbindet, sondern eher eine zusammenfassende Bezeichnung für eine Reihe von Funktionen ist, die zwar in derselben Person vereinigt sein können und meistens auch vereinigt sind, die aber auch auf verschiedene Personen verteilt sein können“[7]. Diese

---

[1] Vgl. bereits die einleitenden Ausführungen o. in § 2 I 2.

[2] Insbes. im vorstehenden Abschnitt, aber auch in der Begriffsgeschichte.

[3] Bereits *Schmoller*, Die soziale Frage 1918, S. 80 hob den besonderen Stellenwert der Arbeitsteilung hervor. Auch die Funktionsaufteilung auf Arbeitgeberseite ist lediglich eine neuartige Erscheinung des bereits damals von ihm ausgedrückten Gedankens.

[4] Vgl. neben der Begriffsgeschichte insbes. o. § 10 I und II.

[5] Diese Probleme beschreibt so *Brecher*, S. 131.

[6] s. oben § 7 III 2 a.

[7] *Nikisch*, 1. Aufl. 1951, S. 66 sowie 3. Aufl. 1961, S. 144.

Begrifflichkeit übertrug Nikisch über die innerbetriebliche Aufgabenverteilung hinaus auf alle Fälle, in denen Arbeitgeberfunktionen auf selbständige Träger verteilt werden, insbesondere auf die Verteilung der Arbeitgeberfunktionen in Mehrpersonen-Arbeitsverhältnissen. Damit dachte er weiter als zuvor Titze.

2. Die Konzeptionen von Titze und Nikisch stimmen im *Wesen* überein. Beide bezweckten nicht etwa, neben dem vertraglichen Arbeitgeber eine weitere Arbeitsvertragspartei zu konstruieren, nur um dem Arbeitnehmer mehrere Schuldner gerade für das Arbeitsentgelt zu schaffen. Viel weniger ging es ihnen darum, sowohl den wirtschaftlichen als auch den persönlichen Machtträger im Arbeitsverhältnis als Arbeitgeber zu bezeichnen. Ausgangsüberlegung war es mithin nicht, eine rechtliche Lösungsmöglichkeit für einzelne praktische Fälle anzubieten, sondern in erster Linie die Rechtswirklichkeit, also die Machtkonstellationen im Arbeitsleben, in Begrifflichkeit umzusetzen[8], ohne die begrifflichen Pole Arbeitgeber und Arbeitnehmer im Rahmen des traditionellen Arbeitsrechtssystems antasten zu müssen.

3. Diese Zielrichtung beider Konzeptionen ergibt sich aus dem *Vorverständnis* vom Arbeitsverhältnis, das sich nicht an der rein vertraglichen Sicht orientiert. *Titze* sah den konkreten Prinzipal in einem dem öffentlichen Recht nicht unähnlichen Subordinationsverhältnis zum Arbeitnehmer.[9] Das prägende Merkmal für ihn war also nicht der Vertrag, sondern die Herrschaft des Arbeitgebers im Verhältnis zum Arbeitnehmer. Bei *Nikisch* lag der tiefere Grund seiner Begriffswahl in seiner früher vertretenen Eingliederungstheorie. Auch für ihn war der Vertrag für das Arbeitsverhältnis und für den Arbeitgeberbegriff nur sekundär. Beide Ansichten haben also ihre geistigen Wurzeln in der Sicht des Arbeitsverhältnisses als eines personenrechtlichen Über-Unterordnungsverhältnisses.[10] Aus diesem Vorverständnis heraus hatten es beide besonders leicht, einen zweiten Arbeitgeber auch begrifflich in das Arbeitsverhältnis miteinzubeziehen.

III. Meinungsübersicht

1. Die funktionelle Aufspaltbarkeit, die *Nikisch* als Besonderheit des Arbeitgeberbegriffs herausstellte, fand im allgemeinen große Zustimmung.[11] Doch folgte den wirklichkeitsbeschreibenden Hilfsbegriffen von Titze und Nikisch eine schwer überschaubare *Begriffsvielfalt*. Belegt

---

[8] Das meint auch jüngst *Konzen* in: ZfA 1982, S. 265.

[9] S. 551/552.

[10] Auf diese gemeinsamen Wurzeln reduziert auch zutreffend *Fabricius*, Arbeitsverhältnisse im Konzern, S. 29 die beiden Ansichten.

[11] So bei *Galperin* in: FS Schmitz, S. 55.

wird dies durch die mitunter verwirrende Vielzahl der Begriffspaare, die zur Kennzeichnung des Arbeitgebers als des Vertragspartners auf der einen und des Funktionsträgers auf der anderen Seite herangezogen werden. Den Arbeitgeber als Arbeitsvertragspartei nennt man den juristischen[12] oder mittelbaren Arbeitgeber[13], auf der anderen Seite den Funktionsträger tatsächlichen[14], faktischen Arbeitgeber[15] sowie arbeitgeberähnliche Person[16].

2. Diese Begriffsvielfalt deutet die *Unsicherheit* darüber an, wie der „funktionelle" Arbeitgeber in den Inhalt des Rechtsbegriffs integriert werden soll. Die begriffliche Unsicherheit[17] spiegelt sich in den Lehrbuchdarstellungen über den Arbeitgeberbegriff wider. Im Anschluß an die Definition des Arbeitgeberbegriffs wird die Aufspaltungsproblematik mitunter nur als tatsächliches Phänomen ohne jedwede Auswirkung auf den rechtlichen Arbeitgeberbegriff abgehandelt. Der Funktionsträger soll „im Sprachgebrauch mit Recht[18]" oder „mit einem gewissen Recht[19]" als Arbeitgeber zu bezeichnen sein. Die Unsicherheit der begrifflichen Einordnung zeigt sich auch in dem unterschiedlichen Verständnis des Begriffs des „funktionellen Arbeitgebers". Einmal verwendet man diesen zusammengesetzten Begriff sowohl für die Arbeitsvertragspartei, also den wirtschaftlichen Machtträger, als auch für den Träger der arbeitsrechtlichen Leitungsmacht als persönlichen Machtträger im Arbeitsverhältnis[20], ein anderes Mal wird der funktionelle Arbeitgeberbegriff nur mit dem obersten Träger der arbeitsrechtlichen Leitungsmacht gleichgesetzt.[21]

3. In den 70er Jahren, zeitgleich mit der Neuordnung der Arbeitnehmerüberlassung als eines der Mehrpersonen-Arbeitsverhältnisse, traten die Aufspaltungsfälle zunehmend in den Blickpunkt des wissenschaftlichen Interesses. *Müllner* sprach von einer sog. Lehre von der aufgespaltenen Arbeitgeberstellung[22], obgleich die über den Einzelfall hinausgehenden tragenden Grundgedanken dieser auf Titze und Nikisch zurückführbaren Lehre noch nicht herausgearbeitet worden waren und

---

[12] So *Molitor* in: DB 1956, S. 21; vgl. auch *Zöllner*, Arbeitsrecht, S. 50.

[13] Schon *Bail*, S. 15.

[14] s. die unter Fn. 12 Zit.

[15] *Däubler*, Arbeitsrecht, S. 361 f. (10.3 sowie 10.4).

[16] Grundlegend *Pakebusch*.

[17] Diese Unsicherheit stellt auch *Fabricius*, Arbeitsverhältnisse im Konzern, S. 29 fest.

[18] *Galperin* in: FS Schmitz, S. 55.

[19] *Hueck / Nipperdey*, S. 89.

[20] So *Birk*, S. 141.

[21] So im anderen Zusammenhang desgleichen *Birk* in: NJW 1979, S. 1022.

[22] 1978, S. 60; danach *Fabricius*, Arbeitsverhältnisse im Konzern 1982, z. B. S. 27 f.

bislang auch noch nicht entwickelt worden sind. So bleibt weiterhin unklar, ob in den Aufspaltungsfällen ein allein am Arbeitsvertrag orientierter Arbeitgeberbegriff beibehalten werden soll, oder ob der Arbeitgeberbegriff vom Arbeitsvertrag unabhängig wird und sich insoweit in mehrere Arbeitgeber aufspaltet.

IV. Vorgehen

Um Klarheit darüber zu gewinnen, was die „Lehre von der aufgespaltenen Arbeitgeberstellung" bedeutet, welche Strukturprinzipien für sie kennzeichnend sind und wie sie sich auf den Arbeitgeberbegriff auswirkt, sollen in den zu untersuchenden einzelnen Aufspaltungstatbeständen stets zunächst die Verteilungen der Arbeitgeberfunktionen im einzelnen dargestellt werden. Daran wird sich jeweils die Untersuchung der Frage anschließen, wie alle die Personen, die nicht als Arbeitsvertragspartei auf Arbeitgeberseite auftreten, von der Rechtswissenschaft und Rechtspraxis begrifflich umschrieben werden. Die Begrifflichkeit des Gesetzgebers, der Rechtsprechung und der Wissenschaft kann dabei unterschiedlich sein und zugleich spezifische Erkenntnisse beinhalten. Zum Abschluß jedes Aufspaltungstatbestands wird untersucht, welche gemeinsamen Kriterien auf der Grundlage der tatsächlichen Aufgabenverteilung und der Begriffsverwendung formuliert werden können.

Unter Zugrundelegung dieser Methode werden zunächst diejenigen Fälle untersucht, in denen innerbetrieblich die Leitungsmacht von anderen Personen als der Vertragspartei des Arbeitnehmers ausgeübt wird (§ 12), sodann die Fälle der besonderen Mehrpersonen-Arbeitsverhältnisse, in denen die Arbeitgeberbefugnisse auf die Beteiligten in variationsreicher Ausgestaltung verteilt sind (§ 13) und anschließend die Fälle, in denen die Arbeitgeberaufgaben auf besondere soziale Einrichtungen übertragen sind (§ 14).

§ 12 Die innerbetrieblichen Träger der Leitungsmacht

I. Die Gesellschafter in Personengesellschaften

Das vorstehend eingegrenzte Problem einer Aufspaltung der Arbeitgeberstellung stellt sich in Personengesellschaften insoweit nicht, als bereits die einzelnen Gesellschafter Rechts- und Pflichtenträger sind.[1] In diesen Fällen kommt es also zu keiner Trennung von Rechtszuständigkeit und tatsächlicher Rechtsausübung. Die Gesellschafter sind Vertragspartner und Träger der Leitungsmacht in einer Person. Der Be-

[1] s. o. § 9 II.

griff der aufgespaltenen Arbeitgeberstellung ist hier mithin irreführend[2], weil jeder Gesellschafter zugleich Arbeitgeber im Rechtssinn ist. Auch die gesellschaftsrechtliche Sonderstellung des Kommanditisten und des Stillen Gesellschafters führt nicht zu einer Aufspaltung der Arbeitgeberstellung, selbst dann nicht, wenn diese Personen von der Geschäftsführung ausgeschlossen sind. Denn insoweit fehlt ihnen sowohl die Arbeitsvertragsstellung als auch die arbeitsrechtliche Leitungsmacht.[3] Daß in Personengesamtheiten mitunter mehrere Gesellschafter an der Leitungsmacht beteiligt sind, führt ebenfalls nicht zu einer Aufspaltung von Rechtszuständigkeit und Rechtsausübung auf verschiedene Personen, sondern nur zu einer gesellschaftsrechtlichen Aufteilung einer einzigen Rechtseinheit auf eine Personengesamtheit. Alle üben zugleich Rechtsmacht und Leitungsmacht aus und sind insoweit Adressaten des sozialen Schutzgedankens.

II. Die leitenden Angestellten und gesetzlichen Vertreter

1. Die leitenden Angestellten und die gesetzlichen Vertreter bzw. Organwalter üben die arbeitsrechtliche Leitungsmacht in mittleren und großen Betrieben aus.[4] In den Kapitalgesellschaften sind sie es, die als natürliche Personen sogar notwendig für die ansonsten handlungsunfähige juristische Person im Rechtsverkehr auftreten.[5] Beide *Begriffe* sind inhaltlich in hohem Maße uneinheitlich, weil der Gesetzgeber nicht nur keine allgemeingültige Legaldefinition gibt, sondern weil er sogar beide Personenkreise funktional von Gesetz zu Gesetz unterschiedlich definiert wie etwa in § 5 II und III Nr. 1 BetrVG, in § 1 II Nr. 1 und 2 AZO, in § 14 I und II KSchG sowie in § 22 II ArbGG.[6] Neben diesen

---

[2] Ebenso wie der Begriff der Funktionsaufteilung bei *Brecher*, S. 132, der sogar für den Fall einer nicht rechtsfähigen gesamthänderischen BGB-Gesellschaft eine „echte Funktionsaufteilung" annehmen will.

[3] So auch *Titze*, S. 556 und *Kretschmar* in: BB 1953, S. 210.

[4] Unter diesen Personenkreis fallen auch die Prokuristen. Die Bedeutung dieser Personengruppe wird dadurch verdeutlicht, daß ca. 3/4 aller Aktiengesellschaften von Vorstandsmitgliedern und Prokuristen gemeinsam vertreten werden; so die Ergebnisse der Untersuchung von *Vogel*, S. 109.

[5] Vgl. die bereits o. in § 9 Fn. 12 Zit.

[6] Der Rechtsbegriff des *leitenden Angestellten* war in der Vergangenheit Gegenstand zunehmender wissenschaftlicher Untersuchungen und zahlreicher Gerichtsentscheidungen. Vgl. die o. in § 7 Fn. 20 Zit. und zuletzt *Hromadka*, Leitende Angestellte sowie *Eichenhofer*, „Leitende Angestellte"; *ders.* in: ZfA 1981, S. 219 f. Aus der umfassenden Rechtsprechung zum Begriff des leitenden Angestellten s. den Beschluß des BAG vom 29. 1. 1980 in: BB 1980, S. 1374 f. (zu § 5 III BetrVG). Zum Begriff des *gesetzlichen Vertreters* bzw. Organwalters vgl. o. § 7 Fn. 21 sowie die Beiträge in der FS Hilger / Stumpf von *Fleck*, Das Organmitglied — Unternehmer oder Arbeitnehmer?, S. 197 - S. 226 und *Götz Hueck*, Bemerkungen zum Anstellungsverhältnis von Organmitgliedern juristischer Personen, S. 365 - S. 380 ebenso wie *Klaus-Peter Martens*, Vertretungsorgan und Arbeitnehmerstatus in konzernabhängigen Gesellschaften, S. 437 - S. 466.

Rechtsbegriffen entwickelte sich der soziologische Begriff des Managers.[7] Die Unterscheidung zwischen Top-Management einerseits und mittlerem bzw. unterem Management andererseits entspricht den juristischen Begriffen des gesetzlichen Vertreters und des leitenden Angestellten.[8]

2. Die Gemeinsamkeit beider Personengruppen liegt in ihrer *soziologischen Zwitterstellung,* die sie in dem bipolaren, also am Interessengegensatz von Kapital und Arbeit orientierten System der gegenwärtigen Gesellschaftsordnung und in der Betriebsorganisation innehaben.[9] Im Verhältnis zur übrigen Belegschaft üben sie die Leitungsmacht aus, im Verhältnis etwa zur juristischen Person als Arbeitgeber im Sinne der Vertragspartei sind sie ihrerseits sozial abhängig.[10] Allein in dem Ausmaß der Abhängigkeit gibt es Unterschiede. Die gesetzlichen Vertreter sind zwar nicht persönlich, aber doch wirtschaftlich vom Unternehmen abhängig.[11] Die leitenden Angestellten hingegen sind innerhalb der arbeitsteiligen Betriebshierarchie zudem von den gesetzlichen Vertretern persönlich abhängig. Die weitere Untersuchung beschränkt sich indes auf die Machtstellung beider Personengruppen gegenüber der Belegschaft, um eine Antwort auf die Frage zu erhalten, wer der Schutzverpflichtete und damit Arbeitgeber ist.

III. Die Begriffsverwendung durch den Gesetzgeber

1. Ansätze dafür, daß die innerbetrieblichen Träger der Leitungsmacht bereits in den Rechtsbegriff des Arbeitgebers einbezogen und damit als Schutzverpflichtete angesehen werden, bietet insbesondere der Gesetzgeber.[12] Dabei macht der Gesetzgeber zwischen den gesetzlichen Vertretern als den obersten Trägern der Leitungsmacht einerseits und den leitenden Angestellten als den übrigen Machtträgern andererseits nur dann Unterschiede im Einzelfall, wenn der arbeitsrecht-

---

[7] Vgl. schon *Burnham,* Erstausgabe 1941: The Managerial Revolution; vgl. auch *Brock,* insbes. S. 37 f. sowie *Pross / Boetticher* 1971.

[8] Zu dieser Parallele von juristischem und soziologischem Inhalt s. *Brock,* S. 49.

[9] *Nikisch,* 1. Aufl., S. 68 u. 3. Aufl., S. 99 spricht von „Doppelstellung", *Molitor* in: DB 1956, S. 21 von „Zwiespalt"; vgl. auch *Zöllner* in: DB 1970, S. 60 sowie die Ausführungen von *Schaub,* Arbeitsrechts-Handbuch, S. 52/53.

[10] Hier gibt es zahlreiche Ausformungen, auch in besonderen Arbeitsverhältnissen. Als Beispiel sei nur die Doppelstellung des Kapitäns in der deutschen Seeschiffahrt genannt. Er steht neben dem Reeder als Eigentümer (vgl. § 484 HGB); s. zum Ganzen die Ausführungen von *Monnerjahn,* S. 21 f. s. auch o. § 5 Fn. 17.

[11] Die gesetzlichen Vertreter in der öffentlichen Verwaltung sind darüber hinaus etwa von den Wählern abhängig, die sie vertreten.

[12] Die Rechtsprechung hingegen verhält sich sehr zurückhaltend.

liche *Schutzgedanke* eine Unterscheidung notwendig macht. Aus der Sicht der übrigen Arbeitnehmer besteht eine grundsätzliche Übereinstimmung in der Machtstellung beider Personengruppen. Einerseits werden beide Personengruppen — im Verhältnis zu den übrigen Arbeitnehmern — aus dem Schutzbereich der arbeitsrechtlichen Bestimmungen ausgenommen, weil ihre Machtstellung eher der Arbeitgeberseite entspricht wie etwa in §§ 14 I, 17 V KSchG oder in § 5 II BetrVG sowie in § 4 f BPersVG und in §§ 5 I, 22 II ArbGG. Andererseits umfassen die arbeitsrechtlichen Schutzgesetze die innerbetrieblichen Träger der Leitungsmacht dann, wenn es um das Verhältnis zu der juristischen Person als Arbeitgeber, also um ihre wirtschafliche Sicherung geht.[13] Aktuell ist die Entwicklung, Teilbereiche des Arbeitsrechts auch auf weisungsabhängige Geschäftsführer einer GmbH und auf Vorstandsmitglieder konzernabhängiger juristischer Personen auszudehnen.[14] Insgesamt wird die im Verlauf der Untersuchung bereits mehrfach festgestellte Erkenntnis bestätigt, daß sowohl die wirtschaftliche als auch die persönliche Macht die Anknüpfungspunkte nicht nur der arbeitsrechtlichen Schutzgesetze, sondern auch des Arbeitgeberbegriffs bilden.

2. Beide Personengruppen werden insbesondere dann unter den Arbeitgeberbegriff gefaßt, wenn sie Machtpositionen innehaben, die von einem abstrakten Arbeitgeber persönlich nicht ausgeübt werden können. Persönliche Aufgaben hat der *Arbeitgeber* zahlreich *in der Betriebsorganisation* zu erfüllen. Die betriebsverfassungsrechtlichen Regelungen richten sich in erster Linie an die Inhaber der betrieblichen Organisationsgewalt und damit an den persönlichen Verhandlungspartner des Betriebsrats.[15] Nur insoweit, als das Gesetz die wirtschaftliche Sicherung des Arbeitnehmers einbezieht wie etwa in §§ 81 f. BetrVG, spricht es den Arbeitgeber als Vertragspartner an.[16] Daneben existiert eine Fülle von arbeitsrechtlichen Vorschriften wie Anzeige-, Melde- und Auskunftspflichten[17], die keine Zahlungs-, sondern persönliche Handlungs- bzw. Unterlassungspflichten des Arbeitgebers regeln. Sie alle sind an die innerbetrieblichen Machtträger adressiert.

---

[13] Vgl. zu diesem Gedanken im einzelnen *Hromadka,* Leitende Angestellte, S. 309 f.

[14] Vgl. die Entscheidung des BAG in: AP Nr. 1 zu § 5 ArbbG, 1979, wo es um den Geschäftsführer einer Komplementär-GmbH ging, der den Anstellungsvertrag mit der GmbH u. Co KG abgeschlossen hat.

[15] *Reifferscheid / Benseler,* Stichwort „Arbeitgeberbegriff nach dem BetrVG 1972".

[16] *Dietz / Richardi,* RZ 26 f. zu § 1 BetrVG.

[17] s. die Zusammenstellung von *Kilian* in: BB 1977, S. 1153 f.; ebenso *Schaub,* Arbeitsrechts-Handbuch, S. 133 f. sowie den Überblick bei *Fitting / Auffahrt / Kaiser,* § 1 RZ 30.

3. Zu den persönlichen Pflichten des Arbeitgebers zählt zudem der gesamte Bereich des *Arbeitsschutzes*.[18] Hier liegt der besondere Verantwortungsbereich der Träger der Leitungsmacht.[19] Die Verantwortlichkeit konkretisiert sich in zahlreichen Vorschriften, die das Unterlassen der Schutzpflichten bestrafen bzw. mit Bußgeld belegen, so in § 25 I Nr. 7 i. V. m. § 21 S. 2 AZO; § 25 I Nr. 8 i. V. m. § 24 sowie § 25 I Nr. 1 i. V. m. § 3 AZO; § 21 I Nr. 8 i. V. m. § 19 und § 21 I Nr. 7 i. V. m. § 16 MuSchG sowie §§ 225, 231 AFG.[20] Auch im Rahmen des SchwerbG werden die Träger der Leitungsmacht dann zur Verantwortung gezogen, wenn sie die Pflichten aus dem Schwerbindertengesetz verletzen.[21]

4. Besonders ausdrucksvoll dafür, daß die innerbetrieblichen Machtträger bereits vom Rechtsbegriff des Arbeitgebers umfaßt werden, ist das *Jugendarbeitsschutzgesetz*. Denn dieses Gesetz knüpft nicht nur an die Vertragsgestaltungen, sondern an die tatsächlichen Voraussetzungen der Beschäftigung an. Daher ist im Rahmen dieses Gesetzes nicht nur die Arbeitsvertragspartei Arbeitgeber, sondern auch der Träger der obersten Leitungsmacht.[22] Diese Ausweitung des Rechtsbegriffs des Arbeitgebers auf die Träger der arbeitsrechtlichen Leitungsmacht stellt nur eine denknotwendige Folge der Erkenntnis dar, daß das soziale Recht Machtstrukturen in rechtliche Schutzkonstellationen umsetzt.

IV. Die begriffliche Einordnung in der Rechtswissenschaft

1. Losgelöst von der gesetzgeberischen Begriffsverwendung im Einzelfall hat die Arbeitsrechtswissenschaft mitunter die rechtstheoretische Frage aufgeworfen, ob die Träger der Leitungsmacht allgemein unter den Begriffsinhalt des Arbeitgeber- oder des Arbeitnehmerbegriffs fallen. *Die leitenden Angestellten* werden allgemein nicht als Arbeitgeber bezeichnet.[23] Zwar rechnet man sie zur Arbeitgeberseite.[24]

---

[18] s. dazu bereits o. § 9 I 1.

[19] Vgl. § 14 StGB sowie §§ 9, 130 OWiG und den strafrechtlich orientierten Beitrag von *Herzberg* in: BArbBl 1982, S. 27 f.

[20] Zum Bereich der Vollstreckung gegen diese Personen vgl. die Ausführungen bei *Brennberger / Bauernfeind*, S. 16.

[21] *Jung / Cramer*, § 4 RZ 23.

[22] Dies ist unbestritten; vgl. die o. in § 9 Fn. 18 Zit.

[23] Eingehend *Pakebusch* sowie *Apel* in: BB 1970, S. 1145; *Kretschmar* in: BB 1953, S. 209/210; *Bürger* u. a., S. 4; *Bobrowski / Gaul*, S. 23 sowie *Birk*, Leitungsmacht, S. 143.

[24] Zu dieser Einordnung das BAG in: AP Nr. 1 zu § 5 BetrVG 1972. Auch die juristischen Nachschlagewerke, wie die NJW-Fundhefte schon 1974, fassen die „Personalleiter“ oder „Manager“ unter das Stichwort „Arbeitgeber“. Zur Einordnung in der Lit. vgl. nur *Eichenhofer* in: ZfA 1981, S. 226 unter Hinweis auf *Zöllner*, Gedächtnisschrift Dietz, S. 393.

Aber sie seien schon deswegen nicht selbst Arbeitgeber, weil sie nicht die oberste Leitungsmacht ausübten.

Hingegen werden *die gesetzlichen Vertreter* als oberste Träger der arbeitsrechtlichen Leitungsmacht nicht bloß der Arbeitgeberseite zugeordnet, sondern auch unter den Inhalt des Arbeitgeberbegriffs gefaßt. Dies gilt auch für besondere Fälle, so wenn die Konkursverwalter bzw. Testamentsvollstrecker Arbeitgeberfunktionen ausüben.[25] Ebenso wird der Arbeitsdirektor in den montanmitbestimmten Unternehmen als Arbeitgeber bezeichnet.[26]

2. Diese *herrschende Ansicht* folgt damit der Begrifflichkeit insbesondere von *Titze*. Sie spaltet den Arbeitgeberbegriff in zwei „Teil-Arbeitgeber[27]" auf und rückt damit von dem Grundsatz ab, daß gesetzliche Vertretung und Rechtszuweisung nach dem geltenden Rechtssystem eine untrennbare Einheit bilden. Wer also die gesetzlichen Vertreter mit Zusatzbegriffen wie „konkret", „tatsächlich" oder „funktionell" bezeichnet, kann den Träger der Leitungsmacht — zumindest de lege lata — nicht in den traditionellen, allein an dem Arbeitsvertrag orientierten, Rechtsbegriff des Arbeitgebers einordnen. Man konstruiert deshalb ein außervertragliches Rechtsband, das den Träger der Leitungsmacht mit dem Arbeitnehmer im Arbeitsverhältnis verbindet und faßt damit die begriffliche Einordnung in den Arbeitgeberbegriff lediglich als — soziologische — Umsetzung der Rechtswirklichkeit in Begrifflichkeit auf.[28] Alle anderen zivilrechtlichen Konstruktionen können die komplexe Aufgabenverteilung im Betrieb nicht erklären. Insbesondere ist dazu die zivilrechtliche Rechtsübertragung und grundsätzlich auch das öffentliche Rechtsinstitut der Delegation untauglich, weil der übertragende Teil seine Machtposition gänzlich verliert, der erwerbende Teil sie hingegen unbeschränkt erhält.[29]

3. Eine neben der reinen Vertragsdogmatik angesiedelte dogmatische Lösung bietet *Birk*, der die Rechtsgrundlage der Leitungsmacht „im

---

[25] Im Anschluß an *Titze*, S. 554 f., *Nikisch, Hueck / Nipperdey* sowie *Brox*, alle ebenda; ebenso *Söllner* in: MünchKomm. § 611 RZ 158, *Schaub*, Arbeitsrechts-Handbuch, S. 64, sowie *Vollmer*, S. 395 und das Urteil des OLG Hamm vom 5. 3. 1969 in: BB 1969, S. 538, das den Liquidator als Arbeitgeber ansah. Bereits 1930 hatte das RVA in: JW 1930, S. 3372 festgestellt, daß der Konkursverwalter im Rahmen der strafrechtlichen Verantwortung gem. des seinerzeit geltenden § 336 AngVersG als Arbeitgeber zu behandeln sei.

[26] So *August-Wilhelm Frey*, S. 73 f.; ebenso *Kerb*, S. 185 sowie *von Bargen*, S. 84.

[27] Diese Bezeichnung wählt *Ramm* in: ZfA 1973, S. 292; in der Sache ebenso schon *Alfred Hueck* 1922, S. 38/39; *Hueck / Nipperdey*, S. 89/90; *Nikisch*, S. 143/144; *Brox*, S. 18; sowie *Dersch*, AR-Blattei A IV 1 und C I 1 b.

[28] So die ursprüngliche Konzeption von *Titze* und *Nikisch;* vgl. o. § 11 II.

[29] So wie hier *Zapf*, S. 231 im Gegensatz zu *Müllner*, S. 51 f.

Gesetz und in dem es ergänzenden Richterrecht", nicht aber im Arbeitsvertrag sieht.[30] Er meint damit, daß die Leitungsmacht nicht mehr allein vom Vertrag ausgestaltet wird, sondern durch staatliche Gestaltungsakte.[31] Damit konstruiert er eine Leitungsmacht, die nicht mehr von einem anderen (vertraglichen) Träger abgeleitet ist, sondern die eine eigenständige rechtliche Befugnis und sogleich eine Verpflichtung darstellt.[32] „Sowohl derjenige, der die Stellung der Vertragspartei des Arbeitnehmers einnimmt, ist Arbeitgeber, als auch derjenige, der die oberste Leitungsmacht innehat."[33] Er setzt also an die Stelle des von ihm kritisierten fiktiven „Gesamtarbeitgebers" der herrschenden Meinung einen Doppelarbeitgeber.[34]

4. Gerade die beschriebenen konstruktiven Unsicherheiten der h. M. führten in jüngster Vergangenheit zu beachtlichen *Gegenstimmen*. Sie halten die begriffliche Einordnung der gesetzlichen Vertreter in den Arbeitgeberbegriff für ein „Scheinproblem"[35], das sich als eine einfache Zurechnungsregelung darstelle.[36] Es sei überflüssig, für diese Selbstverständlichkeit einen besonderen Begriff des „funktionellen" Arbeitgebers zu entwickeln. Arbeitgeber sei nur, wer Vertragspartner des Arbeitnehmers im Arbeitsverhältnis ist, also nur das rechtliche Zuordnungssubjekt.[37]

Ganz deutlich ist insoweit *Pakebusch*, der die gesetzlichen Vertreter mit „arbeitgeberähnliche Personen" bezeichnet. Mit diesem Begriff will er nicht etwa die arbeitgeberähnlichen Machtstellungen der gesetzlichen Vertreter hervorheben. Er ordnet sie zwar der Arbeitgeberseite zu. Arbeitgeber seien sie aber deswegen nicht, weil sie nicht als Träger des Anspruchs auf Arbeitsleistung angesehen werden können.[38] Die arbeit-

---

[30] Leitungsmacht, S. 443.

[31] s. dazu die Begriffsverwendung des Gesetzgebers oben unter III.

[32] *Birk*, ebenda, S. 142.

[33] *Birk*, ebenda, S. 141.

[34] *Birk*, ebenda, S. 141.

[35] *Fabricius*, Arbeitgeberbegriff, insbes. S. 66; *ders.* in: Arbeitsverhältnisse im Konzern, S. 25 f., insbes. S. 36.

[36] *Fabricius*, ebenda, S. 62/63 sowie ebenda, S. 30 f., wo er an die Stelle sämtlicher bisheriger Lehren die „Lehre von der primären und sekundären Rechtszuständigkeit" setzt. Im Ergebnis ebenso *Zöllner*, Arbeitsrecht, S. 50, *Bobrowski / Gaul*, insbes. S. 23; *Hanau / Adomeit*, S. 121, *Gast*, S. 50.

[37] Eindeutig *Fabricius*, Arbeitgeberbegriff, S. 67. Zum parallel gelagerten Problem der *Aufspaltung der Unternehmerstellung* ebenso *Franz Böhm* in: Festgabe Kronstein, S. 30 f., insbes. S. 31, der wegen der ordnungspolitischen Entscheidung des vom Gesetzgeber anerkannten marktwirtschaftlichen Systems nur die Kapitalgesellschaft in eigener Person, nicht aber den „bloß beauftragten Gehilfen" als Unternehmer ansieht.

[38] S. 76 sowie S. 23, S. 44 und S. 104/105. Diese Terminologie und Konzeption übernehmen *Bobrowski / Gaul*, S. 21 f. sowie *Bürger* u. a., S. 2.

geberähnliche Person sei als Repräsentant des Arbeitgebers nur dessen Vertreter.[39] Diese Ansicht wird entsprechend auch in der Fallgruppe der Konkursverwalter, Testamentsvollstrecker etc. vertreten.[40]

V. Stellungnahme

1. Die Entwicklung ist bis in die Gegenwart hinein gekennzeichnet von einer *Verselbständigung der Leitungsmacht* von dem Eigentümer bzw. von dem Vertragspartner als Arbeitgeber.[41] Diese Verselbständigung ist historisch notwendig mit der gesellschaftsrechtlichen Geburt der juristischen Person verbunden.[42] Die rechtliche Fiktion einer auf Arbeitsteilung angelegten juristischen Person spaltet die Einheit des Arbeitgebers auf.[43] Zahlreiche Unternehmen haben für Personalfragen zuständige Personalabteilungen geschaffen. Auf sie sind besondere Teile der Leitungsmacht wie etwa die Einstellung und die Entlassung übertragen.[44] Diese Entwicklung ist noch längst nicht abgeschlossen. Eine Zentralisierung von Personalangelegenheiten des Betriebs auf eine einzige datenverarbeitende Stelle mit einem selbständigen Personalleiter ist abzusehen.[45]

2. Die Verselbständigung der Leitungsmacht verändert die *innerbetrieblichen Machtverhältnisse.* Es kommt zu einer Verlagerung der

---

[39] *Pakebusch,* S. 19 bzw. S. 62. Diese Frage, ob dem „Stellvertreter" selbständige Bedeutung im Begriffssystem zukommt, ist von der insbes. zu Beginn des 19. Jahrhunderts geführten wissenschaftlichen Auseinandersetzung über *Organschaft und Stellvertretung* zu trennen; s. dazu *Nawiasky,* S. 193 f. m. w. N. Der theoretische Hintergrund ist indes vergleichbar. Denn es geht letztlich darum, ob der Vertreter und der Vertretene zwei Rechtssubjekte sind, oder ob das Organ ein Teil der juristischen Person bildet; vgl. auch die Andeutungen von *Birk,* Leitungsmacht, S. 92 und die zum Teil berechtigte Kritik dazu von *Fabricius,* Arbeitsverhältnisse im Konzern, S. 34 sowie S. 38.

[40] Dazu *Heinze* in: ArbuR 1976, S. 33 f., insbes. S. 39. Er meint, die „primäre" Zuständigkeit nehme die Vertragspartei als Rechtsträger ein. Der gesetzliche Vertreter habe weder eine eigenständige noch eine abgeleitete Arbeitgeberstellung inne. Diese Konzeption entspricht der bereits erwähnten Lehre von *Fabricius* (s. o. Fn. 31). Im Ergebnis ebenso *Bürger* u. a., S. 5. Vgl. auch *Zöllner,* Arbeitsrecht, S. 50 zu dem gesetzlichen Vertreter eines minderjährigen Einzelkaufmanns.

[41] Vgl. zu den Verselbständigungsprozessen bereits o. in § 7 insbes. III; ebenso *Kaiser,* S. 8. Ramm, Arbeitsverhältnisse, S. 17/18 bezeichnet dieses Phänomen mit „Institutionalisierung der Leitungsmacht".

[42] Das stellt deutlich *Farthmann* in: RdA 1960, S. 6 heraus. Vgl. auch o. § 7 II 1.

[43] So *Brock,* S. 43 f. sowie *Hessel* in: BB 1950, S. 371.

[44] Zu dieser Art der Verselbständigung vgl. die Ausführungen von *Hromadka,* Leitende Angestellte, S. 332 sowie von *Witte / Bronner,* S. 65 und S. 112.

[45] Diese Prognose gibt *Wohlgemuth* in: ArbuR 1981, S. 269 f. Der für die gesamten Personalfragen zuständige Arbeitsdirektor in den Unternehmen der Montan-Industrie bietet bereits ein anschauliches Beispiel für dieses Modell.

Macht. Früher war der Arbeitnehmer nur von dem Vertragspartner als Arbeitgeber persönlich abhängig, weil dieser personenidentisch mit dem Träger der Leitungsmacht war. Heute ist der Arbeitnehmer auch von den Trägern der Leitungsmacht abhängig. Sie leiten ihre Machtbefugnisse nicht aus dem Arbeitsvertrag oder aus dem Eigentum ab. Ihre Leitungsmacht begründet sich auf Sachverstand und Fachwissen. Damit gestalten sie das durch den Arbeitsvertrag begründete Rechtsverhältnis zwischen dem Arbeitgeber als Vertragspartei und den übrigen Mitarbeitern.

Die Träger der arbeitsrechtlichen Leitungsmacht üben zudem wirtschaftliche Macht aus. Von ihnen hängt wesentlich die Stabilität der Arbeitsplätze ab. Sie bestimmen über das Ob und Wie der Arbeitsverhältnisse. Amerikanische Untersuchungen haben ergeben, daß ca. 60 % des gesamten Entscheidungsvolumens eines Unternehmens dem Management und nur je 20 % dem Faktor Kapital bzw. der Arbeitnehmerschaft zuzurechnen sei.[46] Die sozialen Machtträger stellen damit den Motor der Betriebsorganisation dar.

Wer diese Machtverlagerung mit einer „bloßen schuldrechtlichen Zurechnung“ erklären will oder von einem „Scheinproblem“ spricht, hält starr an dem überkommenen schuldrechtlichen Vertragsinhalt des Arbeitgeberbegriffs fest.[47]

3. Veränderungen in den Machtkonstellationen wirken sich stets auf die *Begrifflichkeit* aus. Je mehr die Arbeitsteilung bewirkt, daß die Leitungsmacht auf untere Führungsebenen innerhalb der Betriebsorganisation verlagert wird, desto mehr ist es notwendig, dieser Entwicklung auch den Arbeitgeberbegriff anzupassen.[48] Der Vorteil von Rechtsbegriffen ist es, nicht nur die gegenwärtige Rechtslage in eine begriffliche Ordnung zu bringen und damit eine Deckung von Begriff und Rechtssystem herzustellen. Vielmehr können Rechtsbegriffe auch mit neuem — tatsächlichem — Inhalt gefüllt werden. Insoweit formulieren sie dann zukünftige Positionen und stellen das begriffliche Instrumentarium für rechtspolitische Forderungen dar.[49] Ebenso wie sich Machtverhältnisse im Arbeitsleben verändern, werden neue Begriffe gebildet oder — und so ist es beim Arbeitgeberbegriff — verändern

---

[46] Zit. nach *Kaiser*, S. 7. Zur Machtstellung der leitenden Angestellten vgl. insbesondere *Burnham*, Das Regime der Manager 1948; aus der neueren Lit. *Eichenhofer* in: ZfA 1981, insbes. S. 223.

[47] So insbes. *Fabricius;* vgl. o. Fn. 35 - 37.

[48] Eine „sekundäre rechtliche Zuständigkeit“ (so *Fabricius*, Arbeitsverhältnisse im Konzern, S. 40) im Einzelfall ist zu eng. Denn in juristischen Personen ist die Verlagerung der Leitungsmacht der Regelfall.

[49] Dies hat die geschichtliche Entwicklung des Arbeitgeberbegriffs gezeigt; vgl. o. § 6 II 4.

sich die arbeitsrechtlichen Begriffe inhaltlich. Die Veränderung erfolgt über den soziologischen Bestandteil, der allmählich den rechtlichen Bestandteil beeinflußt. Der Arbeitgeber im Rechtssinn als Vertragspartner wird ergänzt durch einen ursprünglich soziologischen Arbeitgeber, den Träger der Leitungsmacht. In diesem Einbruch soziologischen Gedankenguts in den rechtlichen Begriffsinhalt des Arbeitgebers zeigt sich nicht nur die bereits häufig festzustellende Tendenz, daß soziologische Begriffe zu Rechtsbegriffen werden[50], sondern daß sich — umgekehrt — vormals nur-rechtliche Begriffe in nunmehr auch-soziologische Begriffe ausweiten.[51]

4. Die Träger der Leitungsmacht als verselbständigte soziale Machtträger unserer Arbeitsordnung müssen demnach inhaltlich unter die Begriffshülle „Arbeitgeber“ gefaßt werden, weil dieser Begriff umfassend den sozialen Schutzverpflichteten kennzeichnet. Damit läßt sich die Einordnung der Träger der Leitungsmacht nahtlos in die bisherigen Untersuchungserkenntnisse einreihen. Diese Einordnung kommt dem Grundgedanken von *Birk* nahe. Auch sein Ansatz macht die Rechtswirklichkeit und die soziale Verflechtung des Arbeitgeberbegriffs deutlich. Er bietet die Grundlage dafür, dem sozialen Machtträger im Betrieb auch einen eigenen begrifflichen Platz im Arbeitsrecht zuzuweisen.[52] An seiner Doppelarbeitgeber-Konstruktion ist nur zu kritisieren, daß er den individualistisch liberalen Ansatz unnötig aufgibt und damit eine Grundposition des geltenden Rechts. Die soziale, also die wirtschaftliche ebenso wie die persönliche Macht, ist insoweit besser mit dem sog. Teil-Arbeitgeber der h. M. zu erfassen. Als Arbeitgeber werden mithin bezeichnet, wem die Rechtsordnung die rechtliche Macht zuordnet. Das sind die Arbeitgeber als Vertragsparteien. Daneben muß indes auch als Arbeitgeber bezeichnet werden, wer die tatsächliche soziale Macht ausübt und damit soziale Abhängigkeit verur-

---

[50] s. die Ausführungen von *Raiser* in: ZRP 1973, S. 15.

[51] Auch *Henrich,* S. 459 meint zum öster. Recht, daß der soziologische Typus des Arbeitgebers die Grundlage für den Rechtstypus des Arbeitgebers geblieben sei.

[52] Seine beachtlichen Ausführungen verdienen die herbe Kritik von *Fabricius,* Arbeitsverhältnisse im Konzern, S. 36 f. nicht ganz. M. E. ist nämlich der Ansatz von *Birk* ein denkwürdiger rechtstheoretischer Beitrag, der die Verselbständigung der Leitungsmacht umsetzt. Daher ist es unglücklich, denjenigen zu kritisieren, der dem Anspruch der Wissenschaft genügt, Begriffe zu überdenken. Schiebt man diese Stimmen mit der traditionellen Vertragskonstellation beiseite, so begibt man sich der Spannung, begriffliche Entwicklungen zu erkennen. Demgegenüber meint *Söllner,* Leistungsbestimmung, S. 15/16 zu Recht, daß die *soziologische* Erkenntnis, das Vertragsschema des bürgerlichen Rechts könne die Direktion des Arbeitgebers nicht zutreffend erfassen, auch *rechtlich* ihren Ausdruck finden müsse. So auch im Ergebnis *Zapf,* S. 244.

sacht.[53] Wegen dieses allgemeinen sozialen Schutzgedankens ist auch die von der herrschenden Meinung in der Rechtswissenschaft eingegrenzte Anwendung des Arbeitgeberbegriffs nur auf die gesetzlichen Vertreter als oberste Träger der arbeitsrechtlichen Leitungsmacht zu eng.[54] Die leitenden Angestellten können ebenso unter den Adressatenkreis des sozialen Schutzes und damit unter den Arbeitgeberbegriff fallen.

§ 13 Der Arbeitgeber in Mehrpersonen-Arbeitsverhältnissen

I. Das Problem

Ebenso wie in den soeben dargestellten Fällen der innerbetrieblichen Verteilung der Arbeitgeberfunktionen geht es auch bei den Mehrpersonen-Arbeitsverhältnissen um die Beteiligung mehrerer Personen, die Arbeitgeberaufgaben wahrnehmen. In der Wirklichkeit des komplexen Arbeitslebens wird von der Dispositionsmöglichkeit gemäß § 613 S. 2 BGB[1] variationsreich Gebrauch gemacht. Im Rahmen der zunehmenden wissenschaftlichen Auseinandersetzung mit diesen arbeitsrechtlichen Dreiecksbeziehungen wird häufig auch die Frage aufgeworfen, wer im einzelnen der oder die Arbeitgeber sind. Nach einigen sich auf das mittelbare Arbeitsverhältnis beziehenden Beiträgen in der Weimarer Republik[2] setzte die eigentliche Diskussion erst zu Beginn der 70er Jahre im zeitlichen Vorfeld des AÜG und insbesondere mit dem Beitrag von *Ramm* ein.[3]

Nachfolgend soll untersucht werden, ob und wie die Arbeitgeberfunktionen ausübenden Personen in den Mehrpersonen-Arbeitsver-

---

[53] Diese Ansicht vertritt auch *Vacarie* für den — dem Arbeitgeber entsprechenden — französischen Begriff „l'employeur". *Lyon-Caen* faßt das Ergebnis der Untersuchung von Vacarie in seinem Vorwort S. XIV so zusammen: „... l'employeur n'est pas seulement l'une des parties au contrat de travail. ... l'employeur c'est le chef d'entreprise ou son délégué: son substitut. ... Elle (‚*Vacarie*') met en lumière de concept encore inacceptable pour un juriste traditionel — de ‚Centre de décision'."

[54] Das Problem der „Revolution nach unten" ließen sowohl *Titze* als auch *Nikisch* unbeantwortet; insoweit die zutreffende Kritik der „Lehre von der obersten Befehlsgewalt" von *Fabricius*, Arbeitsverhältnisse im Konzern, S. 35 f. Letztlich lehnt er sie aber nur deswegen ab, weil sie gegen die Grundsätze des BGB verstoße (S. 51/52).

[1] Danach hat zwar der Arbeitgeber seine Verpflichtung „im Zweifel" in Person zu leisten. Aber wie sich aus der Entstehungsgeschichte ergibt, stellt diese Vorschrift nicht eine Auslegungsregel, sondern eine dispositive Vorschrift dar; so zutreffend *Fabricius*, Arbeitsverhältnisse im Konzern, S. 42, der auch auf die Motive des BGB im einzelnen hinweist.

[2] *Potthoff* in: ArbR 1930, Sp. 158 ff.; *Hedemann* sowie *Lewin-Guradze*.

[3] In: ZfA 1973, S. 263 f. Ein letzter Ausdruck dieser Diskussion ist der Aufsatz von *Konzen* in: ZfA 1982, S. 259 f. und *Fabricius*, ebenda, 1982.

hältnissen in den Arbeitgeberbegriff integriert werden, dessen Inhalt in erster Linie am Arbeitsvertrag orientiert ist. Im Rahmen des mittelbaren Arbeitsverhältnisses (II.), der Arbeitnehmerüberlassung (III.) und der sonstigen besonderen Arbeitsverhältnisse (IV.) wird zunächst die Aufgabenverteilung auf Arbeitgeberseite dargestellt, sodann, um spezifische Entwicklungen nachvollziehen zu können, die Begriffsverwendung sowohl durch den Gesetzgeber als auch durch die Rechtsprechung und die Wissenschaft zusammengetragen und schließlich die der Rechtswissenschaft zufallenden Aufgabe erfüllt, gemeinsame Strukturmerkmale zu finden.

Diese so eingegrenzte Aufgabe kann auf Vorarbeiten zurückgreifen. So stellte *Ramm* sich schon die Aufgabe, die besonderen Arbeitsverhältnisse systematisch zu erfassen und aufzubereiten.[4] *Müllner* analysierte die tatsächliche Verteilung der Arbeitgeberstellung und gab einen Überblick über die dogmatischen Lösungsversuche der aufgespaltenen Arbeitgeberstellung.[5]

II. Der Arbeitgeber im mittelbaren Arbeitsverhältnis

1. Im *Gehilfenarbeitsverhältnis*[6] ist die Vertragspartei des Gehilfen die sog. Zwischenperson bzw. der Mittelsmann, der seinerseits mit dem Hintermann vertraglich verbunden ist. Die Aufgabenverteilung im übrigen ist mangels einer gesetzlichen Regelung verschieden ausgestaltet.[7] Im Gegensatz zum Gesetzgeber[8] hat die Arbeitsrechtswissenschaft allgemein eine Aufspaltung der Arbeitgeberstellung zwischen Hintermann und Zwischenperson anerkannt.[9] Die beiden Teil-Arbeitgeber werden überwiegend mit den Begriffen des mittelbaren und unmittel-

[4] Ebenda, insbes. S. 265.

[5] S. 18 f. bzw. S. 51 f.

[6] Das mittelbare Arbeitsverhältnis wird im folgenden in die Gehilfen- und Gruppenarbeit unterteilt. Diese Unterscheidung trifft auch *Rüthers* in: ZfA 1977, S. 1 f.

[7] Vgl. zum Vorstehenden *Schaub*, Arbeitsrechts-Handbuch, S. 1084 f., der ein geteiltes Direktionsrecht annimmt (S. 1086). *Brox*, S. 18 teilt der Zwischenperson die Lohnzahlungspflicht und das Weisungsrecht zu.

[8] s. aber § 120 des E. eines Allgemeinen Arbeitsvertragsgesetzes von 1938, S. 38; abgedr. bei *Müllner*, S. 57. Zutreffend weist *Ramm* in: ZfA 1973, S. 271 darauf hin, daß es typisch für das nationalsozialistische Recht gewesen sei, unter Berücksichtigung des sozialen Schutzgedankens von dem Arbeitsvertrag als einzigem rechtlichen Band zwischen Arbeitgeber und Arbeitnehmer abzurücken.

[9] Schon früh *Bail* 1904, S. 16; sodann *Bodmann* 1937, S. 94 f.; *Nikisch*, S. 233; *Hueck / Nipperdey*, S. 798 meint, die Arbeitgeberstellung sei im Verhältnis zum Gehilfen in eigenartiger Weise geteilt. Aus der neueren Lit., die bei der Frage nach der aufgespaltenen Arbeitgeberstellung zumeist auf die besonderen Umstände abstellt, s. insbes. *Ramm* in: ZfA 1973, S. 271 f.; zustimmend *Fabricius*, Arbeitsverhältnisse im Konzern, S. 43 d; ebenso *Müllner*, S. 32 m. w. N. in Fn. 45: *Hanau / Adomeit*, S. 130.

baren Arbeitgebers bezeichnet.[10] Die arbeitsrechtliche Rechtsprechung lehnte hingegen, obgleich sie mitunter von einer Teilung der Arbeitgeberstellung im Rahmen des mittelbaren Arbeitsverhältnisses sprach[11], eine Aufspaltung ab, weil eine solche nur tatsächlich, nicht aber rechtliche Wirkung entfalte[12].

2. Bei der *Eigengruppe* (Kurkapellen) ergeben sich ebenfalls unterschiedlich vereinbarte Vertragsbeziehungen. Sie lassen sich indes auf zwei Grundstrukturen reduzieren. Entweder schließt jedes Mitglied der selbst gebildeten Gruppe einen Vertrag mit dem Hintermann oder die Gruppe tritt rechtsgeschäftlich als Gesamtheit auf.[13] Im letzteren Fall hat das einzelne Gruppenmitglied Lohnansprüche gegenüber dem Leiter der Gruppe. In beiden Fällen besteht ein Anspruch gegen den Inhaber des Betriebes auf Arbeitsschutz.[14] Auch hier hat der Gesetzgeber bislang keine Regelungen getroffen.[15] Während sich die arbeitsrechtliche Rechtsprechung mit der aufgespaltenen Arbeitgeberstellung in dieser Untergruppe selten beschäftigen mußte und dabei einer begrifflichen Einordnung auswich[16], hat sich die Arbeitsrechtswissenschaft über den Einzelfall hinaus mit der begrifflichen Einordnung der Funktionsträger in Eigengruppen befaßt. Die Funktionsträger werden auch hier überwiegend mit unmittelbarer und mittelbarer Arbeitgeber bezeichnet.[17]

3. Die Mitglieder einer *Betriebsgruppe* (Akkordkolonnen im Baugewerbe) stehen in einem Vertragsverhältnis zum Betriebsinhaber, der auch die Gruppe zusammengestellt hat.[18] Er ist somit Vertragspartei,

[10] s. *Hueck / Nipperdey*, S. 799. *Bodmann*, S. 94 f. bezeichnet den Mittelsmann als „arbeitgeberähnliche Person“. Diese Terminologie entspricht der von *Pakebusch* im anderen Aufspaltungszusammenhang (vgl. o. Fn. 39 zu § 12). *Brox*, S. 18 verwendet den Begriff „Stammarbeitgeber“. Auch hier kritisiert *Birk*, S. 145/146 den fiktiven Gesamtarbeitgeber der herrschenden Meinung und nimmt zwei Arbeitgeber und damit einen Doppel-Arbeitgeber an.

[11] So der 3. Senat des BAG im Urteil vom 9. 4. 1957 in: AP Nr. 2 Bl. 3 zu § 611 BGB Mittelbares Arbeitsverhältnis = BAGE 4, 93, der die ständige Rechtsprechung des RVA aufgriff und von einem „Hauptarbeitgeber“ ausging.

[12] Der 4. Senat des BAG am 8. 8. 1959 in: AP Nr. 3 Bl. 5 zu § 611 BGB Mittelbares Arbeitsverhältnis = BAGE 6, 232.

[13] Vgl. zu diesen Konstellationen auch *Rüthers* in: ZfA 1977, S. 33 f.

[14] So *Nikisch*, S. 230 m. w. N. sowie S. 239; *Hueck / Nipperdey*, S. 795.

[15] Im Gegensatz zu dem E. eines Arbeitsvertragsgesetzes von 1923 (s. RArbBl, Amtl. Teil 1923 S. 498 ff., 504) erkennt der E. von 1938 in § 118 I (abgedr. bei *Müllner*, S. 57) an, daß zwischen jedem Gruppenmitglied und dem Unternehmer ein Arbeitsverhältnis bestehe; vgl. diese Hinweise bei *Ramm* in: ZfA 1973, S. 271 f.

[16] Vgl. zuletzt das BAG am 26. 11. 1975 in: AP Nr. 19 zu § 611 BGB Abhängigkeit.

[17] So bereits *Potthoff* in: ArbR 1930, Sp. 160; ebenso *Manfred Wolf* in: Gemeinschaftskomm., S. 113 bzw. RZ 94.

[18] Vgl. zu diesen Konstellationen auch *Rüthers* in: ZfA 1977, S. 33 f.

Träger der obersten Leitungsmacht und Schutzverpflichteter in einer Person. Daneben entspricht die Stellung des ebenfalls einzelne Arbeitgeberaufgaben wahrnehmenden Gruppenführers der eines leitenden Angestellten in der Betriebsorganisation.[19]

In dieser Fallgruppe ist der wissenschaftliche Dialog zwischen *Hedemann*[20] und *Lewin-Guradze*[21] repräsentativ für die ansonsten wenig geführte Diskussion über die begriffliche Einordnung. *Hedemann* bezeichnet den Gruppenführer als Innenarbeitgeber und den Vertragspartner als Außenarbeitgeber. Er schloß von der Geschäftsführerstellung, die er dem Gruppenführer beimaß, auf die Arbeitgeberstellung. Er sah die Gruppenarbeitsverhältnisse schon damals als neue Gestaltung des Arbeitslebens an, die man indes seines Erachtens nicht in die ausgefahrenen Furchen einer alten Dogmatik pressen könne.[22] *Lewin-Guradze* meinte hingegen, das Arbeitsrecht brauche klare Unterscheidbarkeiten der Parteien des Arbeitsvertrages. Eine umfangreiche Ausübung von Arbeitgeberbefugnissen allein lasse den Gruppenführer noch nicht zu einer Art Arbeitgeber werden. Er sei allein „Vertreter des Arbeitgebers".[23]

4. Die *Gemeinsamkeit* aller Fälle liegt darin, daß durch den Kunstgriff eines sog. mittelbaren Arbeitsverhältnisses Rechtsbeziehungen über die arbeitsvertraglichen Beziehungen hinaus geschaffen werden: zwischen dem Gehilfen bzw. dem einzelnen Gruppenmitglied einerseits und dem als mittelbaren Arbeitgeber bezeichneten Hintermann andererseits. Ziel der Lehre vom mittelbaren Arbeitsverhältnis ist es seit jeher, der Schutzbedürftigkeit des einzelnen Arbeitnehmers Rechnung zu tragen.[24] Zu diesem Zweck wird der ansonsten allein maßgebende vertragliche Inhalt des Arbeitgeberbegriffs erweitert auf weitere Personen. Damit stellt das mittelbare Arbeitsverhältnis nur eine Konstruktion dar, um die Tatsache, daß zwei Arbeitgeber existieren, auch rechtsdogmatisch zu erklären. Aus der Sicht des Arbeitnehmers verteilt sich stets die wirtschaftliche und die persönliche Macht auf verschiedene Personen.[25] Wegen dieser Machtaufteilung auf Arbeitgeber-

---

[19] Darauf weist *Müllner*, S. 21 hin.

[20] In: Neue Zeitschrift für Arbeitsrecht 1924, Sp. 257 f.

[21] In: ArbR 1924, Sp. 663 f.

[22] Sp. 266 sowie Sp. 262 bzw. 264.

[23] Ausdrücklich in Sp. 666; s. auch Sp. 665 bzw. 667. Hier sieht man die Parallele zu Pakebusch, Fabricius und Heinze im anderen Aufspaltungszusammenhang (s. o. § 12 IV).

[24] Zur mittelbaren Arbeitgeberstellung schon *Potthoff* in: ArbR 1930, Sp. 158 und 160.

[25] Die wirtschaftliche Macht bzw. Abhängigkeit findet im HAG als besonderer Ausformung des mittelbaren Arbeitsverhältnisses eine gesetzliche Anerkennung. § 21 II regelt die Mithaftung des Auftraggebers im Verhältnis zum Heimarbeiter. Diese Norm will *Konzen* in: ZfA 1982, S. 275, hier S. 302

seite wird ein faktischer Arbeitgeber konstruiert[26], der sich nahtlos in die bisherigen Untersuchungsergebnisse einfügt.[27] Der Arbeitgeber als Arbeitsvertragspartei wird durch den vertragslosen Arbeitgeber zu einer umfassenden Schutzverpflichtung ergänzt. In der begrifflichen Konsequenz muß bei einem Auseinanderfallen der Arbeitgeberposition jeder, der sowohl persönlich als auch wirtschaftlich eine Machtposition einnimmt, als Arbeitgeber bezeichnet werden.[28] Jeder ist dann zu einem Teil Arbeitgeber. Wegweisend für das mittelbare Arbeitsverhältnis mit diesen beiden Teil-Arbeitgebern war das Sozialversicherungsrecht, weil sich dieses Rechtsgebiet nicht ausschließlich am Arbeitsvertrag, sondern an den tatsächlichen Verhältnissen orientiert.[29]

III. Der Arbeitgeber in den Fällen der Arbeitnehmerüberlassung

1. Die Arbeitnehmerüberlassung (ANÜ) kommt in verschiedenen *Fallgestaltungen* vor. Man spricht überwiegend — juristisch untechnisch — von Leiharbeitsverhältnissen.[30] Im Gegensatz zum echten überläßt der Verleiher im unechten Leiharbeitsverhältnis dem Entleiher die Arbeitskraft gewerbsmäßig.[31] Charakteristisch für alle Fallgestaltungen ist, daß der Arbeitnehmer seine Arbeitsleistung stets einem anderen als seinem Vertragspartner erbringen muß. Er verrichtet im Regelfall seine Arbeit im Betrieb eines anderen wie etwa im Rahmen des AÜG. Deswegen teilen sich im allgemeinen die Arbeitgeberfunktionen auf zwei Personen auf. Der Verleiher zahlt das Entgelt und

---

analog auf sämtliche mittelbaren Arbeitsverhältnisse anwenden; zustimmend *Zöllner*, Arbeitsrecht, S. 269, der ein „gesetzliches Schuld(-Schutz)verhältnis" annimmt.

[26] Jüngstes Beispiel dafür, daß das mittelbare Arbeitsverhälnis stets bei der Umgehung des Arbeitnehmerschutzes heranzuziehen ist, bietet das Urteil des BAG vom 20. 7. 1982 in: NJW 1983, S. 645 f.

[27] s. o. § 9 III.

[28] Schon früh zog diese Konsequenz *Bail* 1904, S. 16, der zum wirtschaftlichen Schutz des Arbeitnehmers nicht nur den „eigentlichen Arbeitgeber", sondern auch den „wirklichen Arbeitgeber" heranzieht. Ebenso *Schmieder* (ohne Vornamen), zit. bei *Lotmar*, S. 68 Fn. 3. *Lotmar* selbst will hingegen die wirtschaftlichen Verhältnisse nur tatsächlich, nicht aber rechtlich berücksichtigen. Anders wiederum *Bodmann*, S. 94 sowie *Stier-Somlo*, S. 269 f.

[29] Vgl. o. § 9 IV. Zur geschichtlichen Entwicklung vgl. *Nikisch*, S. 232; s. auch *Marburger* in: BlStSozArbR 1976, S. 120 f. Immerhin hat das BSG in BSGE 18, 190 f. bereits den „funktionellen Arbeitgeberbegriff" angewendet. Ebenso behandelte das RVA mitunter einen anderen als den Vertragspartner als Arbeitgeber. Es verwendete bereits den Begriff des „mittelbaren Arbeitgebers"; dazu und zu weiteren Entscheidungen der Gewerbegerichte vgl. die Ausführungen von *Potthoff* in: Arbeitsrecht 1931, S. 50 f.

[30] Zur Kritik dieses Begriffs insbes. *Ramm* in: ZfA 1973, S. 263 f.

[31] Die letztere Form des Leiharbeitsverhältnisses erhält zunehmende Bedeutung im Arbeitsleben. So gab es 1979 41 000 Leiharbeitnehmer. Davon standen indes 97 % in Kurzarbeitsverhältnissen. Vgl. die Übersicht bei *Mayer* in: BB 1981, S. 1839 f.

führt die Sozialversicherungsbeiträge ab. Er ist also Vertragspartner. Der Entleiher hingegen übt die arbeitsrechtliche Leitungsmacht aus und ihm obliegt auch der Arbeitsschutz.[32] Aus der Sicht des Arbeitnehmers teilt sich also die Machtstellung des Arbeitgebers auf zwei verschiedene Personen auf.[33] Der Verleiher ist der wirtschaftliche, der Entleiher der persönliche Machtträger.

2. Die *begriffliche Einordnung* beider Machtträger in den Arbeitgeberbegriff wird vom Gesetzgeber und von der Rechtsprechung unterschiedlich beurteilt.

a) Der *Gesetzgeber* hat im AÜG[34] grundsätzlich dem Verleiher die Arbeitgebereigenschaft zuerkannt. Der Entleiher hingegen ist nur Dritter (Art. 1 § 1 I). Gleichwohl sieht das Gesetz von dieser Grundsatzentscheidung drei Ausnahmen vor, in denen der Entleiher ebenfalls als Arbeitgeber „gilt", worin eine weitere Erscheinungsform des fiktiven Arbeitgeberbegriffs erkennbar ist.[35] Gemäß Art. 1 § 10 I gilt in den Fällen, in denen der Vertrag zwischen dem Arbeitnehmer und dem Verleiher unwirksam ist, ein Arbeitsverhältnis zwischen dem Entleiher und dem Arbeitnehmer als zustandegekommen. Nach Art. 1 § 11 VI obliegen dem Entleiher neben dem Verleiher die Pflichten des Arbeitsschutzrechts. Zudem gilt gemäß Abs. VII derselben Vorschrift der Entleiher als Arbeitgeber i. S. des AÜG, wenn der Arbeitnehmer während der Dauer der Tätigkeit bei dem Entleiher eine Erfindung macht.

b) Die *Rechtsprechung* verhält sich sehr zurückhaltend, wenn es darum geht, in den Fällen der ANÜ einen zweiten Arbeitgeber anzuerkennen. Die Anerkennung hängt erstens von den jeweiligen im Zusammenhang mit der ANÜ zuständigen Gerichtszweigen ab. Zudem nimmt die Anerkennung in dem Maße zu, in dem das Schutzbedürfnis des Arbeitnehmers im Rahmen der gewerbsmäßigen ANÜ deutlich wird.

---

[32] Eine gewisse Aufteilung besteht auch in den Fällen des mitentsandten Bedienungspersonals bzw. im Montagebereich. Hierbei ist ein Unternehmer aufgrund eines Werkvertrages zur Herstellung, Wartung oder Installation eines Werkes im Betrieb des Auftraggebers verpflichtet. Er bedient sich dabei der Hilfe seiner eigenen Arbeitnehmer. In diesen Fällen liegt aber keine Aufspaltung der Arbeitgeberstellung vor. Denn der Unternehmer unterliegt im Regelfall weder der Weisung des Bestellers noch ist er an dessen Betriebsstunden gebunden. Dies entspricht einhelliger Meinung; s. ausführlich *Müllner*, S. 41; *Hueck / Nipperdey*, S. 522; *Nikisch*, S. 236 bzw. 246; *Schaub*, Arbeitsrechts-Handbuch, S. 628; *Volmer*, S. 399 sowie jüngst auch *Konzen*, S. 265/266.

[33] Auf diese gespaltene Schutzkonstellation im vorliegenden Zusammenhang macht auch *Hempel*, S. 165 f. aufmerksam.

[34] Gesetz zur Regelung der gewerbsmäßigen ANÜ vom 7. 8. 1972 in: BGBl I, 1393.

[35] Vgl. bereits o. § 9 V.

Vor Inkrafttreten des AÜG (1972) sprach sich die zivilrechtliche Rechtsprechung gegen eine Aufspaltung der Arbeitgeberstellung aus.[36] Im Nationalsozialismus hatte das Reichsarbeitsgericht hingegen vereinzelt auch den Entleiher als Arbeitgeber bezeichnet.[37] Wegweisend war sodann ein Urteil des Bundessozialgerichts.[38] Das Gericht sprach ausdrücklich von zwei Arbeitgebern.[39] Damit setzte es die tatsächliche Aufspaltung der Arbeitgeberstellung dadurch, daß es ein Arbeitsverhältnis auch zwischen dem Entleiher und dem Arbeitnehmer annahm, rechtlich und begrifflich um.[40] Es änderte mithin das starre „Entweder — oder" in ein flexibles „Sowohl — als auch".[41]

Nach Inkrafttreten des AÜG erkannte selbst das Bundesarbeitsgericht an, daß zwischen dem Entleiher und dem Verleiher die Arbeitgeberfunktionen — entgegen der Verteilung im AÜG — der Natur der Sache nach tatsächlich aufgespalten seien.[42] Dementsprechend formulierte das Gericht, daß der Entleiher „zumindest eine faktische Arbeitgeberstellung" innehabe.[43] Damit integrierte es den Entleiher als zweiten Arbeitgeber zumindest in den Begriff des Arbeitgebers, wenn auch nicht in das Rechtssystem. Dem entspricht auch die strafrechtliche Rechtsprechung in Fällen, denen eine strafrechtliche Verantwortung der Entleiher zugrundelag. Hierbei wurde der Entleiher entweder als sogenannter „fiktiver Arbeitgeber" bezeichnet[44] oder sogar — in Fällen unerlaubter Überlassung von Leiharbeitnehmern — allein als Arbeitgeber angesehen (i. S. der §§ 529 I, 1428 I RVO sowie § 225 I AFG).[45] Indes ist zu berücksichtigen, daß es die Strafgerichte besonders leicht haben, einen zweiten Arbeitgeber anzuerkennen, weil die strafrecht-

---

[36] Sowohl früher das RG als auch der BGH z. B. im Urteil vom 6. 7. 1956 in: BGHZ 21, 207, 211. Vgl. auch die Entsch. des BVerfG vom 4. 4. 1967 in: BVerfGE 21, 261 f.

[37] So im Urteil vom 5. 6. 1940 in: ARS, Bd. 40, S. 10, 13.

[38] Urteil vom 29. 7. 1970 in: BSGE 31, 235 f. = EzAüG Nr. 5, S. 32. Hier zeigt sich wiederum die Wegbereiterfunktion des Sozialrechts für den Arbeitgeberbegriff als Grundbegriff des Arbeitsrechts.

[39] „Überlassen des Arbeitnehmers an einen anderen Arbeitgeber, den Entleiher".

[40] Eine abschließende rechtsdogmatische Erklärung für diese Begrifflichkeit gab das Gericht indes nicht, weil es s. E. bei der Entscheidung darauf nicht ankam; vgl. BSGE (Fn. 38), S. 242 = EzAüG, S. 33.

[41] So die zutreffende Umschreibung bei *Ramm* in: ZfA 1973, S. 281.

[42] Beschluß des 1. Senats vom 4. 10. 1974 in: EzAüG, S. 73.

[43] Ebenda, S. 74 sowie der Beschluß vom 6. 6. 1978 in: EzAüG Nr. 45, S. 156. Das Urteil des LAG Berlin vom 9. 10. 1981 in: DB 1981, S. 1095 spricht von dem „entleihenden Arbeitgeber".

[44] So im Urteil des OLG Hamm vom 14. 11. 1980 zu § 229 I Nr. 2 AFG in: ArbuR 1981, S. 123; vgl. dazu auch die Ausführungen vom *Marschall* in: RdA 1983, S. 18 ff., S. 24.

[45] So das Urteil des BGH vom 31. 3. 1982 in: NStZ 1982, S. 383 f. mit Anm. v. *Franzheim*. Eine „Doppelarbeitgeberschaft" lehnte es indes ab.

liche Zurechnung über die am Arbeitsvertrag orientierte zivilrechtliche Zurechnung hinausgeht.[46] Auch die sich nicht in erster Linie am Arbeitsvertrag orientierenden Finanzgerichte ziehen den Entleiher in den Arbeitgeberbegriff hinein.[47]

c) Die *Arbeitsrechtswissenschaft* hat sich nahezu geschlossen zu einer Aufspaltung der Arbeitgeberstellung bekannt.[48] Als begriffliches Ergebnis werden zwei Teil-Arbeitgeber anerkannt: sowohl der Verleiher als auch der Entleiher wird mit dem Begriff des Arbeitgebers bezeichnet.[49] Die dogmatische Einordnung beider Personen in das einzige Arbeits(vertrags)verhältnis zwischen Verleiher und Arbeitnehmer geschieht mittels variationsreicher schuldrechtlicher Konstruktionen, wie etwa unter Heranziehung des Vertragsbeitritts, der Abtretung oder der Schuldübernahme.[50] Damit hält man letztlich an dem vertraglichen Arbeitgeber als einzigen fiktiven Gesamtarbeitgeber fest. Hier setzt wiederum die Kritik von *Birk* ein, der über seinen Ansatz einer verselbständigten Leitungsmacht auch ein eigenständiges, vom Arbeitsvertrag unabhängiges Rechtsband zwischen dem Entleiher und dem Arbeitnehmer konstruiert[51] und dadurch nicht nur zwei Teil-, sondern zwei selbständige (Doppel-)Arbeitgeber erhält.

3. Eine *Zusammenfassunng* ergibt, daß die Aufspaltung der Arbeitgeberstellung im Falle der ANÜ nichts anderes ist als eine Aufspaltung der Machtstellung. Ebenso wie im mittelbaren Arbeitsverhältnis fallen der wirtschaftliche und der persönliche Machtträger auf Arbeitgeberseite auseinander. Um den sozialen Schutzverpflichteten zu kennzeichnen, wird dann sowohl der Verleiher als auch der Entleiher als Arbeitgeber anerkannt. Darüber besteht im Prinzip Einigkeit.

---

[46] Insoweit entwickelt sich neben dem arbeitsrechtlichen ein strafrechtlicher Arbeitgeberbegriff. So *Zmarzlik*, JArbSchG, 1. Aufl. 1976, § 3 RZ 3; vgl. auch 2. Aufl. 1983, § 3 RZ 5 u. 7.

[47] Weil es im Steuerrecht aber weniger um den sozialen Schutz des Arbeitnehmers als vielmehr um die Sicherung der Steuerpflicht geht, wird der Arbeitgeber als Entleiher unterschiedlich anerkannt; einen Überblick über den Meinungsstand in der Rechtsprechung und Literatur bietet *Marschall* (Fn. 44), S. 23.

[48] Grundlegend *Nikisch*, S. 148 sowie 242. Ihm folgt u. a. *Hueck / Nipperdey*, S. 523 f.

[49] *Ramm* in: ZfA 1973, S. 276 f., insbes. S. 280 und S. 287; insoweit zustimmend *Fabricius*, Arbeitsverhältnisse im Konzern, S. 44; sogar *Heinze*, der eine Aufspaltung der Arbeitgeberstellung ansonsten ablehnt, spricht in ZfA 1976, S. 189 von „entleihendem Arbeitgeber“.

[50] s. im einzelnen den Überblick bei *Müllner*, S. 40 f., insbes. S. 42. Leider geht er nicht auf den Ansatz von *Birk*, Leitungsmacht, ein. *Volmer* konstruiert einen Vertrag zugunsten Dritter (S. 401). *Hempel*, S. 166 f. spricht von einem „quasi-vertraglichen Schuldverhältnis“.

[51] Leitungsmacht, S. 145 bzw. S. 147; vgl. bereits o. § 12 IV 3. Diese Konstruktion kommt im Ergebnis der Ansicht von *Mayer-Maly* in: ZfA 1972, S. 23 sehr nahe, der von einem Doppelarbeitsverhältnis ausgeht.

Umstritten ist nur die juristische Konstruktion. Allein schuldrechtliche Lösungsversuche können die Machtverlagerung auf Arbeitgeberseite nicht erklären. Durch den Vertragsbeitritt werden zwei Vertragsarbeitgeber konstruiert, die aber nicht dem Wesen der Aufspaltung bei der ANÜ entsprechen, die von der Aufteilung von einzelnen Arbeitgeberfunktionen auf mehrere Personen und gerade nicht von einem vollen Rechtsübergang auf eine weitere Person gekennzeichnet wird. Auch die Abtretung und die Schuldübernahme erklären nicht das Wesen der aufgespaltenen Arbeitgeberstellung, die weniger — so aber bei der Abtretung und dem Schuldübergang — von einem Wechsel der Rechtsstellung als vielmehr von einem alternativen Nebeneinander geprägt ist. Allein die Konzeption von *Birk*, der das Gesetz und das es ergänzende Richterrecht als Rechtsband ausreichen läßt, schafft unverschleiert von schuldrechtlichen Lösungsversuchen die Einbeziehung des neben dem Vertragspartner stehenden Machtträgers in den Rechtsbegriff des Arbeitgebers. Denn durch die gesetzgeberische Technik der Fiktion im Rahmen des AÜG hat der Gesetzgeber selbst die Aufspaltung der Arbeitgeberstellung zwischen Entleiher und Verleiher im Grunde bereits anerkannt.[52] Daneben treten die angeführten zahlreichen Gerichtsentscheidungen, die über den Einzelfall hinaus den Entleiher als Arbeitgeber angesehen haben. Die neuesten gesetzgeberischen Tendenzen beziehen sogar den Entleiher noch mehr in die rechtliche Verantwortung ein, um die illegale Leiharbeit zu bekämpfen.[53] Diese Ausweitung der rechtlichen Verantwortlichkeit des Entleihers führt zur gesetzlichen Anerkennung seiner Macht. Insoweit ist er nicht etwa außenstehender Dritter, sondern er wird zu einem integrierten rechtlichen Schutzverpflichteten, der ebenfalls als Arbeitgeber bezeichnet werden muß.

Aber gerade wegen dieser Integration in den einheitlichen Schutzgedanken bleibt im Unterschied zur Ansicht von *Birk* ein einheitlicher Arbeitgeber im Sinne zweier Teil-Arbeitgeber erhalten, und es kommt nicht etwa zu einer Verdopplung der Arbeitgeberstellung.[54] Wenn von

---

[52] Darauf weist zutreffend *Ramm* in: ZfA 1973, S. 291 hin; ebenso *Mayer-Maly* in: ZfA 1972, S. 32, der meint, das Gesetz fingiere nicht *fehlende* arbeitsrechtliche Beziehungen, sondern bereits *vorhandene;* zustimmend auch *Heußner* in: DB 1973, S. 1803 sowie *Fabricius,* Arbeitsverhältnisse im Konzern, S. 44. In diese Richtung tendiert ebenfalls das BAG im Beschluß vom 14. 5. 1974 in: EzAüG, S. 74.

[53] s. dazu die Erläuterungen sowie die rechtspolitischen Anmerkungen von *Becker* in: ZRP 1981, S. 262 f.

[54] Der von *Birk* verwendete Begriff „Doppelarbeitgeber" ist zumindest mißverständlich. Im Grunde will *Birk* aber mit diesem Begriff wohl nur die vom Arbeitsvertrag verselbständigte Leitungsmacht verdeutlichen, nicht aber die auf der Polarität der Begriffe Arbeitgeber-Arbeitnehmer basierende liberale Rechts- und Wirtschaftsordnung der Bundesrepublik in Frage stellen; vgl. dazu bereits o. § 12 V 4. Dies ergibt sich aus seinem besonderen Thema, die „arbeitsrechtliche Leitungsmacht" zu untersuchen.

einem „Sowohl — als auch" die Rede ist, so soll nur zum Ausdruck gebracht werden, daß in allen Fällen, in denen der soziale Schutz des Arbeitnehmers es gebietet, auch der Entleiher entsprechend seiner Machtstellung als Arbeitgeber zu bezeichnen ist. Damit wird die Hülse des allein am Arbeitsvertrag orientierten Arbeitgeberbegriffs geöffnet.

IV. Der Arbeitgeber in sonstigen besonderen Arbeitsverhältnissen

1. Im *Arbeitsverhältnis des gestellten Krankenpflegepersonals* wird das durch sog. Gestellungsverträge verpflichtete Krankenpflegepersonal von karitativen Dachorganisationen (z. B. vom Deutschen Roten Kreuz) einzelnen kleineren karitativen Einrichtungen (z. B. Krankenhäusern) zur Verfügung gestellt.[55] Die Arbeitgeberfunktionen verteilen sich einerseits auf das die Arbeitsvertragspartei verkörpernde „Mutterhaus", andererseits auf die karitative Einrichtung, der die arbeitsrechtliche Leitungsmacht zusteht und der Arbeitsschutz obliegt. Gleichwohl weist die Rechtsprechung nur der Dachorganisation, nicht aber den einzelnen karitativen Einrichtungen eine Arbeitgebereigenschaft zu.[56] Dagegen wendet sich die zunehmende Kritik in der Literatur, die auch der einzelnen karitativen Einrichtung zumindest wegen deren Fürsorgepflichten, also wegen einer persönlichen Machtstellung, eine Arbeitgeberstellung zuweisen will.[57]

2. Das *Arbeitsverhältnis deutscher Arbeitnehmer bei ausländischen Streitkräften* ist geregelt in Art. IX des Abkommens zwischen den Parteien des Nordatlantikvertrages über die Rechtsstellung ihrer Truppen (Nato-Truppenstatut) und Art. 56 des Zusatzabkommens zum Nato-Truppenstatut hinsichtlich der in der Bundesrepublik Deutschland stationierten ausländischen Truppen (Zusatzabkommen).[58] Das Gesetz verteilt die Arbeitgeberfunktionen sowohl auf die Behörde einer Truppe als auch auf die deutsche Behörde. Die deutsche Behörde nimmt die kollektivrechtlichen Funktionen wahr. Sie ist Tarifvertragspartei und setzt die Arbeitsbedingungen fest (Art. 56 V des Zusatzabkommens). Sie nimmt auch die Arbeitgeberposition im gerichtlichen Verfahren ein

---

[55] s. zu den Funktionsaufteilungen in diesem Arbeitsverhältnis und zum folgenden *Müllner*, S. 42 f. m. w. N. in Fn. 84.

[56] Zuletzt das Urteil des BAG vom 4. 7. 1979 in: AP Nr. 10 zu § 611 BGB Rotes Kreuz, Bl. 656 f. mit einer Zusammenstellung des Meinungsstandes auf Bl. 658.

[57] Insbes. *Müllner*, S. 50; s. auch die ablehnende Anm. zum Urteil des BGH ebenda von *Mayer-Maly* auf Bl. 659 f. ebenda.

[58] I. d. F. des Änderungsabkommens vom 21. 10. 1971 in: BGBl 1973 II, 1022. Beiden Abkommen hat die Bundesrepublik durch Gesetz vom 18. 8. 1961 (BGBl II, 1183) zugestimmt. Zu den Besonderheiten in West-Berlin vgl. *Müllner*, S. 24/25.

(Art. 44 VIII S. 2). Die Behörde einer Truppe hingegen ist befugt einzustellen und zu kündigen. Ihr obliegt zudem sowohl die arbeitsrechtliche Leitungsmacht als auch der Arbeitsschutz. Die Besonderheit dieses Arbeitsverhältnisses liegt also darin, daß die Rechtsstellung einer Vertragspartei auf mehrere Rechtssubjekte verteilt ist. Aber das Nato-Truppenstatut trifft ebenso wie das Zusatzabkommen keine grundsätzliche Entscheidung darüber, wer letztlich der Arbeitgeber der deutschen Arbeitnehmer ist: die Behörde der Truppe und/oder die deutsche Behörde?[59]

Nachdem das Bundesarbeitsgericht zunächst eine Aufspaltung der Arbeitgeberstellung anerkannt hatte[60] und ihm darin unter Anerkennung der Lehre vom funktionellen Arbeitgeberbegriff zahlreiche Instanzgerichte gefolgt waren[61], entspricht es nunmehr der ständigen Rechtsprechung, daß nicht die deutsche Behörde, sondern die Behörde der Truppe Arbeitgeber sei, weil die Arbeitgeberfunktionen und damit die Arbeitgeberstellung allein bei den Behörden der Streitkräfte lägen.[62] In der Arbeitsrechtswissenschaft hat sich eine im Verhältnis zur Rechtsprechung gerade umgekehrte Entwicklung vollzogen. Nachdem sie in Anlehnung an die Rechtsprechung zunächst die Behörde der Truppe als alleinige Arbeitgeberin angesehen hatte, weil die tatsächliche Aufteilung der Arbeitgeberfunktionen im Nato-Truppenstatut keine rechtliche Auswirkung habe[63], so entspricht es der heute nahezu einhelligen Meinung, daß die Arbeitgeberfunktionen selbständig auf verschiedene Rechtsträger übertragen seien und mithin dem einzelnen Arbeitnehmer sowohl die alliierte als auch die deutsche Stelle als Arbeitgeber gegenüberstehe.[64]

---

[59] Dies ist nicht etwa der prozessualen Arbeitgeberzuweisung in Art. 56 Abs. VIII zu entnehmen. Dieser Ansicht ist im Ergebnis auch *Rehbinder*, Streitkräfte, S. 32 m. w. N. Denn vom prozessualen Arbeitgeber kann nicht auf den materiellen Arbeitgeber gschlossen werden; zweifelnd auch *Birk*, Leitungsmacht, S. 148.

[60] So am 22. 12. 1956 in: AP Nr. 6 zu Art. 44 Truppenvertrag. Dort hatte das Gericht neben den Streitkräften auch die Bundesrepublik als Arbeitgeber angesehen, weil sich gegen sie der Anspruch auf richtige Einstufung in Gehaltsgruppen richte.

[61] So das LAG Bremen am 2. 11. 1955 in: RdA 1955, S. 477 f., hier S. 478 r. Sp.; vgl. zu dieser Rechtsprechung *Rehbinder*, Streitkräfte, S. 34 f., insbes. S. 35 m. w. N.

[62] Grundlegend das BAG am 20. 12. 1957 in: AP Nr. 8 zu Art. 44 Truppenvertrag, insbes. Bl. 3 R = BAGE 5, 130, 136; s. wiederum *Rehbinder*, ebenda, S. 36 m. w. N. über die Rechtsprechung in Fn. 24.

[63] *Pretzsch* u. a., S. 19 f., insbes. S. 26 sowie *Herschel* in: BArbBl 1957, S. 541 mit der zweifelhaften Begründung, daß die Spaltung eines Herrschaftsverhältnisses prinzipiell unmöglich sei.

[64] *Rehbinder*, Streitkräfte, insbes. S. 21 - 25 sowie S. 42 leitete die Meinungswende ein. Zuvor schon *Nikisch*, S. 146; danach *Ramm* in: ZfA 1973, S. 264 bzw. S. 292; *Müllner*, S. 25/26 sowie *Birk*, Leitungsmacht, S. 143/144.

3. Charakteristisch für das *Arbeitsverhältnis der Lizenzfußballer* ist die Abhängigkeit des Lizenzfußballspielers von der Machtstellung seines Vereins einerseits und des Deutschen Fußballbunds (DFB) andererseits. Der einzelne Fußballspieler ist vertraglich an seinen Verein gebunden. Daneben hat indes der DFB bei der Gestaltung der arbeitsrechtlichen Verhältnisse erheblichen Einfluß dadurch, daß sein Regelwerk Bestandteil des Arbeitsvertrages zwischen Fußballspieler und Verein wird. Dieser Einfluß geht sogar soweit, daß ein den Verein treffender Lizenzentzug auf den Bestand des Arbeitsverhältnisses insoweit durchgreift, als der Lizenzfußballer entlassen werden muß. Damit verteilt sich die Arbeitgeberstellung auf den DFB und den Verein. Deshalb nimmt die Ansicht zu, die sowohl den DFB als auch den Verein als Arbeitgeber ansieht.[65] Auch der DFB nehme wegen des Systems der von ihm selbst geschaffenen Satzungs- und Vertragsbestimmungen neben dem Verein die Gegenposition des Arbeitnehmers ein und rücke somit teilweise in die Arbeitgeberstellung.[66]

4. Die Zunahme der *Konzernarbeitsverhältnisse*[67] schafft zugleich einen weiteren Problemkreis der aufgespaltenen Arbeitgeberstellung, der insbesondere seit Beginn der 80er Jahre zunehmend diskutiert wird.[68] Gemäß § 18 Abs. 1 S. 1 AktG ist grundsätzlich nicht die Konzernspitze, sondern jedes konzernabhängige Unternehmen eigener Rechtsträger und damit Arbeitgeber.[69] Eine Ausnahme macht aber bereits das Gesetz in § 5 I S. 1 MitbestG. Dort gelten die Arbeitnehmer der Konzernunternehmen als Arbeitnehmer des herrschenden Unternehmens. Insoweit ist wiederum über die Fiktion die Arbeitgeberstellung anders verteilt. Auch taucht eine Ausnahme im Bereich der sog. Konzernleihe auf. Hier wechseln die Arbeitnehmer einzelner Tochtergesellschaften je nach Bedarfslage von einem Arbeitgeber zum andern Arbeitgeber im Konzernbereich über.[70] Daneben gibt es Fälle, in denen

---

[65] Grundlegend zu dieser Ansicht *Buchner* in: NJW 1976, S. 2245; ders. in: Sonderheft RdA 1982, S. 9. a. A. *Meyer-Cording* in: Sonderheft RdA 1982, S. 14, weil der Fußballspieler nicht dem DFB, sondern dem Verein die Arbeitsleistung erbringe. Hier wird wiederum die zivilrechtliche Sicht des Arbeitgebers deutlich.

[66] Aus diesem Grunde wurde bereits die Klage eines Lizenzfußballspielers als Arbeitnehmer gegenüber dem DFB als Arbeitgeber für zulässig gehalten; so das Urteil des ArbG Gelsenkirchen vom 22. 6. 1976 in: NJW 1977, S. 598 f.

[67] *Vogel* kommt in seiner Untersuchung über Aktiengesellschaften zu dem Ergebnis, daß 14 % aller befragten Unternehmen aufgrund eines Beherrschungsvertrages von einem anderen abhängig sind (S. 83).

[68] s. zuletzt die Beiträge von *Fabricius*, Arbeitsverhältnisse im Konzern 1982 sowie *Konzen* in: ZfA 1982, S. 264 f., insbes. S. 271 sowie S. 279/280.

[69] *Däubler*, Arbeitsrecht, S. 348 sowie *Fabricius*, ebenda, S. 49.

[70] *Däubler*, Arbeitsrecht, S. 347 f.; s. auch *Ramm* in: ZfA 1973, S. 275/276. Diese Fälle sind denen des mitentsandten Bedienungspersonals ähnlich; vgl. oben Fn. 32.

die Arbeitnehmer von der annehmenden Gesellschaft nicht nur vorübergehend beschäftigt werden. Nicht zuletzt stellt die organisatorische Aufgliederung innerhalb eines Konzerns in eine Eigentümergesellschaft einerseits und in eine Betriebsführungsgesellschaft als Konzernleitungsorgan andererseits eine besondere Fallgestaltung dar.[71] In sämtlichen Fallgestaltungen ist die Arbeitsrechtswissenschaft bislang sehr vorsichtig, wenn es darum geht, über die Arbeitsvertragspartei hinaus die Arbeitgeberstellung auszuweiten, um die Machtverlagerung auf Arbeitgeberseite rechtlich zu beantworten. Man will kein „soziales Netz mit doppeltem Boden".[72] Zumeist stellt man auf die jeweilige vertragliche Vereinbarung ab.[73]

V. Zusammenfassende Stellungnahme

Charakteristisch für sämtliche untersuchten Mehrpersonen-Arbeitsverhältnisse ist die Erkenntnis, daß neben der Arbeitsvertragspartei noch andere Personen als Arbeitgeber bezeichnet werden. Entsprechend der in den einzelnen Arbeitsverhältnissen verteilten Arbeitgeberfunktionen auf mehrere Personen teilt sich auch die Machtstellung des Arbeitgebers auf einen wirtschaftlichen und einen persönlichen Machtträger. Beide Machtträger werden insoweit, als es eines umfassenden sozialen Schutzes des Arbeitnehmers bedarf, mit dem Arbeitgeberbegriff sprachlich umschrieben. So kommt es bei der Arbeitnehmerüberlassung ebenso wie beim gestellten Krankenpflegepersonal, bei den Lizenzfußballern und im Rahmen der Arbeitsverhältnisse bei ausländischen Streitkräften sowie im Konzernbereich mehr auf den Schutz vor wirtschaftlicher oder persönlicher Machtausübung an. Diese Machtverschiebung ist nicht nur Hintergrund der Begrifflichkeit, sondern auch das Wesen der Lehre von der aufgespaltenen Arbeitgeberstellung. Die Anerkennung einer wirtschaftlichen und persönlichen Schutzverpflichtung auf zwei Teil-Arbeitgeber kann mit rein zivilrechtlichen Konstruktionen nicht zutreffend erklärt werden. Sie liegt vielmehr im sozialen Schutzgedanken des Arbeitsrechts begründet, der durch den Gesetzgeber und die Rechtsprechung im einzelnen ausgestaltet wird.

---

[71] Vgl. dazu die Ausführungen von *Fabricius*, Arbeitsverhältnisse im Konzern, S. 56 f. sowie S. 82 f. Er wendet auch hier (vgl. schon Fn. 36 in § 12) seine „Lehre von der primären und sekundären Rechtszuständigkeit" an; so insbes. auf S. 30 f.

[72] *Klaus-Peter Martens* in: 25 Jahre BAG, S. 379. Auch *Konzen*, S. 306 will „keine Verdoppelung des Arbeitgebers", obgleich er mit Hilfe eines „arbeitsrechtlichen Durchgriffs" für gewisse Fälle eine Erweiterung der arbeitsvertraglichen Beziehungen auf Dritte anerkennt (S. 287 f.). Zurückhaltend zur Aufspaltung der Arbeitgeberstellung ebenfalls *Rüthers* in: BB 1977, S. 608 f.

[73] Zur Maßgabe des Betriebsführungsvertrags vgl. *Fabricius* (Fn. 71).

In den — entsprechend der Arbeitsteilung im Arbeitsleben — zunehmenden besonderen Mehrpersonen-Arbeitsverhältnissen zeigt sich, daß sich der Arbeitgeberbegriff den veränderten wirtschaftlichen und persönlichen Machtkonstellationen anpassen muß. Hier läßt sich ein weiterer Schritt auf dem Wege der Auflösung der rechtlichen Einheit des Arbeitgebers mit seinem einzigen Inhalt als Arbeitsvertragspartei erkennen.[74] Indes wird die Vertragspartnerstellung des Arbeitgebers nicht gänzlich überflüssig. Gerade der Konzernbereich zeigt, wie wichtig es ist, auch der wirtschaftlichen Machtverschiebung auf Arbeitgeberseite Rechnung zu tragen.[75] Im allgemeinen darf eine atypische Organisationsform auf Arbeitgeberseite nicht zur Umgehung des Arbeitnehmerschutzes führen.[76] Dies entspricht dem Arbeitsrecht im Sozialstaat und einem sozialen Arbeitgeber.

§ 14 Die Übertragung von Arbeitgeberfunktionen auf Entlastungsstellen

Nach den Fällen der aufgespaltenen Arbeitgeberstellung in den Mehrpersonen-Arbeitsverhältnissen, in denen es insbesondere um den Schutz des Arbeitnehmers vor der verschobenen Machtstellung auf Arbeitgeberseite ging, soll im folgenden untersucht werden, wie sich die Übertragung von Arbeitgeberfunktionen auf besondere Entlastungsstellen auf den Arbeitgeber als traditionellen Schutzverpflichteten auswirkt.

I. Die sozialen Versicherungen

Die Sozialversicherungen entlasten den Arbeitgeber als traditionellen Schutzverpflichteten des Arbeitnehmers im Arbeitsverhältnis insoweit, als neben den Arbeitgebern auch die Arbeitnehmer die Beiträge entrichten.[1] Bereits am Ende des 19. Jahrhunderts begann mit der Geschichte der Sozialversicherung zugleich die Entwicklung, an der Einheit des Arbeitgebers als Schutzverpflichteten festzuhalten. Die vor-

---

[74] So aber noch das RAG im Urteil vom 25. 1. 1930 in: RAGE 5, 120, 123 f., wo es nicht auf die wirtschaftliche, sondern nur auf die rechtliche Sicht abstellte.

[75] *Konzen* in: ZfA 1982, S. 289 f., insbes. S. 291 spricht zutreffend von einer „Renaissance der wirtschaftlichen Abhängigkeit". Darauf hat auch mehrfach *Ramm* hingewiesen, so in: Arbeitsrecht, KE 1, S. 19 sowie KE 2, S. 48 f.

[76] So ausdrücklich *Däubler*, Arbeitsrecht, S. 364 sowie *Müllner*, S. 136 und *Ramm* in: ZfA 1973, insbes. S. 275/276.

[1] Vgl. die Ausführungen bei *Moldenhauer*, insbes. S. 241. Eine Belastung des Arbeitgebers zeigt sich aber im Rahmen der Unfallversicherung, für die der Arbeitgeber allein Beiträge zahlt. Doch entlastet dieser Versicherungszweig den Arbeitgeber wiederum dadurch, daß seine persönliche Schadensersatzpflicht bei Arbeitsunfällen beschränkt wird (§ 636 I S. 1 RVO).

mals isolierte Zweierbeziehung zwischen Arbeitgeber und Arbeitnehmer öffnete sich in Richtung der Sozialversicherungsträger als einer weiteren sozialen Schutzinstitution.[2] Ihre vom Vertrag unabhängige rechtliche Selbständigkeit zeigt sich insbesondere in der Pflicht des Arbeitgebers, die Beiträge an die Sozialversicherungsträger abzuführen.[3] Die eigenständige Stellung der mit Arbeitgeberaufgaben betrauten Sozialversicherungsträger wird zudem in dem direkten Anspruch des Arbeitnehmers gegenüber der Versicherung deutlich.

Eine weitere Entlastung erhalten die Großbetriebe als Arbeitgeber durch die betrieblichen Rentenversicherungen bzw. die Betriebskrankenkassen.[4] Durch die Übertragung der Schutzverpflichtung auf diese Institutionen können sich die Arbeitgeber als Unternehmer wegen der steuerlichen Vergünstigungen im Wettbewerb Vorteile verschaffen.

Sämtliche soziale Versicherungen werden nicht als Arbeitgeber bezeichnet, obgleich sie in die soziale Schutzverpflichtung des Arbeitnehmers einbezogen sind. Im Gegensatz zu den zuvor untersuchten Aufspaltungsfällen beabsichtigen die sozialen Versicherungen auch keine Machtverschiebung. Der Gesetzgeber schuf sie von vornherein als soziale Schutzeinrichtungen. Gleichwohl können sich die sozialen Schutzträger zu sozialen Machtträgern entwickeln. So liegt sowohl dem Sozialgerichtsgesetz als auch dem Sozialgesetzbuch sowie dem Betriebsrentengesetz ein sozialer Schutzgedanke zugrunde, der gegen die sozialen Versicherungen gerichtet ist.

II. Der Gesamthafenbetrieb

1. Eine Entlastungsmöglichkeit für den Arbeitgeber bietet auch das sog. *Gesamthafenbetriebsgesetz.*[5] Nach diesem Gesetz über die Schaffung eines besonderen Arbeitgebers für Hafenarbeiter können die zuständigen Arbeitgeberverbände bzw. einzelne Arbeitgeber und die Gewerkschaften die Errichtung eines Gesamthafenbetriebes (GHB) vereinbaren. Dieser Betrieb stellt die ansonsten immer nur kurzfristig Beschäftigung findenden Hafenarbeiter zur ständigen Beschäftigung ein und teilt sie einzelnen Hafenbetrieben auf Anforderung zu. Erst die Schaffung dieser Einrichtung ermöglicht es, den unstetig beschäftigten Hafenarbeitern Urlaub, bezahlte Wochenfeiertage, Zuschüsse zum Krankengeld, Kündigungsschutz etc. zu verschaffen. Leitmotiv dieser

---

[2] So *Ramm*, Arbeitsverfassung, KE 6, S. 48.

[3] Vgl. § 393 I RVO und § 176 I 2 AFG sowie die umfassende Untersuchung von *Bönnemann*, S. 35, insbes. S. 183.

[4] Zur Problematik des Arbeitgeberbegriffs im Rahmen des § 245 RVO vgl. das veröffentlichte Rechtsgutachten von *Fabricius*, Arbeitgeberbegriff.

[5] Vom 3. 8. 1950 in: BGBl I, S. 352.

gesetzlichen Ermächtigung war also der soziale Schutz der Hafenarbeiter. Der GHB tritt als zweiter überbetrieblicher Arbeitgeber neben die einzelnen „arbeitstechnischen" Arbeitgeber in Gestalt der Hafeneinzelbetriebe.[6]

2. Die aufgrund des Gesetzes abgeschlossenen Tarifverträge sehen eine im einzelnen unterschiedliche *Verteilung der Arbeitgeberfunktionen* auf den GHB und den Hafeneinzelbetrieb vor. Üblicherweise stellt der GHB ein, zahlt das Entgelt und übt die arbeitsrechtliche Leitungsmacht insoweit aus, als er den Arbeitseinsatz der Hafenarbeiter in den einzelnen Betrieben bestimmt. Der Hafeneinzelbetrieb hingegen ist Empfänger der Arbeitsleistung, übt die arbeitsrechtliche Leitungsmacht im Rahmen der Betriebsorganisation aus und ihm obliegt auch der Arbeitsschutz.

3. Wegen dieser Verteilung der Arbeitgeberfunktionen nimmt die herrschende Ansicht eine *Aufspaltung der Arbeitgeberstellung* an.[7] Um den GHB als zweiten Arbeitgeber in das traditionell schuldrechtliche Zwei-Personen-Verhältnis einzuordnen, werden zahlreiche begriffliche Attribute verwendet. Man bezeichnet den GHB als „besonderen Arbeitgeber"[8], als „künstlichen Arbeitgeber"[9], als „Gesamtarbeitgeber"[10] oder als „fiktiven Arbeitgeber"[11]. Rechtsprechung und Rechtswissenschaft haben es aber hier im Gegensatz zu den bisher untersuchten Aufspaltungsfällen deswegen so leicht, einen zweiten Arbeitgeber in das Arbeitsverhältnis einzubeziehen, weil der Gesetzgeber selbst die Arbeitgebereigenschaft des GHB anerkannt hat.[12] Das Gesetz schuf

---

[6] So *Galperin* in: FS Schmitz, S. 55.

[7] *Voeltzer*, S. 89 f., der auch eine systematische Abgrenzung zu den anderen Mehrpersonen-Arbeitsverhältnissen vornimmt; vgl. S. 73 f., insbes. S. 82; *Nikisch*, S. 148; *Maus / Kremp*, S. 51 RZ 107; *Rehbinder*, Streitkräfte, S. 38 f.; *Ramm* in: ZfA 1973, S. 292; *Birk*, Leitungsmacht, S. 147; *Müllner*, S. 34 sowie *Söllner* in: MünchKomm., § 611 RZ 158. *a. A.* im Rahmen des ArbNErfG *Volmer* in: GRUR 1978, S. 39, der nur den Hafeneinzelbetrieb als Arbeitgeber ansieht, weil er letztlich das originäre Recht auf Arbeitsleistung durch den Arbeitnehmer habe.

[8] *Maus / Kremp*, S. 50 RZ 107.

[9] *Däubler*, Arbeitsrecht, S. 365.

[10] *Zöllner*, Arbeitsrecht, S. 51. Den neutralen Begriff der „Personalführungsgesellschaft" verwendet *Schaub*, Arbeitsrechts-Handbuch, S. 713; ebenso *Volmer*, S. 39.

[11] Urteil des BAG vom 23. 7. 1970 in: AP Nr. 3 zu § 3 GHBG. In AP Nr. 1 ist ein früheres Urteil abgedr., das ausdrücklich von einer „Aufspaltung des Arbeitgebers" gesprochen hat. Darauf beziehen sich auch die Ausführungen von *Nikisch*, S. 146; *Müllner*, S. 34 sowie *Fabricius*, Arbeitsverhältnisse im Konzern, S. 42 (4 b).

[12] Die direkt aus dem GHBG zu entnehmende Folgerung hebt insbes. *Voeltzer*, S. 89 f. hervor. Interessant ist zudem seine juristische Konstruktion auf S. 87. Er sieht sowohl den GHB als auch die Hafeneinzelbetriebe als *einheitlichen Betrieb* i. S. eines einheitlichen Arbeitgebers an. Innerhalb dieses

durch einen eigenständigen Rechtsträger einen weiteren sozialen Schutzverpflichteten. Gleichzeitig mit der Schutzverpflichtung erhält der GHB selbst aber eine insbesondere wirtschaftliche Machtstellung, die leicht zu Mißbrauch führen kann und zu neuartigen Schutzkonstellationen.

III. Die gemeinsamen Einrichtungen der Tarifvertragsparteien

Bei den von den Tarifvertragsparteien errichteten gemeinsamen Einrichtungen (gE) i. S. des § 4 II TVG[13] handelt es sich um die Träger von sachlich begrenzten *Aufgaben*. Unter die gE fallen die insbesondere im Baugewerbe verbreiteten Lohnausgleichskassen zum Ausgleich von Lohneinbußen in der Winterperiode oder die Zusatzversorgungskassen zur Ergänzung der Alters- und Invaliditätsbezüge. Über das Baugewerbe hinaus gibt es heute zahlreiche gE, die die Arbeitnehmer nicht nur wirtschaftlich sichern, sondern darüber hinaus auch weitere soziale Aufgaben wahrnehmen.[14]

Durch die gE hat der Gesetzgeber den Tarifvertragsparteien ein Instrument zur Verfügung gestellt, um den sozialen Schutzkonstellationen des Arbeitslebens möglichst flexibel Rechnung tragen zu können. So verfügen die gE stets über ausreichende finanzielle Mittel wie etwa im Falle des Konkurses einzelner Arbeitgeber.[15] Die Bedeutung der gE zeigt sich darüber hinaus in den zahlreichen Allgemeinverbindlichkeitserklärungen von Tarifverträgen, durch die auch nichtorganisierte Arbeitgeber zur Beitragszahlung an die gE verpflichtet werden.[16]

Durch die Verteilung der Arbeitgeberfunktionen über den einzelnen Arbeitgeber als traditionellen Schutzverpflichteten hinaus entsteht also

---

einheitlichen Betriebs sind s. E. die Funktionen auf unselbständige Betriebsteile aufgespalten. Damit nimmt er zwei Teil-Arbeitgeber an. Dagegen *Birk*, Leitungsmacht, S. 147, der auch hier eine doppelte Arbeitgeberposition vertritt.

[13] Daneben existieren noch andere vom Gesetz vorgesehene Einrichtungen, so das Gesetz über die Errichtung einer Zusatzversorgungskasse für Arbeitnehmer in der Land- und Forstwirtschaft (ZVALG) vom 31. 7. 1974, BGBl I, 1660. Die gE stehen neben den von einem einzigen Arbeitgeber geschaffenen Wohlfahrtseinrichtungen. Einen Überblick gab bereits *Herkner* 1921, S. 394 f.

[14] So der Verein Berufs- und Lebenshilfe für die Arbeitnehmer der Lederindustrie e. V., der Verein zur Förderung von Gesundheit und Erholung der Saarländischen Arbeitnehmer e. V. sowie die gemeinsame Einrichtung gem. dem Tarifvertrag über die Berufsausbildung im Garten-, Landschafts- und Sportplatzbau. Schon in der Weimarer Republik schützte man die Musiker von Kurkapellen dadurch, daß über Tarifverträge sog. Kurdirektionen als Arbeitgeber geschaffen wurden; zum genauen Wortlaut eines solchen Tarifvertrags vgl. *Potthoff* in: ArbR 1930, Sp. 158 und 160.

[15] Darauf weist zutreffend *Wiedemann* in: RdA 1968, S. 422 hin.

[16] Zur Zulässigkeit dieser Allgemeinverbindlichkeit noch zuletzt das BVerfG im Beschluß vom 15. 7. 1980 in: BB 1980, S. 1690.

auch hier eine *Aufspaltung der Arbeitgeberstellung.*[17] Die gE sind besondere Rechtsträger, weil ihre Aufgaben im einzelnen durch einen Tarifvertrag originär — also nicht durch Ableitung — festgelegt sind. Dadurch treten sie neben den einzelnen Arbeitgeber als ein „zweiter Arbeitgeber bzw. Gesamtarbeitgeber“[18] und werden inhaltlich von dem Rechtsbegriff des Arbeitgebers umfaßt.

IV. Gemeinsamkeiten und das Problem der Aufteilungsgrenze

1. Sämtlichen Fällen der Übertragung von Arbeitgeberfunktionen auf Entlastungsstellen ist deren soziale Schutzaufgabe gemeinsam, die ansonsten dem Arbeitgeber als persönlichen Schutzverpflichteten obliegt. Damit teilen sich ebenso wie bei der aufgespaltenen Arbeitgeberstellung in den Mehrpersonen-Arbeitsverhältnissen die zum sozialen Schutz des Arbeitnehmers verpflichteten Personen auf Arbeitgeberseite. Im Gegensatz zu den Mehrpersonen-Arbeitsverhältnissen, die zumeist durch Verträge gestaltet sind und häufig den Arbeitnehmerschutz umgehen, entstehen die sozialen Institutionen von vornherein als soziale Schutzeinrichtungen durch gesetzliche Ermächtigung. Diese eigenständige Rechtsstellung verbunden mit der Einbeziehung in die soziale Schutzverpflichtung führt dazu, daß die Entlastungsstellen zumeist in den Arbeitgeberbegriff integriert werden. Die Aufspaltung der Arbeitgeberstellung führt zu zwei Teil-Arbeitgebern. Mit diesem Begriff wird ebenso wie bei den bisherigen Aufspaltungsfällen das Auseinanderfallen von persönlicher und wirtschaftlicher Machtstellung ausgedrückt. Denn die sozialen Schutzträger können sich sehr schnell zu sozialen Machtträgern entwickeln.

Den sozialen Einrichtungen ist die Tendenz zu entnehmen, daß der Sozialstaatspluralismus nicht mehr an dem Arbeitgeber als dem alleinigen Schutzberechtigten festhält, sondern die sozialen Kräfte zersplittert hat. Der Arbeitgeber wird in das komplexe System der miteinander verbundenen, die Gesellschaft tragenden Schutzorganisationen im Sozialstaat einbezogen. Durch die Verlagerung der früher dem Einzelarbeitgeber obliegenden Sozialleistungen auf die überbetriebliche Ebene[19] verstärkt sich zudem die Tendenz, daß der Arbeitgeber als

---

[17] *Hromadka* in: NJW 1970, S. 1443; *Bötticher,* S. 12 f.; *Zöllner,* Gutachten G 22; *Ramm* in: ZfA 1973, S. 292. *Fabricius,* Arbeitsverhältnisse im Konzern, S. 43 bezweifelt aber, daß auch die *Rechtsprechung* im Falle einer anstehenden Entscheidung einer Aufspaltung der Arbeitgeberstellung zustimmen werde.

[18] So die Begriffe von *Bötticher,* S. 12/13; *Zöllner,* ebenda; *ders.,* Arbeitsrecht, S. 51. *Hromadka,* ebenda, bezeichnet die gE mit „Teilarbeitgeber“, weil sie Teilbereich der Arbeitgeber leisteten. *Wiedemann* in: RdA 1968, S. 422 spricht von „homunculus-Arbeitgeber“, d. h. ein organisatorischer Teil der Arbeitgeber selbst.

[19] Dazu *Bötticher,* S. 15 bzw. S. 18 sowie *Zöllner,* Gutachten G 22.

Vertragspartei an Bedeutung verliert. Hier zeigt sich ein weiterer Schritt auf dem Weg zur Entpersönlichung des Arbeitgebers nicht nur in Großbetrieben, sondern auch in Mittel- und Kleinbetrieben.[20]

2. Die komplexe Übertragung von Arbeitgeberfunktionen auf abstrakte soziale Schutzträger wirft die Frage auf, wie weit Aufgaben vom einzelnen Arbeitgeber als dem maßgebenden rechtlichen Zuordnungssubjekt abgespalten werden können, ohne daß der traditionelle, an der Vertragspartnerstellung orientierte Arbeitgeberbegriff überflüssig wird.[21]

Dieses Problem ist insbesondere diskutiert worden gegen Ende der 60er Jahre im zeitlichen Vorfeld der Neuregelung des Rechts der gE.[22] Man befürchtete seinerzeit, der Arbeitgeber als Vertragspartner könne durch die Schaffung von gE seine dominierende Aufgabenstellung und seine persönliche Leistungsgewährung im traditionellen Arbeitsrechtssystem verlieren.[23] Diese Ansicht entspricht dem mit der katholischen Soziallehre eng verknüpften Prinzip der sozialen Subsidiarität, wonach die sozialen Aufgaben zunächst von der kleinsten sozialen Einheit bemüht wird.[24] Hierin tritt das liberale Gedankengut hervor, das die Freiheit des einzelnen zum Ziele erhebt.

Einer Begrenzung der Aufgabenverteilung auf Arbeitgeberseite steht aber entgegen, daß nicht die Tarifvertragsparteien, sondern letztlich der demokratische Gesetzgeber die Übertragung von Arbeitgeberfunktionen insoweit legalisierte, als der den Tarifvertragsparteien wie etwa über § 4 II TVG das Recht dazu einräumte. Durch diese Entscheidungen gestaltet er die Rechtsordnung und auch deren Begriffe. Er entscheidet im Rahmen des Spannungsverhältnisses zwischen dem freiheitsschützenden Subsidiaritätsgedanken auf der einen und dem sozialen Prinzip auf der anderen Seite zugunsten des letzteren. Bislang haben sich die Eingriffe des Gesetzgebers stets im Rahmen des traditionellen Schutzgedankens gehalten. Nur in der gänzlichen Aufhebung des Dua-

---

[20] Darauf weist *Ramm* in: ZfA 1973, S. 293 hin; zur Entpersönlichung des Arbeitgebers in den Übertragungsfällen vgl. auch *Farthmann* in: RdA 1960, S. 7. Zur Entpersönlichung bereits o. § 10 II und die Begriffsgeschichte.

[21] Zu einer entsprechenden Fragestellung im Rahmen des Unternehmerbegriffs vgl. die Ausführungen bei *Jungfer*, S. 118.

[22] Aber schon in der Weimarer Republik tauchte im Zusammenhang mit dem mittelbaren Arbeitsverhältnis das Problem auf, ob ein Tarifvertrag die Arbeitgeberstellung festlegen könne; vgl. o. Fn. 24 zu § 13. Aus der neueren Literatur s. auch *Schaub*, Arbeitsrecht-Handbuch, S. 950; zweifelnd *Nikisch*, S. 139.

[23] Ausdrücklich mehrfach *Zöllner*, Gutachten G 41 = BB 1968, 600 = RdA 1967, 368; in diese Richtung tendiert auch *Hromadka* in: NJW 1970, S. 1444.

[24] Vgl. zu diesem Prinzip der „sozialen Subsidiarität" *Ramm*, Arbeitsrecht, KE 3, S. 48/49 sowie *Günter Küchenhoff* in: Erman, § 616 RZ 14 (6. Aufl.).

lismus zwischen Arbeitgeber und Arbeitnehmer, nicht aber in einer bloßen Aufgabenverteilung läge eine systemimmanente Grenze, nach deren Überschreitung der traditionelle Arbeitgeberbegriff bedeutungslos würde.

Innerhalb dieser Grenzen aber ist die geäußerte Befürchtung, der einzelne Arbeitgeber als Vertragspartei könne seine dominierende Stellung verlieren, unbegründet.[25] Insbesondere stellt die dispositive Vorschrift des § 613 BGB, wonach im Zweifel der Anspruch auf Dienste nicht übertragbar ist, nach unbestrittener Ansicht keine Schranke dar.[26] Auch ansonsten ist kein Rechtsgrundsatz ersichtlich, aus dem sich die Pflicht ergibt, ein persönliches Verhältnis zwischen Arbeitgeber und Arbeitnehmer erhalten zu müssen.[27] Es widerspräche im Gegenteil sogar den Entwicklungen zu einer arbeitsteiligen Sozialordnung, die das Leitbild des patriarchalischen Arbeitgebers und damit die Dominanz eines einzelnen Arbeitgebers als Individuum überwunden hat.[28] Jede Begrenzung dieser Entwicklung wären Rückschritte, keine Fortschritte. Sie zementierten eine überlieferte Statik, ohne dynamische Entwicklungen zu berücksichtigen.

V. Zusammenfassende Stellungnahme

1. Innerhalb der einzelnen Ausgestaltungen ist allen Aufspaltungstatbeständen die *Entpersönlichung des Arbeitgebers* von der Arbeitsvertragspartei gemeinsam. Diese Abstraktion des Arbeitgebers von einer personifizierten Arbeitsvertragspartei tritt insbesondere in der Hierarchie der arbeitsteiligen Betriebsorganisation und im Rahmen der Übertragung von Arbeitgeberfunktionen auf Entlastungsinstitutionen hervor. Eine Entpersönlichung wird aber auch durch die zahlreichen Mehrpersonen-Arbeitsverhältnisse gefördert, so etwa bei der ANÜ oder im Konzernbereich.[1]

2. Ein weiteres Kennzeichen sämtlicher Aufspaltungstatbestände ist gerade wegen der Entpersönlichung die *Teilung der Arbeitgeberposition*. Der Arbeitnehmer, der sich dieser Aufteilung gegenübersieht, ist

---

[25] Vgl. o. die in Fn. 23 Zit. So wie hier auch *Däubler / Hege*, S. 192 m. w. N. in Fn. 29; vgl. auch die Diskussionsbeiträge zu dem Gutachten von *Zöllner* in: Verhandlungen des 48. DJT Bd. 2, so von *Ballerstedt*, Q 19 sowie *Kittner*, Q 54.

[26] Dazu bereits ausdrücklich *Fabricius*, o. Fn. 1 zu § 13.

[27] So zutreffend *Farthmann / Hensche*, S. 101.

[28] Zu dieser Überwindung *Däubler / Hege*, S. 193 m. w. N. in Fn. 30, die — allerdings überspitzt — eine Entpersönlichung als „Chance" beurteilen. Vgl. auch *Wiedemann / Stumpf*, § 1 RZ 273.

[1] Darauf hat *Ramm* in: ZfA 1973, S. 293 aufmerksam gemacht; ebenso *Fabricius*, Arbeitsverhältnisse im Konzern, S. 42 (4 a).

(zumeist) von mehreren Machtträgern abhängig: von einem persönlichen und von einem wirtschaftlichen Machtträger. Beide Machtteile können mit dem umfassenden Begriff der sozialen Macht umschrieben werden.[2] Diese sozialen Machtträger werden in ein soziales Arbeitsrecht einbezogen. Immer dann, wenn neben dem vertraglichen Arbeitgeber noch weitere Personen auf der Arbeitgeberseite Machtstellungen ausüben, wird das Arbeitsverhältnis über den Arbeitsvertrag hinaus erweitert und eine soziale Verantwortlichkeit des Machtträgers dokumentiert.[3] Denn das arbeitsrechtliche Schutzprinzip verlangt, daß keiner Nachteile erleidet, nur weil er gerade mehreren Trägern von Arbeitgeberfunktionen gegenübersteht.[4] Hier liegt zugleich die Grundidee und die Bedeutung der Lehre von der aufgespaltenen Arbeitgeberstellung. Durch die Anerkennung zweier Teil-Arbeitgeber wird neben dem Vertragsarbeitgeber[5] auch der vertragslose Arbeitgeber in den am sozialen Schutzgedanken orientierten Arbeitgeberbegriff einbezogen. Mit diesem Inhalt der Lehre von der aufgespaltenen Arbeitgeberstellung kann somit die Rechtswissenschaft ihrer Aufgabe nachkommen, den Inhalt des Arbeitgeberbegriffs zu bestimmen.

3. Als gemeinsame Kennzeichnung sämtlicher in diesem Abschnitt dargestellten Aufspaltungstatbestände läßt sich der *funktionelle Arbeitgeberbegriff* heranziehen. Dieser Begriff lehnt sich an die Terminologie von *Nikisch* an.[6] Unter diesen funktionellen Arbeitgeberbegriff fällt nicht nur der Arbeitgeber als Arbeitsvertragspartei, sondern vielmehr auch jeder andere, der auf Arbeitgeberseite als wirtschaftlicher oder persönlicher Machtträger in Erscheinung tritt. Maßgebend ist allein die soziale Schutzverpflichtung der Teil-Arbeitgeber. In diesem Kriterium der sozialen Schutzverpflichtung liegt sowohl eine juristische Wertung[7] als auch eine soziologische Komponente[8] des Arbeitgeberbe-

---

[2] Zum Begriff „sozial" und zur Begriffsgeschichte vgl. *Zimmermann* sowie *Geck* „sozial".

[3] Vgl. schon die Ausführungen von *Sinzheimer*, Grundzüge, S. 112 sowie *Potthoff*, Arbeitsrecht, S. 51.

[4] Darüber besteht wohl Einigkeit; sehr deutlich *Nikisch*, S. 234; *Ramm* in: ZfA 1973, insbes. S. 292 sowie *Däubler*, Arbeitsrecht, S. 364.

[5] Bei aufmerksamer Lektüre findet sich dieser Begriff zunehmend. So benutzt ihn etwa *Konzen* mehrmals in: ZfA 1982, S. 259 f., z. B. auf S. 263; ebenso *Fabricius*, Arbeitsverhältnisse im Konzern. Dieser Begriff zeigt im Umkehrschluß, daß daneben noch andere Erscheinungsformen des Arbeitgeberbegriffs existieren.

[6] s. oben § 12 II.

[7] Darauf, daß jede juristische Aussage über eine Funktion gleichsam eine rechtliche Einordnung und Wertung enthält, macht zutreffend *Brecher*, S. 127 aufmerksam.

[8] Als philosophisch-soziologischer Begriff bringt er die Aufgabenstellung innerhalb eines arbeitsteiligen Gefüges zum Ausdruck und beinhaltet damit eine gewisse organisationssoziologische Komponente; vgl. zur Definition des Funktionsbegriffs *Schoeck*, Stichwort „Funktion".

griffs. Der funktionelle Arbeitgeberbegriff fügt sich insoweit nahtlos in die uneinheitliche soziale Wirklichkeit des Arbeitgebers ein[9], verdeutlicht die Entpersönlichung des Arbeitgebers im Sozialstaat[10] und entspricht dem Arbeitgeberbegriff als Ordnungsbegriff[11], der ebenso wie der funktionelle Arbeitgeberbegriff gerade nicht von scharfen begrifflichen Grenzen gekennzeichnet ist.[12]

Kritische Stimmen weisen zwar darauf hin, daß die funktionelle Betrachtungsweise zu einem „faktizistischen Funktionalismus" führe, also zu einer Anerkennung einzelner tatsächlicher Umstände, die der Zivilrechtsordnung fremd sei.[13] Die bisherigen Untersuchungsergebnisse zum Arbeitgeberbegriff können indes nicht mit dem Hinweis auf die traditionelle Zivilrechtsdogmatik oder auf die Rechtssicherheit beiseite geschoben werden. Aufgabe der Arbeitsrechtswissenschaft ist es vielmehr, den zeitgemäßen Inhalt des Arbeitgeberbegriffs unvoreingenommen von den am Arbeitsvertrag orientierten rechtsdogmatischen Traditionen freizulegen. Zudem entspricht die funktionelle Betrachtung eher einem dynamischen Arbeitsrecht[14], in der eine funktionelle Betrachtung keine Seltenheit ist.[15]

---

[9] Wegen des hohen Erkenntniswertes dieser soziologischen Betrachtung für die Analyse eines Begriffs wird sie hier bewußt mit*ein*bezogen; aber nicht etwa nur deswegen, um der juristischen Ebene „auszuweichen"; so aber die Kritik des soziologischen Ansatzes von *Fabricius*, Arbeitsverhältnisse im Konzern, S. 31.

[10] Für die „unpersönliche" vergesellschaftete Stellung des Individuums zieht auch *van der Ven*, Bd. 3, S. 161 f., insbes. S. 175 den Funktionsbegriff heran.

[11] Vgl. oben § 9 VI.

[12] s. insoweit die allgemeinen Ausführungen von *Radbruch*, Ordnungsbegriffe, S. 46 f., insbes. S. 47.

[13] *Brecher*, S. 162; ebenso *Heinze* in: ArbuR 1976, S. 34 sowie *Fabricius*.

[14] Zur Dynamik des Arbeitsrechts vgl. *Herschel* in: FS Nipperdey, S. 64. Die Verknüpfung von Funktion und Dynamik wird in dem von *Potthoff* in: Grundlagen, S. 451 zitierten Worten Osswald Spenglers deutlich: „Das antike Recht war ein Recht von Körpern. Unser Recht ist das von Funktionen. Die Römer schufen eine juristische Statik, unsere Aufgabe ist eine juristische Dynamik."

[15] Wenn *Müllner*, S. 59 meint, eine funktionelle Bestimmung sei der Zivilrechtsordnung fremd, so ist dies zumindest für das Arbeitsrecht zu pauschal. Denn bekanntlich existieren zahlreiche funktionale Betrachtungen, wie etwa der Begriff des leitenden Angestellten zeigt. Eine funktionale Betrachtung im Zusammenhang mit dem Problem der Gegnerfreiheit bei der Einführung der paritätischen Mitbestimmung schlägt etwa auch *Zöllner* vor in: DB 1970, S. 60 f.; zur funktionalen Abgrenzung des Arbeits- zum Dienstvertrag vgl. die rechtspolitischen Ausführungen von *Mayer-Maly* in: ZAS 1966, S. 1 f. m. w. N.

Dritter Abschnitt

Die soziale Gegenspielerstellung des Arbeitgebers

Der Inhalt des Arbeitgeberbegriffs wird nach herrschender Ansicht durch den in seiner sozialen Gegenspielerrolle zum Ausdruck kommenden Interessengegensatz von Kapital und Arbeit gekennzeichnet. Zur Beantwortung der Frage, ob und wie sich dieser bipolare Interessengegensatz in der gegenwärtigen Sozialordnung verändert hat, wird zunächst allgemein die Einwirkung des Sozialstaatspluralismus und sodann die Einwirkung der zahlreichen Beteiligungsformen der Arbeitnehmer im Betrieb und Unternehmen auf den Arbeitgeberbegriff untersucht.

§ 15 Der Arbeitgeber im Sozialstaatspluralismus

I. Die soziale Verantwortung des Arbeitgebers

1. Dem Arbeitgeber obliegen zahlreiche über das Einzelarbeitsverhältnis hinausgehende *soziale Aufgaben.*[1] So wird er aus familienpolitischen Gründen durch den Mutterschaftsurlaub belastet (Abschnitt 2 a MuSchG), gemäß § 8 SchwerbG hat er die Ausgleichsabgabe zu zahlen, mit der sogar Behindertenwerkstätten finanziert werden können[2], und ihm werden im Rahmen der Bestrebungen, das Arbeitsleben zu humanisieren, zahlreiche über den traditionellen Gesundheitsschutz hinausgehende Schutzaufgaben zugewiesen. Im gesamten System der sozialen Sicherheit schützt der Arbeitgeber den Arbeitnehmer also nicht nur vor Gesundheitsgefahren im Arbeitsverhältnis, sondern sichert darüber hinaus den Arbeitnehmer auch als Staatsbürger im Falle der Krankheit, der Schwangerschaft, im Alter oder beim Arbeitsplatzverlust. In dieser umfassenden existenzgewährenden und -erhaltenden Schutzaufgabe des Arbeitgebers zeigt sich auch die Entwicklung, die über die Schutzverpflichtung des Arbeitgebers im Rahmen der liberalen Zweipersonenbeziehung im Arbeitsverhältnis hinausgeht. Der Arbeitgeber hat in der gegenwärtigen Sozialordnung eine gesamtgesellschaftliche Verantwortung.

---

[1] Die schon in der Weimarer Republik (vgl. o. Fn. 6 in § 7) verbreitete Ansicht über das soziale Arbeitsverhältnis hat sich durchgesetzt. s. nur die Ausführungen von *Hecklinger,* S. 26 f.; *Wiedemann,* Arbeitsverhältnis, S. 17; *Söllner,* Arbeitsrecht, S. 205 f.; *Däubler, Arbeitsrecht,* S. 186 sowie *Ramm,* Arbeitsrecht, KE 1, S. 30/31.

[2] Die Abgabe kommt auch nicht mittelbar dem Arbeitgeber zugute. Zur Verfassungsmäßigkeit dieser Ausgleichsabgabe vgl. die Entscheidung des BVerfG vom 26. 5. 1981 in: NJW 1981, S. 2107.

2. Diese Verantwortung wird den Arbeitgebern als *Tarifvertragspartei* auferlegt. In dieser Stellung sind sie am sozialen Fortschritt beteiligt, beeinflussen die Verteilung des Sozialprodukts und sind damit letztlich für die Stabilität des gesamten Systems mitverantwortlich. Einen weiteren verantwortlichen Status nehmen die Arbeitgeber in der Verwaltung der *Sozialversicherung* ein. Hier sind die Arbeitgeber — bis auf wenige Ausnahmen — paritätisch an der Organisation der Sozialversicherungsträger beteiligt.[3]

3. Auch in den *gemeinsamen Einrichtungen der Tarifvertragsparteien*[4] kommt die erweiterte soziale Verantwortung des Arbeitgebers zum Ausdruck. In ihnen zeigt sich zugleich die Auflösung des traditionellen Gegensatzes zwischen den sozialen Gegenspielern. Denn Arbeitgeber und Arbeitnehmer sind gemeinsam an der Entstehung und Organisation dieser neutralen abstrakten Gebilde beteiligt.[5] Die gE treten damit dem einzelnen Arbeitnehmer nicht als traditioneller kapitalistischer Interessenkontrahent gegenüber.[6] Ein Ausgleich von Interessengegensätzen wird nicht unter den traditionellen kollektiven Gegenspielern gesucht, sondern bereits innerhalb der mit den Sozialpartnern paritätisch besetzten Organe der sozialen Selbstverwaltungsträger ausgetragen.

4. Daß der Arbeitgeber nicht mehr nur Interessenkontrahent gegenüber dem Arbeitnehmer, sondern auch mitverantwortlicher Träger der gegenwärtigen Sozialordnung ist, zeigt sich nicht zuletzt darin, daß er als kollektive Vertragspartei mehrfach in die *staatliche Sphäre* einbezogen wird. So sind die Arbeitgeber durch ehrenamtliche Richter in die staatliche Rechtsprechung mitverantwortlich integriert wie etwa gemäß § 22 ArbGG, in dem Tarifausschuß gemäß § 5 TVG beteiligt, in das Gesetz über Mindestarbeitsbedingungen gemäß §§ 3 und 4 sowie in das HAG über § 19 einbezogen und ihnen sind Aufgaben in zahlreichen Verwaltungsräten bzw. Beiräten öffentlicher Einrichtungen übertragen. In allen Fällen wirken die Arbeitgeber als Transmissionsriemen von der gesellschaftlichen Sphäre auf den Staat ein und erhalten dadurch

---

[3] Vgl. §§ 190, 192 AFG sowie §§ 29 ff. SGB — Gemeinsame Vorschriften für die Sozialversicherung. Zur Ausnahme von der Parität in der knappschaftlichen Versicherung vgl. die Abhandlung von *Höcker* in: SozFort 1960, S. 57 f. Vgl. im übrigen zum Arbeitgeber in der sozialen Selbstverwaltung *Erdmann* in: FS Sitzler, S. 45 f.; sowie *Herschel*, Vom Arbeiterschutz zum Arbeitsrecht, S. 311 f.

[4] Vgl. die Ausführungen o. in § 14 III und den Beitrag von *Mayer-Maly*, Sozialpartnerparität, S. 945 f.

[5] *Bötticher*, S. 13 spricht von „neutralen Dritten".

[6] Darauf weist insbes. *Wiedemann* in: RdA 1968, S. 423 m. w. N. hin.

mitunter selbst gewisse Züge einer „öffentlich-rechtlichen Rechtsstellung".[7]

5. Die komplexe soziale Verantwortlichkeit des Arbeitgebers zeigt *zusammenfassend*, daß der Begriff des Arbeitgebers inhaltlich nicht mehr nur als sozialer Gegenspieler im Zwei-Personen-Arbeitsverhältnis umschrieben werden kann, sondern auch von seiner Stellung als verantwortlicher Träger in der gesamten Sozialordnung geprägt ist. In ihr tritt die grundsätzliche Gleichwertigkeit der Arbeitgeber als Faktor Kapital und der Arbeitnehmer als Faktor Arbeit für die Stabilität des Systems sowie für die gegenseitige Verantwortung auf Existenz hervor. Der Arbeitgeber hat auf der einen Seite als wirtschaftlich Stärkerer zwar die materielle Verantwortung inne, auf der anderen Seite muß aber der Arbeitnehmer diese Macht insoweit anerkennen, als das soziale System nur gemeinsam auf beiden Säulen Bestandskraft erhält.[8]

II. Die Erweiterung der sozialen Machtträger

1. Grundsätzlich nimmt jeder einzelne Arbeitgeber auch eine kollektive Machtstellung ein. Die Rechtsordnung stellt ihm über die Tariffähigkeit i. S. d. § 2 I TVG ein Machtinstrument zur Verfügung. Neben den einzelnen Arbeitgebern gewinnen indes die *Arbeitgebervereinigungen* zunehmend an Bedeutung in der geltenden Arbeitsverfassung.[9] Indizwirkung hat insoweit die hohe Anzahl der (allgemeinverbindlich erklärten[10]) Verbandstarifverträge. Die Machtstellung der Arbeitgebervereinigungen zeigt sich darin, daß im Bereich der Industrie, der Banken und Versicherungen ca. 80 % der Betriebe mit insgesamt 90 % der Arbeitnehmer in der BDA organisiert sind.[11] Damit haben sich die Arbeitgebervereinigungen von ihrer traditionellen Stellung als abwehrende „Anti-Streikvereine"[12] zu einem integrierten systemtragenden Machtfaktor verändert. Sie stellen ein Glied in der gesamten Kette der für die Sozialordnung verantwortlichen Schutzinstitutionen dar.[13]

---

[7] So die These von *Weber*, S. 250 f., insbes. S. 253; zustimmend *Kaiser*, S. 61/62.

[8] So die Ausführungen von *Hecklinger*, S. 47 f., insbes. S. 49 sowie S. 86 f.

[9] *Ramm* benutzt diesen Begriff, unter den er die Gesamtheit aller sozialen Machtträger faßt; so in: ZfA 1978, S. 361 f., insbes. S. 365.

[10] Am 1. Januar 1982 galten für ein Fünftel der im Jahresdurchschnitt 1981 insgesamt beschäftigten 20 Millionen Arbeitnehmer allgemeinverbindliche Tarifverträge. Quelle: BArbBl 1983, S. 6.

[11] In den übrigen Wirtschaftszweigen dürften die Zahlen wegen der nichtorganisierten Kleinbetriebe darunter liegen. Eine genaue Statistik über den Organisationsgrad existiert indes nicht. Die Angaben sind mir freundlicherweise von der Geschäftsführung der BDA gemacht worden.

[12] Vgl. dazu o. § 6 II 6.

[13] Zu dieser Ansicht vgl. auch *Weber*, S. 259 sowie *Paulssen*, S. 35 f.

2. Auch die *Gewerkschaften* sind weniger durch ihre klassenkämpferische Gegenposition zum Arbeitgeber gekennzeichnet. Sie sind soziale Schutzträger und Machtträger zugleich. Der Machtfaktor zeigt sich insbesondere in ihrer Arbeitgebereigenschaft auf dem Arbeitsmarkt. Der DGB mit den Einzelgewerkschaften sowie deren Unternehmen beschäftigten 1980/81 insgesamt 76 021 Arbeitnehmer.[14] Zudem weitet sich korrespondierend mit den Arbeitgeberverbänden der Einfluß der Gewerkschaften in den gesellschaftlichen und staatlichen Selbstverwaltungseinrichtungen aus.[15]

3. Daneben rückt der *Staat* zunehmend in die Rolle eines sozialen Machtträgers.[16] Auf dem gegenwärtigen Arbeitsmarkt ist der Staat der größte Arbeitgeber. Der öffentliche Dienst beschäftigte am 30. Juni 1982 20,2 % aller Beschäftigten in der Bundesrepublik.[17] Hinzu kommt der mittelbare Einfluß des Staates auf den Arbeitsmarkt durch öffentliche Beteiligungen und Subventionen privater Unternehmen. Die Einbeziehung des Staates in die soziale Sicherung der Staatsbürger zeigt sowohl seine soziale Schutz-, als auch seine Machtposition.

4. An der Verantwortung und zugleich an der Macht in der gegenwärtigen Sozialordnung sind ebenfalls die *Funktionäre* beteiligt. Sie nehmen nicht nur innerbetrieblich eine zentrale Stellung ein[18], sondern durch sie „funktioniert" auch unsere gesamte Arbeits- und Wirtschaftsordnung. Sie gewinnen Einfluß in den Arbeitgebervereinigungen, in den Gewerkschaften[19] sowie im Staat. Das Phänomen der Managergesellschaft beschäftigt schon seit Jahrzehnten die Wissenschaft. Die Manager werden als „Zünglein an der Waage" bezeichnet[20] und es wird bereits realitätsnah von einem Drei-Mächte-Modell gesprochen, das in Kapital — Sachverstand (Management) — und Arbeit gegliedert ist.[21] In

[14] Diese Zahlen sind mir freundlicherweise vom Bundesvorstand des DGB mitgeteilt worden. Kleine Unternehmen und Unternehmen ohne Mehrheitsbeteiligung der Gewerkschaften sind dabei nicht berücksichtigt. Demgegenüber nimmt — aus Arbeitgebersicht — *Niedenhoff*, Unternehmer DGB, S. 15 bzw. S. 257 ca. 100 000 Beschäftigte an.

[15] Vgl. etwa zu den Tarifvertragsparteien in den Sozialversicherungen soeben I 2 ff. Einen Gesamtüberblick aus Arbeitgebersicht über den Einfluß der Gewerkschaften in Staat und Gesellschaft gibt *Niedenhoff*, ebenda.

[16] So auch *Ramm* in: JZ 1977, S. 3.

[17] IW „Zahlen 1983" Nr. 41.

[18] Vgl. oben § 12 II ff.

[19] Zu den Gewerkschaften vgl. den Beitrag von *Erika Martens*, „Funktionäre als Arbeitgeber" in: „Die Zeit" vom 23. 10. 1981, S. 23 f.

[20] So *Burnham*, S. 103.

[21] Weniger die Arbeitsrechtswissenschaft wie etwa *Hanau* in: BB 1969, S. 763 als vielmehr die benachbarten Sozial- und Wirtschaftswissenschaften weisen seit längerer Zeit auf diese Wirklichkeit hin. Schon *Schmoller*, Soziale Frage 1918, S. 132 deutete dieses Phänomen an. Grundlegend auch *Potthoff*, Wesen und Ziel, S. 27; aus der jüngeren Vergangenheit vgl. *Jungfer*, S. 125/

dieser Dreiteilung kommt zutreffend zum Ausdruck, daß sich die Sicht des traditionellen Klassenschemas als unzulänglich erweist, um juristische Probleme adäquat zu erfassen[22], und um den Arbeitgeberbegriff schemenhaft auf seine soziale Gegenspielerrolle zu beschränken.

III. Zusammenfassende Stellungnahme

Wie sich schon im Rahmen der Aufspaltung der Arbeitgeberstellung, insbesondere durch die Übertragung von Arbeitgeberfunktionen auf Entlastungsstellen, angedeutet hatte, weitet sich die Schutzverpflichtung des traditionell als persönliche Arbeitsvertragspartei geprägten Arbeitgebers auf weitere Schutzträger aus, die insoweit zugleich eine soziale Machtposition einnehmen. Durch diese Ausweitung verändert sich auch die traditionell mit der sozialen Gegenspielerstellung verbundene Sicht des Arbeitgebers. Die Arbeitgeber stehen zwar weiterhin in einem Interessengegensatz zu den Arbeitnehmern. Eine abgeschlossene, den Arbeitnehmern gegenüberstehende Klasse im Sinne der Klassengesellschaft des 19. Jahrhunderts nehmen sie in der gegenwärtigen Sozialordnung aber nicht mehr ein.[23] Der Arbeitgeber ist weniger durch seine Stellung auf der bipolaren Interessenskala gekennzeichnet, als vielmehr durch seine verantwortliche Stellung in einem Sozialstaatspluralismus. Darin ist er als mitverantwortlicher Träger im Arbeitsverhältnis, im Betrieb, im Unternehmen, in den Verbänden sowie in sonstigen gesellschaftlichen und staatlichen Einrichtungen integriert.[24] In dieser Integrationsgesellschaft[25] mit ihrer sachlich veränderbaren Interessenvielfalt nimmt der Arbeitgeber zwar weiterhin die Stellung eines sozialen *Gegen*spielers, daneben aber auch die eines sozialen *Mit*spielers ein im Sinne des Sozialpartnerbegriffs, der die interessenausgleichende Verantwortlichkeit des Arbeitgebers in der Sozialordnung zum Ausdruck bringt.[26] Mit dieser zeitgemäßen Erkenntnis ist auch die

---

126 m. w. N.; sowie *Kaiser*, S. 8 und *von Nell-Breuning* in zahlreichen Veröffentlichungen, so in: FS Backhaus, S. 195.

[22] Dies ist die im Vordringen befindliche Meinung; vgl. *Ballerstedt*, Grundfragen, S. 45 sowie unlängst *Eichenhofer* in: ZfA 1981, insbes. S. 226.

[23] Zur Aufhebung der „klassischen Frontstellung Arbeitgeber-Arbeitnehmer" vgl. *Ramm* in: ZfA 1978, S. 367. Auch *Rüthers*, Arbeitsrecht, S. 53 spricht von „unbestreitbaren Interessengemeinsamkeiten".

[24] So die Umschreibung von *Herschel* in: FS Nipperdey, S. 61; *ders.* in: Vom Arbeiterschutz zum Arbeitsrecht, insbes. S. 307 sowie S. 312 f.; zum öster. Recht entsprechend *Henrich*, S. 459.

[25] Auf den hohen Integrationsgrad der sozialen Gesellschaft machten bereits *Radbruch*, Zum sozialen Recht, S. 39 f. sowie *Geck*, Die sozialen Arbeitsverhältnisse, S. 158 aufmerksam; ebenso *Kaiser*, S. 62.

[26] Vgl. zum Begriff des Sozialpartners die sog. Hattenheimer Erklärung vom 12. 1. 1950. In der gleichen Bedeutung wie hier verwendet *Hecklinger*, S. 87 den Sozialpartnerbegriff.

eingangs in § 2 II angeführte herrschende Umschreibung des Arbeitgeberbegriffs als bloßer Gegenbegriff des Arbeitnehmers nicht mehr haltbar.[27]

§ 16 Die Mitbestimmung im Betrieb und Unternehmen

I. Das Problem

Die rechtlichen Einflußmöglichkeiten der Arbeitnehmer auf die Arbeitgeberentscheidungen im Betrieb und Unternehmen werfen die Frage auf, ob der Arbeitgeber weiterhin mit seiner Stellung als der soziale Gegenspieler des Arbeitnehmers gekennzeichnet werden kann. Zur Beantwortung dieser Frage werden im folgenden die Auswirkungen der einzelnen Beteiligungsformen auf den Arbeitgeberbegriff untersucht. Im Anschluß an die Mitbestimmung im Betrieb i. S. d. BetrVG 1972 soll die Unternehmensmitbestimmung dargestellt, und dort wegen des historischen Ablaufs und des Mitbestimmungsausmaßes die Montanmitbestimmung von 1951 vor dem Mitbestimmungsgesetz von 1976, sowie abschließend ein Überblick über die Auswirkungen der sonstigen Unternehmensbeteiligungsformen gegeben werden. Stets wird überprüft, ob sich das Arbeitsverhältnis zu einem Gesellschaftsverhältnis und damit der Arbeitgeber zu einem Gesellschafter entwickelt. Denn insoweit könnte sich auch der Arbeitgeberbegriff verändert haben, ja sogar überflüssig werden.

II. Die Zusammenarbeit im Betrieb

Die Begriffsgeschichte hat ergeben, daß das Betriebsrätegesetz von 1920 die allmächtige Stellung des Arbeitgebers im 19. Jahrhundert insoweit veränderte, als es den Betriebsrat als einen auf die Zusammenarbeit verpflichteten sozialen Gegenspieler des Arbeitgebers vorsah.[1] Diese Entwicklung setzte sich mit Ausnahme der epochenspezifischen Abweichung im Nationalsozialismus, der den Gemeinschaftsgedanken

---

[27] Die hier vertretene Ansicht gewinnt zunehmend an Stimmen. Schon früh war es *Jacobi*, Grundlehren, S. 43, der die unzulässige Ausschaltung der Arbeitgeber rügte, „deren Rechtsbeziehungen nicht minder zum Arbeitsrecht gehören". Vgl. auch *Maus*, S. 113; mehrmals *Herschel* in: FS Nipperdey, S. 61; *ders.*, Vom Arbeiterschutz zum Arbeitsrecht, S. 307; *ders.* in: RdA 1968, S. 403; ebenso *Kaskel / Dersch*, 5. Aufl., S. 3 (= III 1); *Birk*, Leitungsmacht, S. 138; *Heuberger*, S. 27; zum öster. Recht *Henrich*, S. 421 f. Auch *Fabricius*, Arbeitsverhältnisse im Konzern, S. 31 hält den gegenteiligen Ansatz von *Nikisch*, S. 142 für „unscharf". Dieser Erkenntnis ist aber nicht etwa nur aus den §§ 611 f. BGB zu entnehmen (so aber *Fabricius*, ebenda). Vielmehr entspricht die Gleichwertigkeit des Arbeitgebers gerade der in dieser Untersuchung festgestellten Entwicklung des Arbeitgeberbegriffs, der vom Arbeitsvertrag unabhängig wird.

[1] s. bereits die Ausführungen o. zu § 7 III 3.

unter theoretischer Aufgabe der sozialen Gegensätze hervorhob[2], im Betriebsverfassungsgesetz von 1952 fort und schließlich im geltenden Gesetz von 1972.[3] Der Gemeinschaftsgedanke findet dort seine besondere Ausprägung in dem Prinzip, daß Betriebsrat und Arbeitgeber gemeinsam zum Wohle des Betriebs vertrauensvoll zusammenarbeiten sollen (§ 2 I BetrVG). Die Zusammenarbeit wird dadurch abgesichert, daß beide Teile der Betriebsorganisation einer absoluten Friedenspflicht unterliegen (§ 74 II BetrVG; vgl. auch § 66 II BPersVG). Ergänzt wird diese Friedenspflicht durch das vom Bundesarbeitsgericht an die Tarifvertragsparteien adressierte Verbot, keinen Streik wegen betriebsverfassungsrechtlicher Fragen zu führen.[4] Die vertrauensvolle Zusammenarbeit wird zudem durch rechtliche Institute gesichert, die die Betriebsverfassungsorgane zwingen, sich zunächst innerbetrieblich zu einigen. So erweiterte das Betriebsverfassungsgesetz 1972 die in zahlreichen Fällen zwingende Einschaltung der Einigungsstelle.[5]

Durch den an der Zusammenarbeit orientierten Interessenausgleich auf der Ebene der Arbeitsstätte[6] wird der Arbeitgeber als der soziale Gegenspieler der Arbeitnehmer indessen nicht überflüssig.[7] Denn Adressat der Mitbestimmung im Betrieb ist in erster Linie der Träger der arbeitsrechtlichen Leitungsmacht. Diese Mitbestimmungsform zielt mithin nur darauf ab, die persönliche Macht des Arbeitgebers gegenüber dem Arbeitnehmer zu beschränken. Damit bewegt sich das BetrVG im Rahmen des traditionellen Schutzgedankens. Die Gegenspielerkonstellation im Betrieb bleibt also nach wie vor vorhanden. Nur werden die Arbeitnehmer nicht zuletzt wegen der Pflicht, mit dem Arbeitgeber zusammenzuarbeiten, zu betriebsbedingten Problemen herangezogen.[8]

---

[2] Vgl. o. § 8 I 2 a; aber auch Fn. 26 in § 10.

[3] Die kontinuierliche Entwicklung beschreibt auch *Fabricius* in: FS Fechner, insbes. S. 182; ebenso *Ramm*, Arbeitsrecht, KE 1, S. 89 sowie KE 5, S. 16; s. auch *Engelhardt* in: VSWG 1982, S. 373 f., insbes. S. 391.

[4] Urt. v. 17. 12. 1976 in: AP Nr. 52 zu Art. 9 GG.

[5] Diese Einigungsstellen können sich zum wirklichen Machtträger des Betriebes entwickeln; so die Prognose von *Ramm*, Arbeitsrecht, KE 5, S. 31 sowie S. 103. Zur Bedeutung der Einigungsstelle in rechtstatsächlicher Hinsicht vgl. *Schank* in: AiB 1981, S. 117 f. sowie der 1983 vom BMA veröffentlichte Forschungsbericht von *Reinhardt Büttner / Matthias Knuth / Gerhard Schank* über das „Zustandekommen und die Analyse von Betriebsvereinbarungen und praktische Erfahrungen mit Einigungsstellen", Institut für Sozialforschung und Sozialwirtschaft e. V., Saarbrücken.

[6] Diesen Begriff, der sowohl den Begriff des Betriebes als auch den der öffentlichen Dienststelle umfaßt, verwendet *Ramm*, Arbeitsrecht, KE 2, S. 102 f.; jüngst auch der RegE eines ArbSchG 1982, z. B. in § 30.

[7] In diesem Sinne auch *Ramm* in: JZ 1977, S. 4.

[8] Zusammenarbeit und Mitbestimmung führen zu einem Mitarbeiter. Dieser Begriff findet zunehmend Verbreitung in der Umgangssprache. Es genügt ein Blick in den Stellenanzeigenteil der Presseerzeugnisse. Hier deutet sich eine Veränderung des (juristischen) Arbeitnehmerbegriffs an.

III. Die Montan-Mitbestimmung

1. Das *Montan-Mitbestimmungsgesetz* (Montan-MitbestG) vom 21. Mai 1951[9] sieht im Gegensatz zur Regelung im BetrVG 1952, wonach die Arbeitnehmer nur zu einem Drittel im Aufsichtsrat vertreten sind[10], eine sehr weitgehende Unternehmensbeteiligung der Arbeitnehmer vor. Die Arbeitnehmer erhalten, über ihre nahezu paritätische Beteiligung im Aufsichtsrat hinaus (vgl. § 4), durch den Arbeitsdirektor einen unmittelbaren Interessenvertreter sogar im Vorstand. Gemäß § 13 Montan-MitbestG wird der Arbeitsdirektor als gleichberechtigtes Mitglied des zur gesetzlichen Vertretung berufenen Organs bestellt. Er kann nicht gegen die Stimmen der Mehrheit der Arbeitnehmervertreter im Aufsichtsrat gewählt und abberufen werden. Dem Arbeitsdirektor steht darüber hinaus innerhalb der Kompetenzverteilung des Vorstands zumeist allein die oberste arbeitsrechtliche Leitungsmacht im Unternehmen zu. Insoweit nehmen die Arbeitnehmer über den indirekten Einfluß der Wahl eines ihrer Repräsentanten an Arbeitgeberfunktionen teil.[11]

2. Diese Form der Mitbestimmung verfolgt zweifellos die Konzeption, den Interessenkonflikt zwischen Arbeitgeber und Arbeitnehmer in Montan-Unternehmen abzubauen. Der Arbeitsdirektor ist insoweit die Verkörperung „arbeitsgemeinschaftlicher Tendenzen".[12] Dies zeigt eine *Annäherung der traditionellen Gegensätze* von Kapital und Arbeit in Montan-Unternehmen und entspricht einer auf Kooperation angelegten arbeitsteiligen Sozial- und Arbeitsordnung. Der grundsätzliche Interessengegensatz zwischen Arbeitgeber und Arbeitnehmer wird aber nicht überwunden. Dies zeigt deutlich der heftige Arbeitskampf der Stahlindustrie im Jahre 1978/79. Richtig ist auch, daß sich die Interessengegensätze verlagert und damit erweitert haben.[13] Sozialer Machtträger in montan-mitbestimmten Unternehmen ist aus der Sicht der einzelnen Arbeitnehmer nicht mehr nur der Vertreter des Faktors Kapital, sondern auch der Arbeitsdirektor.[14] In dieser Verlagerung der

---

[9] Genau: Das Gesetz über die Mitbestimmung der Arbeitnehmer in den Aufsichtsräten und Vorständen der Unternehmen des Bergbaus und der eisen- und stahlerzeugenden Industrie, BGBl I, S. 347; s. auch das MitbestErgG vom 7. 8. 1956 in: BGBl I, S. 707.

[10] Vgl. §§ 76 f. Deswegen wird diese Beteiligungsform hier auch nicht gesondert behandelt.

[11] Zu dieser Sicht auch *August Wilhelm Frey*, S. 75 m. w. N. sowie *Lütge*, S. 27 f.

[12] So ausdrücklich *Lütge*, S. 46.

[13] Wie der Interessengegensatz unternehmensintern und wo dort im einzelnen ausgetragen wird, bleibt indes verborgen. Hier fehlt es noch an wissenschaftlichen Untersuchungen.

[14] s. zu dem Arbeitsdirektor als Träger der Leitungsmacht o. § 12, insbes. IV 1, Fn. 26.

sozialen Schutzkonstellation zeigt sich, daß das Prinzip der sozialen Gegenspieler nicht vollkommen aufgehoben ist, sondern sich nur verändert hat.

Die Ansicht, die demgegenüber von einer gänzlichen Aufhebung der sozialen Gegenspielerstellung des Arbeitgebers im Rahmen des Montan-Mitbestimmungsgesetzes ausgeht, müßte letztlich auch den gesamtgesellschaftlichen Ausnahmecharakter dieser Mitbestimmungsform berücksichtigen. So fallen unter diese Art der Mitbestimmung lediglich ca. 2,6 % aller Arbeitnehmer in der Bundesrepublik.[15] Auch nimmt das Montan-MitbestG eine Außenseiterstellung innerhalb der Mitbestimmungsgeschichte ein. Die gesetzliche Regelung wird allgemein nur aus den Besonderheiten der Nachkriegszeit verständlich.[16]

IV. Die Mitbestimmung nach dem Mitbestimmungsgesetz

1. Im Aufsichtsrat der Unternehmen, die unter das Gesetz über die Mitbestimmung der Arbeitnehmer (*MitbestG*) vom 4. Mai 1976[17] fallen, sind die Anteilseigner und die Arbeitnehmer zu gleichen Sitzanteilen als Mitglieder beteiligt (§ 7 I MitbestG). Damit entscheiden die Arbeitnehmervertreter sowohl darüber mit, wer als Vorstandsmitglied bestellt bzw. abberufen wird (z. B. § 84 AktG) und mithin über den obersten Träger der Leitungsmacht. Darüber hinaus erhalten die Arbeitnehmer erhebliche Einflußmöglichkeiten auf die wirtschaftliche Machtstellung des Arbeitgebers. Denn Adressat der Unternehmensmitbestimmung ist im Gegensatz zum BetrVG in erster Linie der Arbeitgeber als Vertragspartei.[18] Hier stellt sich nun die Frage, ob noch von einem Arbeitgeber im Sinne des traditionellen sozialen Gegenspielers gesprochen werden kann. Wenn Arbeitgeber- und Arbeitnehmerfunktionen nicht mehr auseinanderzuhalten sind, könnte die Substanz des traditionellen Begriffsinhalts, die soziale Gegenspielerstellung, zerstört sein.

2. Diese fundamentale Problemstellung wurde lange Zeit in der Wissenschaft vernachlässigt. Erst im zeitlichen Vorfeld des MitbestG bildete sich ein *Meinungsstand* heraus. Es wurde allgemein nach den

---

[15] Am 1. 9. 1980 arbeiteten lediglich ca. 600 000 Arbeitnehmer in montanmitbestimmten Unternehmen; vgl. zu diesen Zahlen *Säcker / Zander*, S. 128, wo auch der Hinweis enthalten ist, daß diese Zahlen entwicklungsgeschichtlich weiter absinken.

[16] Zu dieser häufig angeführten geschichtlichen Sonderstellung vgl. *Ballerstedt* in: RdA 1976, S. 12. Erst im zeitlichen Vorfeld des MitbestG 1976 erwachte das Modell der Montan-Mitbestimmung aus dem wissenschaftlichen Dornröschenschlaf. Vgl. zuletzt die Gewerkschafts-Dokumentation über die „Montanmitbestimmung. Dokumente ihrer Entstehung", Köln 1979.

[17] BGBl I, 1153; vgl. zum Geltungsbereich § 1 MitbestG.

[18] So zutreffend *Buchner* in: Vetter, S. 313.

Einwirkungen einer paritätischen Mitbestimmung nicht nur auf das Arbeitsrechtssystem, sondern mitunter auch auf den Arbeitgeberbegriff gefragt. Maßgebend für sämtliche Stellungnahmen sind — quasi als Vorfrage jedes Einzelproblems — die unterschiedlichen Vorverständnisse, deren eigentliche Wurzeln in einem unterschiedlichen theoretischen Verständnis der Mitbestimmung schlechthin liegen.

a) Die Mitbestimmung wird einerseits als *integrative Beteiligung* der Arbeitnehmer am Unternehmen aufgefaßt. Nach dieser Ansicht üben die Arbeitnehmer Arbeitgeberfunktionen aus. Die Arbeitnehmerbeteiligung bedeutet danach nicht mehr nur Kontrolle, sondern bereits auf den Faktor Kapital einwirkende echte Teilhabe.[19] Die Polarität der sozialen Gegenspieler im Unternehmen werde institutionell überwunden[20], wodurch die Arbeitnehmer in eine Gesellschafterrolle hineinwüchsen.[21]

b) Andere meinen, Sinn und Zweck der Mitbestimmung sei nur eine *Mißbrauchskontrolle* des arbeitgeberischen Weisungsrechts. Diese Ansicht geht von der Fortdauer des antagonistischen Modells aus.[22] Danach übernehmen die Arbeitnehmer keine Arbeitgeberfunktionen, sondern kontrollieren sie nur.[23] Eine Trennung von Arbeitgeber- und Arbeitnehmerfunktionen auf der Basis eines antagonistischen Modells bestehe also grundsätzlich weiter.[24]

c) Diese beiden gegensätzlichen Ansichten werden durch Stellungnahmen ergänzt, die sich nur schwer in das duale Meinungsschema integrieren lassen. Von *Fabricius* wird der Begriff „Mitunternehmer" nur dazu benutzt um klarzustellen, daß sich die Rechtsstellung des Arbeitnehmers von einer reinen Objektstellung zu der eines mitentscheidenden und mitverantwortenden Subjekts entwickelt hat.[25] *Ramm* beschreibt die Integration des Arbeitnehmers in das Unternehmen, weil

[19] Zu dieser Sicht etwa *Löwisch*, S. 140 sowie S. 149 f.

[20] So *Biedenkopf*, zit. nach Zöllner in: DB 1969, S. 43.

[21] *Buchner* in: Vetter, S. 269 sowie S. 313.

[22] Dieses Modell der Mißbrauchskontrolle geht auf das Verständnis der Mitbestimmung als wirtschaftsdemokratische Kontrolle im Sinne von *Naphtali* zurück. Davon ist ein weiteres theoretisches Modell, das auf einer antagonistischen Sicht basiert, zu unterscheiden, nach dem die Mitbestimmung als klassenkampfüberwindendes Instrument zur Umgestaltung der Arbeitsbeziehungen und der Eigentumsverhältnisse angesehen wird.

[23] *Vetter* in: Vetter, S. 349/350.

[24] Dies entspricht wohl der h. M.; vgl. nur *Zöllner* in: RdA 1969, S. 65 f.; *von Nell-Breuning* in: BlStSozArbR, S. 369 f.; *ders.* in: FS Backhaus, S. 194/195.

[25] In: FS Fechner, S. 205. Bei oberflächlicher Betrachtung gerät er damit in eine unpassende ideologische Nähe zu *Löwisch*, der ebenso von „Mitunternehmer" spricht.

die Zeit für das antagonistische System abgelaufen sei.[26] Die bislang außerbetrieblich zum Ausdruck kommenden Machtkämpfe zwischen Arbeitgeber und Arbeitnehmer verlagerten sich s. E. in den Vorstand des mitbestimmten Unternehmens, der als Schmelztiegel von Arbeitgeber- und Arbeitnehmerinteressen den eigentlichen Interessenausgleich nunmehr intern vornehme, also nicht mehr extern im kollektiven Arbeitsrecht.[27] Sowohl *Fabricius* als auch *Ramm* befürworten im Grunde eine paritätische Mitbestimmung.[28]

3. Eine *Stellungnahme* zu der Frage, wie sich speziell das MitbestG von 1976 auf den Arbeitgeber auswirkt, muß von der Ansicht ausgehen, daß das MitbestG nicht auf einem Konfrontations-, sondern auf einem Harmoniemodell beruht. Dies hat das BVerfG zuletzt ausdrücklich festgestellt.[29] Daß dennoch ein Interessengegensatz zwischen Kapital und Arbeit bestehen bleibt, ergibt sich aber bereits aus dem geltenden Recht. Entgegen der Diskussion im zeitlichen Vorfeld des MitbestG hat nämlich das Gesetz selbst keine echte paritätische Mitbestimmung eingeführt, weil der Anteilseignerseite ein leichtes Übergewicht verbleibt.[30] Dadurch, daß die leitenden Angestellten zur Arbeitnehmerseite gezählt werden (vgl. §§ 3, 15), und letztlich der von der Arbeitgeberseite gestellte Aufsichtsratsvorsitzende bei Patt-Situationen zugunsten der Arbeitgeberseite den Ausschlag geben kann (vgl. §§ 27 II, 29 II), schuf das Gesetz Vorteile, die Interessen der Arbeitgeberseite durchzusetzen.[31] Eine solche Harmonisierung des Interessengegensatzes zwischen Arbeitgeber und Arbeitnehmer verändert den Inhalt des Arbeitgeberbegriffs. Die inhaltliche Veränderung geht dabei einher mit der Neuordnung der Arbeitgeber-Arbeitnehmer-Beziehungen im Arbeitsrecht: einerseits im Individualarbeitsrecht, andererseits im kollek-

---

[26] Insbes. in: Vetter, S. 168/169 sowie S. 374; *ders.* in: FS Duden, S. 458. Auch er paßt nicht in die ideologische Nähe zu *Löwisch*. Dies hebt zutreffend *Mayer*, Arbeitsverhältnis, S. 93 hervor.

[27] Ebenda, S. 168/169.

[28] Vgl. *Ramm*, Arbeitsrecht, KE 6 sowie *Fabricius*, Unternehmensrechtsreform 1982, RZ 321 und 340.

[29] Im Mitbestimmungsurteil vom 1. 3. 1979 in: NJW 1979, S. 699 f., insbes. S. 700, wo es von „Kooperation" und „loyaler Zusammenarbeit" spricht.

[30] Auch dies hat das BVerfG im soeben angeführten Mitbestimmungsurteil ausdrücklich festgestellt, in: NJW 1979, S. 699. Daneben steht die von der rechtlichen Seite unabhängige Frage, ob den Arbeitnehmern in der Rechtswirklichkeit ein weitergehender, einer Parität nahekommender Einfluß zukommen wird; diese Frage hat auch das BVerfG, ebenda, in: NJW 1979, S. 701 aufgeworfen.

[31] Zu berücksichtigen ist bei alledem, daß die mitbestimmten Arbeitgeber nur ca. 20 % der gesamten Arbeitnehmer in der Bundesrepublik beschäftigen. Am 1. 9. 1980 erfaßte das MitbestG 476 Gesellschaften mit insgesamt mehr als 4 Mill. Arbeitnehmern; so die Angaben bei *Säcker / Zander*, S. 126.

tiven Arbeitsrecht. Zwischen beiden Bereichen wird deswegen unterschieden.[32]

a) Die persönliche Abhängigkeit im *Individualarbeitsrecht* stellt das Unterscheidungsmerkmal zum Gesellschaftsrecht dar, wo Personen in persönlich gleichberechtigter Stellung Kapital einbringen.[33] Die persönliche Abhängigkeit der Arbeitnehmer einerseits und die Machtstellung des Arbeitgebers andererseits sind relative Kriterien[34] und daher in ihren Grundstrukturen veränderbar. Dies zeigte bereits die Untersuchung der Verlagerung der arbeitsrechtlichen Leitungsmacht.[35] Die Machtträger sind in den Großunternehmen ebenso wie gesamtgesellschaftlich die Interessenkontrahenten der Arbeitnehmer und stellen insoweit den sozialen Gegenspieler der Arbeitnehmer in dem an den Verhältnissen eines Großunternehmens orientierten modernen Arbeitsverhältnis dar. Die Konzeption des MitbestG fügt sich nahtlos in diese von der bisherigen Untersuchung beschriebene veränderte Gegenspielerkonstellation ein. So erhält das Management als Beauftragter der Anteilseigner über den Aufsichtsratssitz gemäß § 15 II S. 3 MitbestG nicht nur eine eigene Interessenvertretung, sondern wird insoweit auch selbst als eigenständiger Machtfaktor angesehen. Von der Leitungsmacht dieser Personen sind sowohl der Faktor Kapital als auch der Faktor Arbeit abhängig. Beide sind Dispositionsobjekte des Managements.[36] Ziel des MitbestG ist also nicht nur der Einfluß auf das Kapital, sondern in erster Linie auch der Schutz vor den veränderten sozialen Machtträgern. Hierin zeigt sich die Kontinuität des historischen Begriffsinhalts: Der Arbeitgeber als Schutzverpflichteter, hier im Bereich der mitbestimmten Unternehmen.

In der bloß veränderten Schutz- bzw. Machtkonstellation im individuellen Arbeitsrecht wird zugleich deutlich, daß die paritätische Mitbestimmung keinesfalls das Ende des Arbeitgeber-Arbeitnehmer-Konflikts zur Folge hat. Sie beseitigt insbesondere nicht die Unterordnung des einzelnen innerhalb sozialer Gefüge unter andere Menschen, die die Leitungsmacht ausüben.[37] Die Mitbestimmung mildert die Macht nur insoweit, als sie eine (indirekte) Beteiligung an der Auswahl der Träger der Leitungsmacht ermöglicht.[38] Dies entspricht einer demokra-

[32] Diese Unterteilung wird vom Schrifttum deswegen häufig vorgenommen, weil diese Teilgebiete unterschiedliche historische Wurzeln haben.

[33] Diese Abgrenzung hebt *Mayer*, Arbeitsverhältnis, S. 56 hervor.

[34] Vgl. *Dietz / Richardi*, BetrVG, § 5 RZ 16.

[35] Vgl. etwa o. § 12 II ff.

[36] So insbes. *Eichenhofer* in: ZfA 1981, hier S. 229.

[37] Diese Erkenntnis wird im Prinzip nicht bestritten. Vgl. *Buchner* in: ZfA 1974, S. 179; *Mayer*, Arbeitsverhältnis, S. 37; *von Nell-Breuning*, BlStSozArbR 1969, S. 370 sowie *Mommsen*, S. 33.

[38] So *Zöllner* in: FS Fechner, S. 161.

tischen Sozialordnung, in der auf die Grundrechte ebensowenig verzichtet werden kann wie auf den Schutzgedanken des traditionellen Arbeitsrechts.[39] Daher wird auch der Arbeitgeberbegriff im Individualarbeitsrecht nicht schon allein dadurch überflüssig, daß sich der Adressatenkreis der persönlichen Machtträger in mitbestimmten Unternehmen verändert. Denn das MitbestG ist Ausdruck der sozialen Gesellschaftsordnung und deswegen mit dem arbeitsrechtlichen Schutzprinzip notwendig verklammert.[40] Zwar mag die paritätische Mitbestimmung mitunter eine Interessengemeinsamkeit von Arbeitgeber- und Arbeitnehmerseite fördern. Aber das Interesse des Schutzes einzelner innerhalb der kollektiven Unternehmensorganisation bleibt bestehen.

b) Während das Individualarbeitsrecht traditionell den Schutz des einzelnen bezweckt ungeachtet der Veränderung der sozialen Macht im Arbeitsverhältnis, entstand das *kollektive Arbeitsrecht* historisch auf der Grundlage eines auf Kapital und Arbeit basierenden Konfrontationsmodells, dem die Konfrontationsgrundlage dann entzogen würde, wenn der Interessenausgleich innerhalb — anstatt außerhalb — des mitbestimmten Unternehmens stattfindet.

Im Bereich des *Betriebsverfassungsrechts* wirkt sich das MitbestG nicht substantiell auf den Arbeitgeberbegriff aus.[41] Das MitbestG wurde nur als notwendige Ergänzung des Betriebsverfassungsrechts für den Bereich der Großunternehmen konzipert. Hier bleibt der Interessenausgleich also nach wie vor intern. Er wird nur von der Betriebs- auf die Unternehmensebene erweitert.

Einschneidend wirkt sich das MitbestG aber auf die soziale Gegenspielerstellung des Arbeitgeberbegriffs im *Arbeitskampf- und Tarifvertragsrecht* aus. Hier war der Interessengegensatz traditionell besonders ausgeprägt. Durch die Verlagerung von außen nach innen läßt sich ein veränderter Stellenwert des Arbeitskampfes im Bereich der mitbestimmten Unternehmen voraussagen.[42] Ein Bedeutungsverlust

---

[39] Ebenfalls *Zöllner* in: RdA 1969, S. 68.

[40] So zutreffend *Vollmer*, S. 190. Indes muß beachtet werden, daß bei der Anwendung traditioneller individual-arbeitsrechtlicher Institute im Rahmen der mitbestimmten Unternehmen einzelne Anpassungen unerläßlich werden, so im Kündigungsschutzrecht und im Rahmen der Betriebsrisikolehre. Darauf weist auch *Reuter* in: ZfA 1979, S. 555 f. hin. In dieser Harmonisierung liegt eine der zukünftigen Aufgaben des Arbeitsrechts.

[41] Diese prinzipielle Vereinbarkeit wird häufig hervorgehoben; so schon *Zöllner* in: RdA 1969, S. 66; aus der neueren Lit. *Kraft / Konzen* 1978, S. 68 f., insbes. S. 70.

[42] Zu dieser Prognose *Ramm* in: Vetter, S. 168; *Buchner* in: Vetter, S. 268; jüngst auch *Fabricius*, Unternehmensrechtsreform, RZ 340, der meint, der Arbeitskampf werde durch eine Zwangsschlichtung ersetzt und habe nur noch untergeordnete Bedeutung.

wird indes nicht eintreten. Es wird weiterhin Arbeitskämpfe auch im Bereich der mitbestimmten Unternehmen geben. Dem Arbeitskampf in der montan-mitbestimmten Stahlindustrie 1978/79 kommt insoweit Indizwirkung zu. Auch bleiben die mitbestimmten Arbeitgeber als Tarifvertragspartei weiter von Bedeutung.[43] Zwar werden die sozialen Gegenspieler in mitbestimmten Unternehmen nicht mehr die gesamte herkömmliche Regelungspalette der Tarifautonomie und des Arbeitskampfes ausschöpfen. Aber es gibt auch weiterhin tarifvertragstypische und arbeitskampfträchtige Regelungsgegenstände wie etwa kollektive Lohn- sowie Arbeitszeitvereinbarungen. Hier liegen die zukünftigen Aufgaben der Tarifvertragsparteien.[44] Sie dürfen sich nicht mehr nur an der bipolaren Interessenkonstellation von Kapital und Arbeit orientieren, sondern müssen darüber hinaus innerhalb der übrigen gesellschaftlichen Gruppen eine soziale Verteilung vornehmen sowie einen Interessenausgleich zwischen mitbestimmten und nichtmitbestimmten Unternehmen suchen.[45] So können sich die Arbeitgebervereinigungen zu Interessenvertretern der kleinen und mittleren Unternehmen entwikkeln im Gegensatz zu den Großunternehmen, die den Interessenausgleich intern vornehmen. Über diese Aufgabenteilung kommt es somit wiederum zu einer Teilung der Arbeitgeberposition nach Betriebsgrößen.[46]

V. Sonstige Beteiligungsformen

1. Neben der gesetzlichen Mitbestimmung gibt es zahlreiche durch Gesellschaftsverträge vereinbarte Beteiligungen der Arbeitnehmer, wie die *Gewinnbeteiligung*.[47] Die zahlreichen Erscheinungsformen der Gewinnbeteiligungen stellen dem Arbeitsentgelt angenäherte Lohnsysteme dar, die problemlos in die Institutionen und Begriffe des Arbeitsrechts integriert werden können. Auch der Arbeitgeberbegriff ändert sich durch diese pekunäre Interessenannäherung nicht grundlegend.

---

[43] Das BVerfG sprach im Mitbestimmungsurteil von einem „Nebeneinander von Mitbestimmung und Tarifautonomie“, in: NJW 1979, S. 708 f. Vgl. auch die entsprechenden Ausführungen von *Zöllner* in: DB 1969, S. 43. Zweifelnd *Ramm* in: Vetter, S. 168 sowie *Kraft / Konzen*, S. 62 f., insbes. S. 66. Vgl. zum gesamten Problemkreis der „Koalitionsfreiheit des Arbeitgebers“ das gleichlautende Referat von *Scholz* in: ZfA 1980, S. 357 f. sowie die anschließend abgedr. Diskussionsbeiträge.

[44] Gewerkschaften und Arbeitgeberverbände werden also nicht „arbeitslos“.

[45] Diesen Weg deutet *Reuter* in: ZfA 1979, S. 558 mit entsprechenden Vorschlägen an; vgl. auch *Ramm* in: ZfA 1978, S. 378.

[46] Vgl. schon o. § 10.

[47] Diese Form der Kooperation zwischen Arbeitgeber und Arbeitnehmer hat eine lange Tradition; so bereits *Abbe* in seinem Vortrag vom 28. 1. 1897 in: Sozialpolitische Schriften, S. 103 f. m. w. N.

Ebensowenig werden die Interessengegensätze durch die staatliche Vermögensförderung aufgehoben, obwohl das Vermögensförderungsgesetz[48] durchaus einen partnerschaftlichen Zug in das Arbeitsrecht hineinträgt.[49]

2. Im Gegensatz zur nachträglichen Gewinnbeteiligung steht die vorherige Kapitalbeteiligung der Mitarbeiter eines Unternehmens. Hierbei nähert sich der Kooperationsgedanke eher einer den traditionellen Arbeitgeber-Arbeitnehmergegensatz überwindenden Konzeption. Die sog. *Partnerschaftsmodelle* kommen in zahlreichen Ausgestaltungen vor.[50] Sie liegen an den Nahtstellen von Arbeits- und Gesellschaftsrecht und im Grenzbereich zu gesellschaftsrechtlichen Unternehmensformen wie der Stillen Gesellschaft.

Die unterschiedlichen Erscheinungsformen der Partnerschaftsmodelle lassen gleichwohl eine grundsätzliche Antwort auf die Frage zu, ob der Arbeitgeberbegriff zur Kennzeichnung des sozialen Gegenspielers noch aufrechterhalten werden kann. Unter Zugrundelegung der oben ausgeführten veränderten Schutzkonstellationen im Arbeitsrecht[51] sind zumindest große Teile des Individualarbeitsrechts und damit auch der Arbeitgeberbegriff anwendbar. Denn auf den Schutz des Arbeitsrechts kann man auch dann nicht verzichten, wenn die Mitarbeiter eines Unternehmens *neben* der Arbeitnehmer- zugleich eine Gesellschafterstellung innehaben.[52] Die Anwendung arbeitsrechtlicher Institute im kollektiven Arbeitsrecht hängt aber im einzelnen von der vertraglichen bzw. satzungsmäßigen Gestaltung der Partnerschaftsmodelle ab.[53]

3. In den Fällen der *Arbeiterselbstverwaltung* werden die Mitarbeiter im Gegensatz zu den zuvor dargestellten Beteiligungsformen nicht nur am Gewinn des Unternehmens beteiligt, sondern sie erhalten darüber hinaus eine unmittelbare Einwirkungsmöglichkeit auf die Unternehmensentscheidungen. Diese in der bundesdeutschen Unternehmens-

---

[48] 4. Gesetz zur Förderung der Vermögensbildung der Arbeitnehmer i. d. F. vom 22. 12. 1983 in: BGBl I, S. 1592.

[49] Zu dieser Folgerung schon *Gerhard Müller* in: DB 1961, S. 1226; s. auch den Beitrag von *Giloy* in: DB 1972, S. 1388 f.

[50] Zur Ausgestaltung und zum Begriff des Partnerschaftsmodells vgl. die Abhandlung von *Vollmer*. Diese Modelle haben gewisse Ähnlichkeiten mit den schon im französischen Frühsozialismus verbreiteten genossenschaftlichen Konzeptionen i. S. eines ihrer Begründer, dem Franzosen Jean Leclaire; s. dazu den Überblick bei *Abbe*, S. 104 f.

[51] s. o. IV 3.

[52] Im Grundsatz ist das unbestritten; vgl. die entsprechenden Ausführungen bei *Vollmer*, S. 198 f., insbes. S. 193 sowie *Kraft / Konzen*, ebenda Fn. 43; schon früher *Abbe* 1897, S. 104.

[53] Zu den Differenzierungen im einzelnen s. *Kraft / Konzen*, S. 33.

landschaft seltene Beteiligungsform[54] zielt auf die Überwindung des Dualismus von Kapital und Arbeit ab. Das Kollektiv der Mitarbeiter nimmt die Arbeitgeberstellung ein.[55] Daher fehlt es sowohl im Rahmen der Betriebsverfassung als auch im außerbetrieblichen kollektiven Arbeitsrecht an den traditionellen sozialen Gegenspielern.[56]

Die Grundsätze des Individualarbeitsrechts bleiben aber insoweit anwendbar, als das Schutzbedürfnis in einzelnen Fallgestaltungen es erfordert. Denn ein sozialer Interessengegensatz besteht auch im Rahmen der Arbeiterselbstverwaltung. Die Ausübung von Macht mag zwar abgemildert sein, vollkommen erübrigt hat sie sich aber nicht.[57] Unter dieser Maßgabe kann der Arbeitgeberbegriff auch hier im Sinne des Schutzverpflichteten beibehalten werden.

VI. Zusammenfassung

Als Zusammenfassung läßt sich festhalten, daß durch die Beteiligung der Arbeitnehmer im Betrieb und Unternehmen die soziale Gegenspielerstellung des Arbeitgebers im individuellen und kollektiven Arbeitsrecht sich zwar verändert hat, nicht aber vollkommen aufgehoben wird. Deshalb wird der Arbeitgeberbegriff auch nicht überflüssig.[58] Erkennt man die veränderte, nicht mehr auf den bipolaren Gegensatz von Kapital und Arbeit beschränkte soziale Gegenspielerkonstellation an, so kann der Arbeitgeberbegriff mit seinem traditionellen Begriffsinhalt der sozialen Gegenspielerstellung auch weiterhin verwendet werden. In diesem Falle bringt der Arbeitgeberbegriff wiederum nur seine traditionelle Schutzverpflichtung zum Ausdruck. Denn der Mitbestimmung in Unternehmen wie etwa im MitbestG liegt letztlich der arbeitsrechtliche Schutzgedanke zugrunde, wonach eine Beteiligung über

---

[54] Z. B. das (gescheiterte) Modell *Süssmuth*. Zu diesem Modell und den für das Arbeitsrecht bedeutsamen Rechtsfragen s. die Beiträge von *Kraft / Konzen*, insbes. S. 43 sowie *Reuter* in: ZfA 1979, S. 537 f. Im südeuropäischen Ausland kommen indes Selbstverwaltungsmodelle sehr häufig vor, wie etwa in Jugoslawien als kommunistische Variante. Vgl. dazu im einzelnen *Roggemann*, insbes. S. 200 f.

[55] Vgl. *Kraft / Konzen*, S. 43, S. 55 („funktionelle Arbeitgeber"), S. 59.

[56] *Kraft / Konzen*, S. 77 bzw. S. 55 meinen, der Streik könne nur noch als „In-Sich-Streik" Geltung behalten; zustimmend auch *Reuter*, S. 558.

[57] So *Reuter*, S. 551. Zur vorsichtigen Anwendung arbeitsrechtlicher Institute neben *Reuter*, ebenda, *Kraft / Konzen*, S. 53 f.; etwas weitergehender *Roggemann*, S. 203 f. Darüber hinausgehend früher schon *Potthoff*, Arbeitsrecht 1931, S. 40, der meint, selbst wenn der Betrieb an die Gemeinschaft der Arbeitnehmer überginge, würde sich nichts Wesentliches ändern. Die Herrschaft werde dann im Namen der Gemeinschaft von ihren Beauftragten ausgeübt.

[58] Diese Ansicht vertritt aber *Ramm* in: Vetter, S. 168/169; auch noch nach Inkrafttreten des MitbestG *ders.* in: JZ 1977, S. 6 sowie Arbeitsrecht, KE 6, S. 14. *a. A. Buchner* in: Vetter, S. 269 bzw. 313.

das BetrVG in betriebsbezogenen Angelegenheiten allein nicht mehr ausreicht, um den Arbeitnehmer zu schützen. Die Arbeitnehmer sollen Einflußmöglichkeiten schon im zeitlichen Vorfeld unternehmensbezogener Entscheidungen erhalten, also bevor der existenznotwendige Ast, auf dem sie sitzen, morsch wird.

Die veränderte Gegenspielerkonstellation im Rahmen der Beteiligungsformen wird anschaulich mit dem bereits oben in der zusammenfassenden Stellungnahme zum 2. Abschnitt hervorgehobenen funktionellen Arbeitgeberbegriff zum Ausdruck gebracht. Mit diesem Begriff läßt sich „die systementsprechende soziale Polarität konservieren[59]", die traditionell in dem Gegensatz von Kapital und Arbeit begründet liegt. Der funktionelle Arbeitgeberbegriff tastet zwar die überkommene Vorstellung an, die in der Vertragspartnerstellung des Arbeitgebers seine einzige zentrale Funktion sieht. Aber neben den Kapitalgebern als Arbeitgeber im Sinne von wirtschaftlichen Machtträgern können auch andere Funktionsträger, die soziale Machtstellungen ausüben, und die eine soziale Gegenspielerrolle zum Arbeitnehmer einnehmen, in den Rechtsbegriff des Arbeitgebers integriert werden.

Vierter Abschnitt

Die Unternehmer- und Eigentümerstellung des Arbeitgebers

Im Vorstehenden wurde die traditionell auf dem Gegensatz von Kapital und Arbeit beruhende soziale Gegenspielerstellung des Arbeitgebers beschrieben. Im folgenden soll untersucht werden, ob bzw. wie sich die ebenfalls an der traditionellen Gegenspielerkonstellation orientierende Stellung des Arbeitgebers als Unternehmer und als Eigentümer der Produktionsmittel verändert hat.

§ 17 Der Arbeitgeber als Unternehmer und Eigentümer der Produktionsmittel

I. Die Annäherung von Arbeitgeber- und Unternehmerbegriff

1. Es gibt zahlreiche Arbeitgeber, die keine Unternehmer sind. Darunter fallen die Ärzte, Anwälte oder Architekten als Vertreter der freien Berufe, der gesamte Bereich der privaten Haushalte sowie die „unternehmungslose" öffentliche Verwaltung. Daneben gibt es weitere Unternehmer, die deswegen keine Arbeitgeber sind, weil sie als Einzel-

---

[59] *Böker*, S. 34.

unternehmer keine Arbeitskräfte einstellen. Auf der Grundlage dieser Einzelfälle, die zeigen, daß die Unternehmerstellung nicht notwendiger Inhalt des Arbeitgeberbegriffs ist[1], trennt die *herrschende Meinung* den Unternehmer- vom Arbeitgeberbegriff[2]. Diese Trennung beider Begriffe liegt — wie die Begriffsgeschichte ergeben hat — in der Verselbständigung des Arbeitgebers als des sozialen Schutzverpflichteten begründet.[3]

2. Die neueste *Entwicklung* ist aber von einer Annäherung des Arbeitgeber- und Unternehmerbegriffs gekennzeichnet. Es ist unbestritten, daß sehr häufig zwischen Arbeitgeber und Unternehmer eine Personenidentität besteht.[4] Die enge Verbindung von Arbeitgeber- und Unternehmerstellung kommt in verschiedenen Bereichen der Rechts- und Gesellschaftsordnung zum Ausdruck. So gibt es die Verknüpfung von „Arbeits- und Wirtschaftsrecht" bzw. „Arbeits- und Unternehmensrecht" im Bereich der Lehrgebiete und Institute an den Universitäten. Ebenso wie die Umgangssprache machen auch zahlreiche Gesetze keinen Unterschied zwischen den Rechtsbegriffen des Arbeitgebers und des Unternehmers.[5] Die inhaltliche Verbindung von Arbeitgeber- und Unternehmerbegriff findet sich im Betriebsverfassungsgesetz wie etwa in den Vorschriften zum Gesamtbetriebsrat sowie zum Wirtschaftsausschuß. Überall dort, wo der Unternehmerbegriff im Arbeits- und Sozialrecht verwendet wird, ist er als zum wirtschaftlichen Schutz Verpflichteter angesprochen, weil er als Unternehmer letztlich der wirtschaftliche Machtträger ist. So wird etwa in § 658 Abs. 2 Nr. 1 RVO der Unternehmerbegriff herangezogen, weil für dessen Rechnung der Betrieb geht. Hier ist also der Inhalt des Unternehmerbegriffs dekkungsgleich mit dem (wirtschaftlichen) Arbeitgeberbegriff.

Nicht zuletzt tritt die Annäherung des Unternehmer- und Arbeitgeberbegriffs auch auf kollektiver Ebene hervor. Die Aufgaben der Arbeitgebervereinigungen lassen sich ebensowenig auf die Vertretung rein arbeitsrechtlicher Interessen des Arbeitgebers als auch auf wirtschaftliche Interessen eines Unternehmers reduzieren. Dies zeigt sich darin, daß nur wenige Vereinigungen die Zusatzbezeichnung „Arbeitgeber" führen[6], und daß sehr häufig die Mitgliedschaft in Wirtschaftsverbänden mit der in Arbeitgeberverbänden gekoppelt ist[7].

---

[1] Andererseits ist die Arbeitgeberstellung auch nicht begriffsnotwendig für den Unternehmerbegriff; vgl. *Turin*, S. 214.

[2] So eingangs in § 2 III.

[3] s. o. § 7 I 3.

[4] Dies betont *Hueck / Nipperdey*, S. 88.

[5] Dazu schon *Huppert* 1928, S. 61 f.

[6] Darauf weist *Ramm*, ebenda, KE 3, S. 19 hin.

[7] s. dazu die Untersuchung von *Nicklisch*, der auf S. 13 meint, daß sich die rechtliche Trennung beider Verbände in der Wirklichkeit nicht exakt auseinanderhalten lasse.

3. Eine Annäherung der Begriffe ergibt sich insbesondere auch aus der Entwicklung der zugehörigen *Rechtsgebiete*. Nachdem sich historisch das Arbeitsrecht als besonderes Schutzrecht der Arbeitnehmer vom wirtschaftlich orientierten Recht des Unternehmens verselbständigte, rücken heute beide Rechtsgebiete wieder näher zusammen.[8] Das Mitbestimmungsrecht sitzt dabei an ihren Nahtstellen.[9] Diese Entwicklung läßt sich nur bei oberflächlicher Betrachtung als einen geschichtlichen Rückschritt bezeichnen. Sie entspricht aber tatsächlich einem sozialen Fortschritt. Glaubte man früher, den Arbeitnehmer vor dem Unternehmer nur dadurch schützen zu können, daß man ein besonderes Rechtsgebiet der Arbeit schuf, so bewirkt die gleiche Schutzmotivation heute wieder eine Annäherung, etwa weil die Arbeitnehmer durch die Unternehmensmitbestimmung als Schutzinstrument vor den existenzbedrohenden Entscheidungen des Unternehmers geschützt werden sollen. Gerade im MitbestG von 1976 wird anschaulich, daß der soziale Schutzgedanke bei jeder unternehmerischen Entscheidung mitberücksichtigt werden muß.

4. Die Annäherung von Arbeitgeber- und Unternehmerbegriff findet bereits *wissenschaftliche Anerkennung* insoweit, als dem Arbeitgeber eine Doppelfunktion beigemessen wird, also sowohl die Arbeitgeber-, als auch die Unternehmerfunktion.[10] Im Rahmen dieser Doppelfunktion wird der Unternehmerbegriff aber immer noch als Oberbegriff angesehen, weil er regelmäßig umfassender als der Arbeitgeberbegriff sei.[11] Diese Ansicht findet indes keine Bestätigung im bisherigen Verlauf der Untersuchung über den Arbeitgeberbegriff. Eine Annäherung von Arbeitgeber- und Unternehmerbegriff ist danach nicht etwa einer Bedeutungszunahme des Unternehmerbegriffs[12], sondern vielmehr einer Bedeutungszunahme des Arbeitgeberbegriffs im Sinne eines umfassenden sozialen Schutzverpflichteten zuzuschreiben. Die Ausweitung des

---

[8] s. zur Begriffsgeschichte o. § 7 I 3. Zur Entwicklung wie hier *Fabricius*, Unternehmensrechtsreform, RZ 39, der meint, die Arbeits- und Wirtschaftsverfassung sei integrativ miteinander verknüpft; vgl. auch *Zöllner*, Arbeitsrecht, S. 5 f., der das Arbeitsrecht in der Tendenz als Teil des Wirtschaftsrechts beschreibt.

[9] Darauf wies bereits *Wlotzke* in: RdA 1963, S. 1 hin.

[10] *Kretschmar* in: BB 1953, S. 209; *Ramm*, Arbeitsrecht, KE 1, S. 80 sowie *ders.* in: ZfA 1978, S. 378; *Gerhard Müller* in: Beilage Nr. 23 zu DB 1981, S. 4 sowie *Dietz / Richardi*, RZ 27 zu § 1 BetrVG. *Söllner*, Arbeitsrecht, S. 13 (§ 1 I) meint hingegen, das Arbeitsrecht ergreife nicht den Arbeitgeber in seiner Eigenschaft als Unternehmer.

[11] So schon *Huppert* 1928, S. 46/47; aus der neueren Lit. *Bobrowski / Gaul*, S. 25 sowie *Müller*, ebenda, S. 4 m. w. N. aus der Rechtsprechung.

[12] *Raiser*, Unternehmen, S. 8 spricht sich sogar völlig gegen den Unternehmerbegriff im juristischen Sprachgebrauch aus, weil s. E. nicht der Unternehmer, sondern das Unternehmen als Organisation maßgebend sei. Vgl. zur Verselbständigung des Unternehmens vom Unternehmer bereits o. Fn. 37 zu § 10.

Arbeitgeberbegriffs umfaßt neben dem persönlichen auch den wirtschaftlichen Machtträger im Arbeitsverhältnis, also auch den Unternehmer. Insbesondere das MitbestG von 1976 zeigt in kontinuierlicher geschichtlicher Entwicklung die Ausweitung dieses sozialen Schutzgedankens auf das Unternehmensrecht und damit auch auf den Unternehmerbegriff als Grundbegriff.

II. Das Eigentum und der Arbeitgeberbegriff

1. Der Arbeitgeber repräsentiert nach *traditioneller Meinung* den Faktor Kapital im Arbeitsverhältnis.[13] Als Eigentümer der Produktionsmittel ist der Arbeitgeber zugleich wirtschaftlicher Machtträger und Arbeitsvertragspartei. Diese enge rechtssystematische Verknüpfung von Eigentümer- und Vertragspartnerstellung des Arbeitgebers kommt insbesondere in der Vorschrift des § 950 BGB zum Ausdruck. Danach erhält der Arbeitgeber als Vertragspartner auch das Eigentum an der verarbeiteten Sache.[14] Gegen diesen Arbeitgeber als wirtschaftlichen Machtträger trat das Arbeitsrecht seinerzeit an, um den Arbeitnehmer als Repräsentanten des Faktors Arbeit zu schützen. Im Eigentum sah man zudem eine wesentliche Ursache auch der persönlichen Macht des Arbeitgebers im Arbeitsverhältnis. Die Verwertung des Eigentums und die Verfügung über Arbeitskräfte soll also nach verbreiteter Ansicht miteinander korrespondieren.[15]

2. Diese den Stellenwert des Eigentums für den Arbeitgeberbegriff heraushebende Sicht ist aber nicht mehr zeitgemäß. Die Eigentümerstellung ist nicht mehr notwendiger Inhalt des Arbeitgeberbegriffs.[16] Schon seit jeher gab es einen eigentumslosen Arbeitgeber wie etwa den Pächter, Mieter und Leasingnehmer von Produktionsmitteln. Auch er wird allgemein als Arbeitgeber bezeichnet. Aber der eigentliche Grund für den Bedeutungsverlust des Eigentums für den Arbeitgeberbegriff liegt weniger in diesen Einzelfällen als vielmehr im *Funktionswandel des Eigentums* schlechthin.

a) So ist die geschichtliche Entwicklung geprägt von einer Verlagerung des privaten Eigentums zu einem *sozialen Eigentum*.[17] Der Arbeitgeber ist nicht mehr allein deswegen dem Arbeitnehmer zum

---

[13] Vgl. schon eingangs § 2 I 3.

[14] Darauf weist auch *Olbersdorf*, S. 136 m. w. N. hin.

[15] Vgl. die o. in Fn. 31 zu § 7 Zit.; ebenso *Stenschke*, S. 7 sowie *Friedmann*, S. 81 f.

[16] Diese Ansicht nimmt zu. Aus der älteren Lit. vgl. die o. in Fn. 30 zu § 7 Zit. Aus der neueren Lit, insbes. *Söllner*, Arbeitsrecht, S. 29 sowie die Diskussionsbeiträge von *Blomeyer* und *Zöllner* zu dem Referat von *Scholz*, abgedr. in: ZfA 1980, S. 373 bzw. S. 374.

[17] Dazu *Erwin Stein* in: FS Müller, S. 503 sowie *Römer* in: DuR 1973, S. 48 f.

Schutz verpflichtet, weil er Eigentümer der Produktionsmittel in einem Zwei-Personen-Arbeitsverhältnis ist. Die theoretische Grundlage besteht vielmehr in seiner umfassenden sozialen Stellung innerhalb des Sozialstaats. Hier ist der Arbeitgeber ein mitverantwortlicher Teil eines übergreifenden sozialen Gefüges, in dem die wirtschaftliche Macht heute stärkerer sozialer Kontrolle unterworfen ist. Diese soziale Sicht strahlt indes nicht nur auf den Faktor Kapital aus, sondern auch auf den Faktor Arbeit. Der Arbeitgeber als Kapitalist trägt zwar zur Existenzsicherung der Arbeitnehmer bei, die Arbeitnehmer als Vertreter des Faktors Arbeit hingegen leisten ihrerseits einen sozialen Beitrag im Sinne einer „vergesellschafteten" Arbeit.[18]

b) Ein weiterer Grund für den Bedeutungsverlust des Eigentums für den Arbeitgeberbegriff liegt in der *Trennung von Eigentum und Eigentumsverfügung*.[19] Neben die Eigentümer als soziale Machtträger im Sozialstaat treten zunehmend die gesetzlichen Vertreter und die leitenden Angestellten, die die Machtstellung der Eigentümer übernehmen und sie gegenüber den Arbeitnehmern ausüben.[20] Diese „Intelligenz" sprengt den traditionellen Klassengegensatz zwischen Kapital und Arbeit. Sie nimmt neben den Eigentümern als den Kapitalgebern[21] eine eigenständige soziale Gegenspielerstellung ein.[22] In dieser Verselbständigung der Eigentumsverfügung dokumentiert sich auch die für den Arbeitgeberbegriff kennzeichnende Aufteilung von einerseits wirtschaftlichen und andererseits persönlichen Machtstellungen. Das Kapital erzeugt wirtschaftliche Macht, die Funktionäre hingegen üben diese Macht verbunden mit persönlicher Herrschaft aus.

c) Schließlich verliert das Privateigentum für den Arbeitgeberbegriff in dem Maße an Bedeutung, wie der *Staat* als Arbeitgeber an Bedeutung zunimmt.[23] Die Besonderheit des Staates als Arbeitgeber besteht

---

[18] Vgl. die Ausführungen o. in § 15.

[19] Schon *Schmoller*, Großbetrieb 1892, S. 322 meinte, das Kapital rücke „mehr und mehr aus der herrschenden Stellung hinaus". Nicht die Kapitalisten leiteten die Geschäfte, sondern „die geschäftlichen Intelligenzen"; vgl. auch *Renner* 1929, S. 99 f. Aus der zahlreichen neueren überwiegend sozialwissenschaftlichen Lit. vgl. nur *Pross* 1965; *Pross / Boetticher* 1971; *Fabricius*, Mitbestimmung 1970, S. 15; *Friedmann* 1969, S. 96 f. und insbes. *Römer* in: DuR 1973, S. 48 f., hier S. 62 m. w. N. u. a. auf *Galbraith* 1968, S. 74/75. Die folgenden Ausführungen knüpfen an die obigen Aussagen zu § 12 insbes. zu V an.

[20] Sehr weitgehend, aber deutlich insoweit *Burnham*: „Wer kontrolliert, der ist auch Eigentümer" (S. 116). „Entscheidend ist die Kontrolle über den Zugang". Dies ist seine Theorie der „Revolution der Manager" (S. 117).

[21] Diesen Begriff verwendet *Fabricius*, Unternehmensrechtsreform, RZ 341. Er deutet im Umkehrschluß bereits eine Abweichung vom traditionellen Arbeitgeberbegriff an. Denn neben dem Kapitalgeber als Arbeitgeber gibt es danach noch andere (Teil-)Arbeitgeber.

[22] Zur eigenen Machtstellung vgl. insbes. o. § 12 II ff. sowie § 15 II 4.

[23] Vgl. die Angaben o. in § 15 II 3.

darin, daß er sich im Gegensatz zum privatwirtschaftlichen Arbeitgeber nicht an dem Kapitalgewinn orientiert, sondern an gesamtgesellschaftlichen gemeinwohlbezogenen Erwägungen, in die sowohl die Interessen der Arbeitgeber als Kapitalgeber als auch die Interessen der Arbeitnehmer einfließen.[24]

III. DDR-Vergleich

1. Im *Unterschied* zur Bundesrepublik ist der Arbeitgeberbegriff in der DDR völlig bedeutungslos, weil die Gesellschaftsordnung der DDR nicht wie die Bundesrepublik auf privatem, sondern auf sozialistischem, also gesamtgesellschaftlichem Eigentum beruht.[25] Ebenso wie in der Bundesrepublik kennt das Rechtssystem der DDR zwar eine Arbeitsvertragspartei der Werktätigen. So ist in den staatseigenen Betrieben die Arbeitsvertragspartei der Werktätigen der Staat selbst, in halbstaatlichen Betrieben die Betriebseinheit als abstraktes Rechtssubjekt und in den (wenigen) privaten Betrieben der gesetzliche Vertreter des Betriebes.[26] Diese Vertragsstellung nimmt aber nicht ein sozialer Gegenspieler im Sinne des Eigentümers von Produktionsmitteln ein, sondern der Betrieb als abstrakte Organisation.[27] Im Betrieb als verselbständigte Rechts- und Vermögensgesamtheit konkretisiert sich das Allgemeineigentum, und diese Betriebsorganisation umfaßt als selbständige überpersönliche Einheit sowohl die Werktätigen als auch die zu Leitungsaufgaben befugten leitenden Betriebs- bzw. Staatsorgane. Zwischen diesen Leitungsorganen und den Werktätigen besteht nach der Theorie der DDR sowohl innerbetrieblich als auch gesamtgesellschaftlich kein Interessengegensatz. Insoweit bestehen grundlegende Unterschiede in der Begrifflichkeit beider deutschen Staaten.

2. Die bisherige Untersuchung des Arbeitgeberbegriffs bietet aber zahlreiche Anknüpfungspunkte für *Ähnlichkeiten* beider Systeme und damit auch der Begriffsinhalte.[28] So legt schon die beschriebene Entpersönlichung des Arbeitgebers als Arbeitsvertragspartei und die damit verbundene Verselbständigung des Betriebes ein Vergleich mit der DDR nahe. Auch die Erscheinung der vertrags- und kapitallosen Machtträger im Arbeitsverhältnis und in der Sozialordnung der Bundesre-

[24] Zum Staat als Arbeitgeber s. insbes. *Ramm* in: JZ 1977, S. 738.

[25] Vgl. zu diesem grundlegenden Unterschied, der sich letztlich auch auf die Begrifflichkeit auswirkt, die Untersuchung von *Rüthers*, Arbeitsrecht, hier S. 37.

[26] Vgl. dazu *Mampel*, S. 68 f.

[27] Neben *Rüthers*, ebenda, macht darauf insbes. *Georg Brunner*, S. 125 aufmerksam; s. auch *Volze*, S. 55 sowie *Mampel*, S. 67 f.

[28] Zu dem veränderten, die Ähnlichkeit im einzelnen andeutenden Inhalt des Arbeitgeberbegriffs s. die vorausgehenden Abschnitte dieser Untersuchung.

publik sowie der damit verbundene Bedeutungsverlust des personifizierbaren Eigentümers von Produktionsmitteln zeigt eine ähnliche Entwicklung wie in der DDR auf.[29] Die Tendenz in der Bundesrepublik, den Arbeitgeber nicht mehr nur in seiner klassenkämpferischen Stellung als Kapitalgeber aufzufassen, sondern darüber hinaus auch die Funktionäre als soziale Gegenspieler einzubeziehen, zeigt eine zumindest vergleichbare Machtkonstellation. Funktionäre gibt es sowohl in der Bundesrepublik als auch in der DDR. Diese Überlegungen der Annäherung sind Grundlage der sog. Konvergenztheorie.[30] Danach existieren die sozialen Machtträger hier wie dort — unabhängig davon, ob sie nun staatliches oder privates Kapital einsetzen. Die Herrschaftslegitimation ist zwar unterschiedlich, die Herrschaftsausübung indes gleich.[31] Die Funktionäre nehmen sowohl in der DDR als auch in der Bundesrepublik bedeutende systemtragende Machtstellungen ein. Hauptaufgabe beider Systeme und damit verbindendes Glied auch in der Begrifflichkeit ist es, ungeachtet zahlreicher Verschiedenheiten die Freiheit des Menschen anzustreben[32] und sie nur zu beschränken, um den einzelnen vor Machtträgern im Arbeitsleben zu schützen.[33] Das ist der Leitgedanke jedes sozialen Rechtssystems und der Orientierungsmaßstab auch für Systembegriffe wie etwa für den Arbeitgeberbegriff.

---

[29] Dazu *Ramm* in: FS Duden, S. 459.

[30] s. die grundlegenden Ausführungen von *Burnham*, S. 349 f.; insoweit zustimmend *Römer*, S. 60. Auch *Fabricius*, Unternehmensrechtsreform, RZ 326 spricht von einer „Angleichung des West- und Ostsystems"; entsprechend *Kahn-Freund*, S. 16.

[31] „Mag der abstrakte Prinzipal der Staat ... sein, der konkrete Prinzipal bleiben Menschen, die den Betrieb leiten und damit Herrschaft ausüben"; diese Worte von *Franz Neumann* in: RdA 1951, S. 2 sind auf die Unterscheidung vom konkreten und abstrakten Prinzipal zurückzuführen, die sein Lehrer *Titze* seinerzeit traf; vgl. dazu o. § 7 III 2 a ff. sowie § 11 II.

[32] So *Fabricius*, Unternehmensrechtsreform, RZ 326.

[33] Entsprechend meint *Ramm* in: ZfA 1978, S. 383, „Freiheitsrechte und soziale Grundrechte ... bilden die gemeinsame Wurzel östlicher und westlicher Rechtssysteme".

Schluß

Im Anschluß an die Untersuchung der Begriffsgeschichte und die Stellung des Arbeitgebers im Sozialstaat sollen nunmehr in einer übergreifenden Schlußbetrachtung zunächst die Ergebnisse kurz zusammengefaßt, sodann Folgerungen aus den Untersuchungsergebnissen für das Arbeitsrecht gezogen und abschließend ein begriffspolitischer Ausblick zu der Frage gegeben werden, ob der Arbeitgeberbegriff beibehalten werden soll, oder ob es sich empfiehlt, ihn durch einen anderen zeitgemäßeren Begriff zu ersetzen.

§ 18 Ergebnisse

1. Der zeitgemäße Arbeitgeberbegriff ist der *uneinheitliche Arbeitgeberbegriff.*

a) Entgegen der überwiegenden Ansicht in der Jurisprudenz bietet der Arbeitsvertrag nicht mehr das rechtliche Einheitsmerkmal des Arbeitgeberbegriffs. So zeigt sich der Bedeutungsverlust des Arbeitsvertrags für den Arbeitgeberbegriff in der Verwendung als Rechtsbegriff. Er wird dort als begriffliches Hilfsmittel zur Ordnung von Lebenssachverhalten herangezogen, in denen ein sozialer Schutz der Arbeitnehmer als notwendig angesehen wird. Zur Realisierung dieses Schutzzwecks wird der Arbeitgeberbegriff lediglich rechtsdogmatisch auf den Arbeitsvertrag zurückgeführt. Insoweit hat der am Zivilrecht orientierte Ansatz der Rechtswissenschaft durchaus seine Berechtigung. Der eigentliche Sinn und Zweck der Begriffsverwendung liegt aber vielmehr in der sozialen Schutzverpflichtung des Arbeitgebers.

b) Die Uneinheitlichkeit des Arbeitgeberbegriffs ergibt sich zweitens aus der Teilung des Arbeitgebers nach Betriebsgrößen. Der Arbeitgeber im Kleinbetrieb ist ein anderer als etwa der im Großbetrieb.

Die von der h. M. herangezogenen Kennzeichen des Arbeitgeberbegriffs passen nur noch auf die Kleinbetriebe und einige mittlere Betriebe. Nur hier ist der Arbeitgeber weiterhin als der persönliche Vertragspartner, als der Träger der Leitungsmacht sowie als der soziale Gegenspieler im Sinne des Eigentümers der Produktionsmittel geprägt.

In den übrigen Betrieben, insbesondere in den Großbetrieben, hat sich der Arbeitgeberbegriff verändert. Hier ist die Arbeitsvertragspartei auf Arbeitgeberseite nur noch eine unpersönliche Abstraktion. Die gesetzlichen Vertreter und leitenden Angestellten übernehmen die Leitungsmacht sowie die soziale Gegenspielerrolle. Sie verfügen auch über das Eigentum der Produktionsmittel.

c) Eine weitere zur Uneinheitlichkeit des Arbeitgeberbegriffs führende Teilung liegt in der betriebsgrößenabhängigen Unterscheidung zwischen den Arbeitgebern, die einerseits der betriebsverfassungsrechtlichen Mitbestimmung und andererseits der Unternehmensmitbestimmung unterliegen. Bei diesen mitbestimmten Arbeitgebern erweitert sich die traditionell mit der Eigentümerstellung verknüpfte soziale Gegenspielerrolle des Arbeitgebers auf zahlreiche verschiedene Interessenkonstellationen.

d) In der gegenwärtigen Uneinheitlichkeit des Arbeitgebers liegt eine begriffsgeschichtliche Umkehrung. Ebenso wie im Vorliberalismus tritt der Arbeitgeber in der gegenwärtigen sozialen Ordnung in unterschiedlichen Erscheinungsformen auf. Im Unterschied zum Vorliberalismus nimmt aber der Arbeitgeber in der sozialen Gesellschaftsordnung keine feste Stellung innerhalb einer Gruppe ein, sondern eine Vielzahl von veränderbaren, mittragenden und mitverantwortlichen Stellungen innerhalb eines übergreifenden Sozialgefüges, das zum sozialen Ausgleich strebt.

2. Das verbindende Kennzeichen des uneinheitlichen Arbeitgeberbegriffs ist die *soziale Schutzverpflichtung* des Arbeitgebers. Dieses Kennzeichen umfaßt nicht nur den Vertragsarbeitgeber, sondern sämtliche unterschiedlichen Erscheinungsformen des Arbeitgebers in der Rechtswirklichkeit. Die (rechtliche) Verpflichtung des Arbeitgebers zum Schutze der Arbeitnehmer im Arbeitsverhältnis ist Ausdruck der (soziologischen) sozialen Macht im Arbeitsleben. Unter den Begriff sozial fällt dabei sowohl die persönliche als auch die wirtschaftliche Macht des Arbeitgebers. In den Fällen etwa der aufgespaltenen Arbeitgeberstellung, in denen zumeist die persönliche und die wirtschaftliche Macht auf Arbeitgeberseite auseinanderfällt, kommt es deswegen zu zwei Teil-Arbeitgebern. Hier wird sowohl der wirtschaftliche als auch der persönliche Machtträger als Arbeitgeber bezeichnet.

In der sozialen Schutzverpflichtung als einheitliches Kennzeichen des Arbeitgeberbegriffs ergibt sich zudem eine begriffsgeschichtliche Kontinuität. So wie gegen Ende des 19. Jahrhunderts der Arbeitgeberbegriff mit einer umfassenden sozialen Schutzverpflichtung verwendet wurde, wird auch noch der zeitgemäße Arbeitgeberbegriff gebraucht. Neben diesem sozialen Arbeitgeberbegriff bleibt aber der ursprünglich liberale Arbeitgeberbegriff weiterhin erhalten. Denn ein Vergleich mit dem Unternehmerbegriff im Nationalsozialismus ebenso wie mit dem Betriebsbegriff in der DDR ergibt, daß der Arbeitgeberbegriff eng mit der liberalen Wirtschaftsordnung verbunden ist.

3. Der zeitgemäße Arbeitgeberbegriff ist ein *funktioneller Arbeitgeberbegriff*. Die Funktion des Arbeitgebers liegt dabei in seiner sozialen Schutzverpflichtung. Immer dann, wenn jemand im Arbeitsverhältnis eine wirtschaftliche oder persönliche Macht ausübt, wird er als Arbeitgeber bezeichnet. Dies kann sowohl der Vertragspartner des Arbeitnehmers sein als auch sonstige Machtträger im Rahmen der uneinheitlichen Erscheinungsformen des Arbeitgebers. Der so verstandene funktionelle Arbeitgeberbegriff lehnt sich an *Nikisch* an und ist der Hintergrund der sog. Lehre von der aufgespaltenen Arbeitgeberstellung.

4. Entgegen der herrschenden Meinung darf eine zeitgemäße *Definition* den Arbeitgeberbegriff nicht mehr nur als Gegenbegriff des Arbeitnehmers reduzieren. Die umfassende soziale Schutzverpflichtung des uneinheitlichen Arbeitgebers enthält zwar auch die Stellung des Arbeitgebers in einem Zwei-Personen-Arbeitsverhältnis. Insoweit ist der Arbeitgeberbegriff als traditioneller Gegenbegriff auch weiterhin verwendbar. Aber zudem nimmt der Arbeitgeber eine mitverantwortliche Stellung im Sozialstaat ein. Hier und etwa in den Großbetrieben beschränkt sich die soziale Gegenspielerrolle des Arbeitgebers nicht mehr nur auf die traditionell bipolaren Interessen zwischen Kapital und Arbeit, sondern öffnet sich in Richtung auf mehrere unterschiedliche Interessen- bzw. Schutzkonstellationen.

Unter Berücksichtigung der umfassenden sozialen Schutzverpflichtung als des einheitlichen Begriffsinhalts kann aber weiterhin die traditionelle Definition herangezogen werden, die den Arbeitgeber als denjenigen bezeichnet, der (mindestens) einen Arbeitnehmer beschäftigt. Dieses inhaltlich offene Wort „beschäftigt“, das sogar *Potthoff* seinerzeit in: ArbR 1921, S. 19 zur Definition heranzog, obgleich er ein herausragender Kritiker des schuldrechtlichen Austauschverhältnisses und damit des Arbeitgebers als einer bloßen Arbeitsvertragspartei war, bietet das Einfallstor für sowohl den wirtschaftlichen als auch den persönlichen Machtträger im Arbeitsverhältnis ebenso wie in der gesamten komplexen Sozialordnung.

5. Der Arbeitgeber- und der *Unternehmerbegriff* nähern sich entsprechend ihrer Rechtsgebiete wieder an. Nach einem jahrzehntelangen Verselbständigungsprozeß trennte sich der Arbeitgeberbegriff zu Beginn der Weimarer Republik vom Unternehmerbegriff, als sich das besondere Rechtsgebiet des Arbeitsrechts als soziales Schutzrecht durchsetzte. Durch die Erweiterung des sozialen Schutzgedankens auf das

Unternehmensrecht, insbesondere im Rahmen des MitbestG von 1976, wird das Arbeitsrecht zunehmend wieder mit dem Wirtschaftsrecht und damit der Arbeitgeber- mit dem Unternehmerbegriff verflochten.

§ 19 Folgerungen

Die Ergebnisse zum Arbeitgeberbegriff wirken sich auch auf andere Grundbegriffe des Arbeitsrechts aus. Aus der Fülle von möglichen Folgerungen sollen im Rahmen dieser Untersuchung zunächst das Arbeitsverhältnis und sodann der Begriff des Arbeitsrechts selbst herausgegriffen werden, nicht etwa um neue Ergebnisse zu erzielen, sondern um den Arbeitgeberbegriff in bereits diskutierte Erkenntnisse einzuordnen.

I. Das Arbeitsverhältnis als soziales Organisationsverhältnis

1. Das Arbeitsverhältnis als Rechtsband zwischen Arbeitgeber und Arbeitnehmer steht in einem wechselseitigen Wirkungszusammenhang zum Arbeitgeberbegriff.[1] Die Veränderung des Arbeitgeberbegriffs wirkt sich auch auf den Rechtsbegriff des Arbeitsverhältnisses aus. So geht der Bedeutungsverlust des Arbeitsvertrags für den Arbeitgeberbegriff zwingend auch mit der *Verselbständigung des Arbeitsverhältnisses vom Arbeitsvertrag* einher.[2] Die Abkehr vom Arbeitsvertrag als dem einzigen rechtlichen Bindeglied zwischen Arbeitgeber und Arbeitnehmer zeigt eine Entwicklung des Arbeitsvertrags als bloße „Stelle" innerhalb des Arbeitsverhältnisses wie sie etwa *Renner* schon 1929 beschrieb.[3] Beide Vertragsparteien sind weniger über den Arbeitsvertrag, als vielmehr durch ein Netz von zahlreichen organisatorischen und sozialen Abhängigkeiten voneinander getrennt und zugleich miteinander verflochten.[4] Das schuldrechtliche Austauschverhältnis beschränkt sich nurmehr auf die Klein- und wenige Mittelbetriebe. Wegen dieser Teilung des Arbeitsverhältnisses ist auch der Rechtsbegriff des Arbeitsverhältnisses zu überdenken, der nicht mehr nur den Vertrag als rechtliche Verbindungsschnur zwischen Arbeitgeber und Arbeitnehmer beinhaltet.[5]

---

[1] Vgl. dazu *Fabricius*, Arbeitgeberbegriff, S. 65.

[2] Zu dieser Verselbständigung ausdrücklich *Friedmann*, S. 133; vgl. auch *Ramm*, Arbeitsverhältnis.

[3] In: Die Rechtsinstitute des Privatrechts und ihre soziale Funktion. Ebenso *Unterseher*, S. 83, S. 102.

[4] s. o. § 10.

[5] So aber die h. M., die das Arbeitsverhältnis gerade wegen des Arbeitsvertrags zum Rechtsbegriff erhebt; vgl. *Schaub*, Arbeitsrechts-Handbuch, S. 107.

2. In die Sicht des Arbeitsverhältnisses, das sich von seinem schuldrechtlichen Inhalt löst, reiht sich nahtlos die in der Arbeitsrechtswissenschaft zunehmende Sicht des Arbeitsverhältnisses als *Organisationsverhältnis* ein.[6] Diese Auffassung spiegelt insbesondere die Entpersönlichung des Arbeitgebers in Großbetrieben wider. Entsprechend dem wechselseitigen Verhältnis zwischen Leitungsmacht und persönlicher Abhängigkeit hat die Veränderung der Leitungsmacht in arbeitsteiligen Großorganisationen, wo die Leitungsmacht versachlicht wird, auch eine Veränderung der persönlichen zu einer organisatorischen Abhängigkeit zur Folge.[7] Diese Konzeption des Arbeitsverhältnisses als Organisationsverhältnis setzt das Leitmotiv der organisatorischen Koordination und Kooperation in Großbetrieben und damit zugleich die Erkenntnisse der Organisationssoziologie um.[8]

3. Aus der Sicht des Arbeitsverhältnisses als Organisationsverhältnis folgt auch der in der Arbeitsrechtswissenschaft vielfach erörterte *Statusgedanke im Arbeitsverhältnis*.[9] Entsprechend der Umkehrung der geschichtlichen Entwicklung des Arbeitgeberbegriffs kommt es auch im Bereich des Arbeitsverhältnisses zu einer Umkehrung der seinerzeit von Sir Henry Sumner *Maine* beschriebenen Entwicklung „from status to contract“.[10] Dies entspricht der Rückentwicklung von einer

[6] s. schon die wegweisenden Gedanken von *Pothoff*, Wesen und Ziel 1922; *ders.* in: ArbR 1922, S. 267 f. sowie *ders.* in: Arbeitsrecht 1931; danach *Siebert* in: RdA 1956, S. 14 und *Herschel*, Freier Beruf 1964, S. 29. Einen weiteren, dem modernen arbeitsteiligen Arbeitsrecht entsprechenden Schritt zeigte sodann *Raiser* in: ZRP 1973, S. 13 f. sowie *ders.* in: „Unternehmen“ auf. Das organisatorische Element als Spezifikum für die abhängige Arbeit nehmen seitdem *Zeuner* in: RdA 1975, S. 85 m. w. N., *Ramm*, Arbeitsverhältnis sowie *Söllner*, Arbeitsrecht, S. 206 auf. Da diese Sicht des Arbeitsverhältnisses aber mehr an die tatsächlichen Verhältnisse als an den Arbeitsvertrag als Rechtsgrundlage anknüpft, wird es in unserer geltenden Rechtsordnung weiterhin nur zur Beschreibung der Rechtswirklichkeit herangezogen; bezeichnend insoweit *Schaub*, Arbeitsrechts-Handbuch, S. 107.

[7] s. o. insbes. § 10. Vgl. in diesem Zusammenhang auch die Untersuchung über die „Sachliche Abhängigkeit als Kriterium des Arbeitsverhältnisses“ von *Heuberger* 1982.

[8] Diese Erkenntnisse sind nicht etwa mit der früher vertretenen Eingliederung in einen Herrschaftsverband zu erfassen. Ebenso *Wiedemann*, Arbeitsverhältnis, S. 15. Zu dem Arbeitsverhältnis als deutsch-rechtliches Herrschaftsverhältnis s. *von Gierke* in: FS Brunner 1914, S. 37 f.

[9] Vgl. nur *Hilger*, F 13. Im übrigen s. die o. in Fn. 35 zu § 10 Zit. Gegen den Begriff „Status“ wenden sich insbes. *Dubischar*, S. 53 in Anlehnung an *Rehbinder*, Wandlungen, insbes. S. 210 sowie *ders.* in: FS Hirsch, S. 141 f. Die Begriffsverwendung wird von ihnen wegen der „anders gelagerten heutigen soziologischen Ausgangslage“ kritisiert und an dessen Stelle andere, den sozialwissenschaftlichen Begriffsinhalt zum Ausdruck bringende Begriffe wie „Rolle“ vorgeschlagen. Vgl. auch *Dahrendorf*, insbes. S. 60 f., der anstelle des Begriffs Status den Begriff „Position“ vorzieht.

[10] In seinem Werk „Ancient Law“ 1861, teilweise abgedruckt bei *Rehbinder*, Wandlungen, S. 198. Die so beschriebene Entwicklung fand lebhaften Beifall, so bei *Habermas*, S. 94 f., insbes. S. 98; ebenso *Friedmann*, S. 99 sowie bei *Huber*, S. 14.

vertrags- zu einer statusorientierten Gesellschaft, die von gegenseitigen Abhängigkeiten durchsetzt und von einer an die Feudalzeit erinnernde „neue Art der Unbeweglichkeit“[11] gekennzeichnet ist.[12]

4. Daß der Arbeitgeber als Schutzverpflichteter in ein *soziales Arbeitsverhältnis* eingebunden ist, wird im Grunde nicht bestritten.[13] Doch ist die Bedeutung des Begriffs sozial unterschiedlich. Entsprechend dem Begriffsinhalt des Wortes „sozial“ im Rahmen des Arbeitgeberbegriffs muß ein soziales Arbeitsverhältnis den sozialen Schutz vor dem sowohl wirtschaftlichen als auch persönlichen Machtträger im Arbeitsverhältnis und in der gesamten Sozialordnung erfassen. Daraus folgt, daß weder die wirtschaftliche noch die persönliche Abhängigkeit im Arbeitsverhältnis jeweils einziger Maßstab für die Anwendung arbeitsrechtlicher Grundsätze sein darf, sondern vielmehr beide zusammen im alternativen Sinne des „Sowohl — als auch“. Die dogmatische Sicht des Arbeitsverhältnisses als entweder schuldrechtliches Austauschverhältnis oder als personenrechtliches Gemeinschaftsverhältnis[14], womit entweder die wirtschaftliche Macht des Unternehmers als Vertragspartei des Arbeitnehmers betont oder aber die persönliche Machtstellung des Unternehmers zum Arbeitnehmer herausgehoben wird wie etwa im Nationalsozialismus, stellt indes eine Verkürzung der arbeitsrechtlichen Wirklichkeit dar und entspricht nicht mehr den komplexen Erfordernissen der sozialen Gesellschafts- und Rechtsordnung. Daraus ergibt sich, daß die herrschende Sicht, die sich ausschließlich an der persönlichen Abhängigkeit des Arbeitnehmers als Schutzkriterium im Arbeitsrecht orientiert, stets auch das Kriterium der wirtschaftlichen Abhängigkeit als Maßstab zur Anwendung arbeitsrechtlicher Regelungen berücksichtigen muß.[15] Diese Entwicklung wird, über die bereits im Rahmen der Untersuchung zum Arbeitgeberbegriff zusammengetragenen Fälle hinaus[16], in weiteren zahlreichen Bereichen des Arbeitsrechts deut-

---

[11] *Friedmann*, S. 10.

[12] Es gilt, emotionslos von der im Nationalsozialismus verwendeten Bedeutung des Statusverhältnisses abzuweichen. So lehnt *Mayer*, S. 57 f. insbes. S. 73 den Begriff „Statusverhältnis“ nur deswegen ab, weil es an den personenrechtlichen Gemeinschaftsgedanken der NS-Zeit erinnere.

[13] s. die o. in Fn. 1 zu § 15 Zit.

[14] Vgl. zu beiden Ansichten die Zusammenstellung bei *Hueck / Nipperdey*, S. 129 ff. sowie *Nikisch*, S. 32 f. Davon zu unterscheiden ist die heute unbestrittene Vertragstheorie in dem Sinne, daß das Arbeitsverhältnis durch den Arbeitsvertrag begründet wird und nicht durch die bloße Eingliederung in den Betrieb; dazu *Söllner*, Arbeitsrecht, S. 205. Zur früher insbesondere von *Nikisch* und *Siebert* vertretenen Eingliederungstheorie s. die Ausführungen von *Metzmaier*.

[15] *Ramm* in: Arbeitsrecht, KE 1, S. 24 spricht deswegen von „sozialer Abhängigkeit“. *Heuberger* wählt den inhaltlich ebenfalls am umfassenden sozialen Kriterium angelehnten Begriff der „sachlichen Abhängigkeit“.

[16] s. o. insbes. § 9 II f., § 10, § 12 II f. sowie § 13 II V.

lich. So stellt das HAG sowie § 12 a TVG die Heimarbeiter wegen ihrer wirtschaftlichen Abhängigkeit den persönlich abhängigen Arbeitnehmern gleich, wird der arbeitsrechtliche Schutz immer häufiger auch den sog. freien Mitarbeitern gewährt[17] und auf leitende Angestellte und sogar auf gesetzliche Vertreter ausgedehnt.[18]

5. Aus dem Ansatz eines umfassenden, die wirtschaftliche und persönliche Abhängigkeit gleichermaßen berücksichtigenden, sozialen Arbeitsverhältnisses folgt zwanglos eine Annäherung des Arbeitsverhältnisses an das *Beschäftigungsverhältnis* im Sinne des Sozialversicherungsrechts.[19] Der Begriff „Beschäftigungsverhältnis" umfaßt entsprechend dem Arbeitgeber als des sozialen Schutzverpflichteten den Schutz vor den zugleich wirtschaftlichen und persönlichen Machtträgern in den Arbeitsbeziehungen.

II. Die Ausweitung des Arbeitsrechts

1. Von dem uneinheitlichen Arbeitgeberbegriff läßt sich auch auf ein *uneinheitliches Arbeitsrecht* schließen. Die Verselbständigung zahlreicher Teil-Bereiche des Arbeitsrechts deutet sich in dem zunehmend verwendeten Begriff „Recht" an, der den Begriff „Gesetz" ersetzt. So gibt es ein Mitbestimmungs*recht*, ein Betriebsverfassungs*recht*, ein Kündigungsschutz*recht*. Eine weitere Verzweigung der Arbeitsrechtsteilgebiete zeigt sich auch im „*Recht* der leitenden Angestellten", im „*Recht* der freien Berufe" oder im „*Recht* des Handwerkers als Arbeitgeber". Das Arbeitsrecht teilt sich zudem mehr und mehr in ein Arbeitsrecht der Kleinbetriebe einerseits und in ein Arbeitsrecht der Großbetriebe andererseits. Diese Bedeutung der unterschiedlichen Betriebsgrößen im arbeitsrechtlichen Regelungsrahmen ist bislang selten von der Arbeitsrechtswissenschaft beachtet worden.[20]

2. Die Verhältnisse in den Großbetrieben und in der gesamten komplexen Sozialordnung führt zunehmend weg vom zivilrechtlich orien-

---

[17] Zur Einbeziehung der freien Mitarbeiter in das soziale Arbeitsverhältnis vgl. insbes. *Herschel*, Freier Beruf, hier S. 28 f. sowie *ders.* in: ArbuR 1982, S. 336 f.

[18] s. o. § 12 III sowie dort etwa die Fn. 14.

[19] Auf die geringen Unterschiede in der Praxis weist insbes. *Heußner* in: ArbuR 1975, S. 310 m. w. N. aus der Rechtsprechung hin. *Gitter* in: FS Wannagat, S. 153/154 spricht sogar von einer „Identität von beiden Begriffen". S. E. wird aber entgegen der hier vertretenen Auffassung — quasi umgekehrt — gerade der Begriff des Beschäftigungsverhältnisses durch die Veränderung des Begriffs des Arbeitsverhältnisses überflüssig.

[20] So gibt es nur wenige Einzelbeiträge, die auf die Betriebsgröße im Arbeitsrecht aufmerksam machen wie etwa *Ramm* in: ZfA 1978, S. 364 f. und die Hinweise jüngst bei *Wlotzke* in: 25 Jahre BAG, S. 698. Eine systematische Zusammenstellung der Arbeitsrechtsteilgebiete nach Betriebsgrößen und die Herausarbeitung der Besonderheiten steht indes noch aus.

tierten Arbeitsrecht zu einem Arbeitsrecht als *Organisationsrecht.* Die „ordnende Funktion des Arbeitsrechts[21]“ zeigt sich insbesondere in der Überlagerung des Individualarbeitsrechts durch das kollektive Arbeitsrecht, das durch die Zuweisung unterschiedlicher Kompetenzen an verschiedene Rollenträger und durch die Festlegung der jeweils dabei einzuhaltenden Verfahren geprägt ist[22]. Der soziale Schutz innerhalb des Organisationsrechts wird nicht mehr allein über zivilrechtliche Konstruktionen erreicht. Vielmehr werden zunehmend reine Verfahrensvorschriften als Abschwächungsinstrument von Machtpositionen herangezogen. Insoweit kann das Arbeitsrecht besser verstehen, wer ein sensibles Verständnis für soziale und organisatorische Zusammenhänge entwickelt.[23]

3. Aus der Veränderung des Arbeitgeberbegriffs, der sich von der vom Feindbild beherrschten sozialen Gegenspielerstellung im Sinne eines zweiseitigen Klassenkampfschemas entfernt hat, zeigt sich, daß das Arbeitsrecht insbesondere als Organisationsrecht zunehmend zu einem *Recht des sozialen Interessenausgleichs* wird. Zu diesem Recht gehört zwar weiterhin der traditionelle Arbeits- und Gesundheitsschutz. Darüber hinaus ist es aber Aufgabe des Arbeitsrechts, die Interessen der am Arbeitsleben Beteiligten sozial ausgewogen zu verteilen. Beteiligt heißt insoweit nicht nur der Arbeitende, sondern auch der Arbeitssuchende sowie der aus dem Arbeitsleben Ausgeschiedene. Das Arbeitsrecht faßt in diesem Rahmen die im Arbeitsleben Beteiligten als grundsätzliche Einheit auf, deren natürliche soziale Gegensätze entspannt werden müssen. Dazu gehört auch der soziale Ausgleich zwischen Arbeitgeber und Arbeitnehmer, die zu gerechten sozialen Belastungen führen müssen.

4. Ebenso wie der Arbeitgeberbegriff nicht mehr nur als Gegenbegriff des Arbeitnehmers aufzufassen ist, so kann entgegen der eingangs in § 2 zitierten herrschenden Meinung auch das Arbeitsrecht nicht mehr mit einem *Sonderrecht der Arbeitnehmer* gleichgesetzt werden.[24] Die

[21] So *Herschel* in: RdA 1968, S. 402 f.

[22] *Weiss,* S. 203. Die Bedeutung des kollektiven Arbeitsrechts tritt auch durch die systematische Darstellung in den neueren Lehrbüchern des Arbeitsrechts in Erscheinung. Nicht nur *Söllner,* Arbeitsrecht 1981, sondern auch *Ramm* 1979/80, Arbeitsrecht behandeln zunächst das kollektive und erst dann das individuelle Arbeitsrecht.

[23] So zutreffend *Herschel* in: FS Nipperdey, S. 63.

[24] Diese Sicht nimmt zu; so mehrmals *Herschel,* Vom Arbeiterschutz zum Arbeitsrecht, S. 307; *ders.* in: Nipperdey, S. 61/62; *ders.* in: RdA 1968, S. 403; ähnlich auch *Zöllner,* Arbeitsrecht, S. 32/33. Den Inhalt des Arbeitsrechtsbegriffs allein auf das Recht der Arbeitsverhältnisse zu beschränken, so wie es etwa *Ernst Wolf* in: 25 Jahre BAG, S. 709 tut, ist zu eng. Daraus folgert er zwar zutreffend, daß die Sicht des Arbeitsrechts als reines Arbeitnehmerschutzrecht nicht mehr zeitgemäß sei (S. 719). Aber aus dieser Argumentation folgert *Wolf* unzutreffend, daß der durch die Auslegung eingeführte soziale

nicht mehr nur auf eine reine Zwei-Personen-Rechtsbeziehung reduzierbaren Arbeitsverhältnisse in den Großbetrieben und in der gesamten Sozialordnung erweitert die sozialen Interessen- und Schutzkonstellationen. So öffnet sich etwa der klassische Arbeitgeber-Arbeitnehmer-Konflikt im Lohnfortzahlungsrecht als Teilbereich des Arbeitsrechts in Richtung auch der gesetzlichen Krankenkasse als weiterer Interessenträgerin.[25] Die Bezeichnung des Arbeitsrechts als Sonderrecht des Arbeitnehmers kann nur insoweit beibehalten werden, als der Arbeitnehmer als Schutzberechtigter und der Arbeitgeber entsprechend den Ergebnissen der vorliegenden Untersuchung als sozialer Schutzverpflichteter aufgefaßt wird. Diese umfassende soziale Schutzverpflichtung trägt den verschiedenen Schutzkonstellationen in den Betriebsgrößen Rechnung, erfaßt über die Unternehmensmitbestimmung auch das Unternehmensrecht[26], zeigt die enge Verflechtung des Arbeitsrechts mit dem Sozialrecht auf[27] und bildet den einheitlichen Orientierungsmaßstab für die Neuordnung des individuellen und kollektiven Arbeitsrechts.[28]

§ 20 Bezeichnungswandel? — Ein begriffspolitischer Ausblick

1. Die in dieser Untersuchung beschriebene Veränderung des Arbeitgeberbegriffs wirft die *Frage* auf, ob der Bedeutungswandel des Arbeitgeberbegriffs auch ein Bezeichnungswandel nach sich ziehen soll. Mit diesem Bezeichnungswandel könnte das inhaltlich verschiedene Aussehen des Arbeitgeberbegriffs eine neuzeitliche Begriffshülse erhalten.[1] Im folgenden soll ein begriffspolitischer Ausblick darüber gegeben werden, welcher Begriff sich insoweit als Ersatz des Arbeitgeberbegriffs empfiehlt.

„Schutzzweck" im Arbeitsrecht eingeschränkt werden müsse (S. 720). Dies ist zu beachten, wenn man *Wolf* zustimmt. So aber *Söllner*, Arbeitsrecht, S. 13 sowie *Günter Küchenhoff* in: Erman (7. Aufl.) Rz. 72 vor § 611 BGB.

[25] Vgl. die Ausführungen von *Schulin* in: ZfA 1978, S. 230 f. So geht die Krankenkasse aus abgetretenem Recht gemäß § 182 X RVO gegen den Arbeitgeber vor, wenn sie im Verhältnis zum Arbeitnehmer vorleistet. Insoweit war sie etwa 1980 in 19 von 20 Fällen Klägerin im Rahmen der Rechtsstreitigkeiten vor dem BAG; so die Angaben von *Matthes* im Rahmen des arbeitsrechtlichen Praktikerseminars des Arbeitsrechtlichen Instituts an der Ruhr-Universität Bochum vom 11. 11. 1981.

[26] s. zu dieser Annäherung die Ausführungen o. in § 17 I.

[27] *Ramm* in: ZfA 1978, S. 371 f.; zum Begriff des Sozialrechts vgl. auch die Untersuchung von *Schmid*. Die Nahtstellen zwischen Sozial- und Arbeitsrecht verschieben sich und lösen sich sogar tendenziell auf, wodurch das Arbeitsrecht noch mehr als bisher schon von dem sozialen Schutzgedanken des Sozialrechts beeinflußt wird. Vgl. schon o. Fn. 19.

[28] Vgl. die Ausführungen o. in § 16 IV 3 a und b.

[1] Vgl. die allgemeinen Ausführungen zum Bedeutungs- und Bezeichnungswandel bei *Dornseiff*, insbes. S. 134.

2. Die Ersetzung des Arbeitgeberbegriffs etwa durch den *Betriebsbegriff* entspräche zwar der Entpersönlichung des Arbeitgebers als Arbeitsvertragspartei und führte zu einer Angleichung an die Begrifflichkeit in der DDR. Eine solche weitreichende Konsequenz steht aber dem geltenden Recht der Bundesrepublik entgegen, in dem der Arbeitgeberbegriff neben seinem vertragslosen und kapitallosen Inhalt weiterhin auch von der persönlichen Vertragspartnerstellung und der traditionellen sozialen Gegenspielerrolle im Kleinbetrieb gekennzeichnet ist. Der Betriebsbegriff würde deswegen nur eine Tendenz zum Ausdruck bringen, nicht aber eine Deckung von Rechtsbegriff und geltendem Rechtssystem erreichen können.

3. Die mitverantwortliche Stellung des Arbeitgebers nicht nur im Arbeitsverhältnis, sondern auch in der gesamten Sozialordnung und darüber hinaus die Annäherung beider Begriffe bieten Anknüpfungspunkte, anstelle des Arbeitgeberbegriffs ausschließlich den *Unternehmerbegriff* zu verwenden. Dieser Begriff könnte aber nicht die umfassende soziale Schutzverpflichtung des Arbeitgebers, sondern nur seine wirtschaftliche Machtstellung zum Ausdruck bringen. Auch fügt sich der Unternehmerbegriff nicht in die Kette der zahlreichen „unternehmungslosen" Arbeitgeber ein, wie etwa der Staat oder die gesetzlichen Vertreter. Nicht zuletzt schafft der Unternehmerbegriff eine unzweckmäßige emotionsgeladene Gedankenverbindung zur nationalsozialistischen Begrifflichkeit, die seinerzeit die sozialen Interessengegensätze verschleiern sollte. Die gegenwärtig sozialen Interessengegensätze über das bipolare Schema des Kampfes von Kapital und Arbeit hinaus machen zwar Unternehmer- und Arbeitgeberbegriff nebeneinander durchaus verwendbar. Eine Ersetzung des Arbeitgeber- durch den Unternehmerbegriff empfiehlt sich indes nicht.

4. Hingegen könnte der Arbeitgeberbegriff durch den *Betriebsinhaberbegriff* ersetzt werden. Dieser Begriff vereinigt in sich sowohl die wirtschaftliche Machtstellung als Vertragspartner als auch die persönliche Macht des Arbeitgebers in der Betriebsorganisation.[2] Einem Begriffswechsel steht aber entgegen, daß es zahlreiche betriebslose Personen gibt, die Haushaltshilfen, Raumpflegerinnen oder überhaupt nur wenige Arbeitskräfte beschäftigen. Auch macht der Betriebsinhaberbegriff nicht die für die gesamte Sozialordnung mitverantwortliche Stellung des Arbeitgebers deutlich. Letztlich stellt der Begriff des Betriebsinhabers zwar eine ausdrucksvolle Ergänzung des Arbeitgeberbegriffs dar. Daraus folgt aber kein völliger Begriffsaustausch, sondern weiterhin ein Nebeneinander von Arbeitgeber- und Betriebsinhaberbegriff.

[2] Denn der Betriebsinhaber muß nicht notwendig der Eigentümer der Produktionsmittel sein. Es reicht aus, wenn ihm die Organisationsrechte im Betrieb zustehen. So *Wendling*, S. 74: zum öster. Recht auch *Floretta* u. a., S. 159.

5. Schließlich kann man daran denken, den Arbeitgeberbegriff durch den *Begriff des Beschäftigers* zu ersetzen. Dieser Begriff hätte den Vorteil, den komplexen Inhalt des Arbeitgeberbegriffs im Sinne seiner aus der wirtschaftlichen und persönlichen Machtstellung entstehenden sozialen Schutzverpflichtung und seine gesamtgesellschaftliche Stellung auch sprachlich zum Ausdruck zu bringen. Er schafft zudem eine stimmige begriffliche Ergänzung zu der Sicht des Arbeitsverhältnisses als einem sozialen Organisationsverhältnis und zu der oben in § 19 I beschriebenen Annäherung des Arbeitsverhältnisses zu einem Beschäftigungsverhältnis. Der Begriff des Beschäftigers würde insoweit auch eine begriffliche Brücke vom Arbeitsrecht zum Sozialversicherungsrecht und sogar zum Begriff des Dienstherrn im Beamtenrecht schlagen.[3]

Die Idee, den Begriff des Beschäftigers in die Gesetzessprache einzubringen, ist nicht neu. So empfahl die Begründung zum RegE zur Neufassung des JArbSchG 1961 die Verwendung dieses Begriffs, weil der traditionelle Arbeitgeberbegriff zu eng sei.[4] Bei diesem Begriffsvorschlag konnte sich die Bundesregierung sogar auf den Deutschen Sprachverein stützen, der den Begriff des Beschäftigers als „hervorragende Neuschöpfung" bezeichnete. Eine den Begriff des Beschäftigers ähnlich umfassende, aber weniger gelungene Wortschöpfung stellte bereits 1921 *Bodmann* mit dem — den Arbeitgeberbegriff ersetzenden — Begriff *„Boschrich"* zur Diskussion.[5] Dieser Vorschlag fand dann auch bis auf die den Aufsatz einleitenden wohlwollenden Worte von *Potthoff*[6] keine Resonanz in der Jurisprudenz. Aber auch die Versuche der Bundesregierung, den Begriff des Beschäftigers in die Gesetzessprache einzuführen, fand sowohl 1961 als auch anläßlich der Gesetzesänderung des JArbSchG von 1974[7] nur „spöttische Ablehnung"[8]. Anzeichen für

---

[3] Diese Brücken schlägt *Ramm*, Arbeitsrecht, KE 1, S. 42 f. sowie S. 62 f.

[4] Vgl. dazu und zum folgenden BT-Drucks. 317/3. Wahlperiode zu § 2 S. 20, abgedr. auch teilweise bei *Brennberger / Bauernfeind* in: RdA 1961, S. 14.

[5] In: ArbR 1921, S. 234 f., S. 236. Mit dem „neutralen" Begriff „Bosch" als Ersatzwort für Arbeit wollte *Bodmann* den s. E. die komplexe Wirklichkeit nicht mehr zutreffend erfassenden Begriff der Arbeit ersetzen. Insoweit kam er auch zu den neuen Begriffen Boschrecht, Boschvertrag, Boschverhältnis sowie Boscher. Leitgedanke bildete dabei das Wort „boche", mit dem die Deutschen von ihren Feinden im Ersten Weltkrieg abwertend umschrieben wurden.

[6] „... Vorschlag, der ... äusserst trifftige Gründe für sich hat. Fraglich ist nur, ob die Trägheit des Denkens soweit überwunden werden kann, dass wir einen neuen Gegenstand des Denkens auch mit einem neuen Worte nennen mögen. ... Seine Annahme würde ganz sicher für das Recht und für die Sozialpolitik hoch erfreuliche Folgen zeitigen."

[7] Vgl. BT-Drucks. 3286/1953 sowie 1816/1960, S. 3; s. die weiteren Quellennachweise bei *Hautmann / Krohn / Riedel*, § 3 II 1 = S. 40, der auch die entsprechenden Überlegungen im zeitlichen Vorfeld des JArbSchG 1974 im RegE in: BR-Drucks. 207/74, S. 26 zitiert.

[8] *Brennberger / Bauernfeind* (Fn. 4), S. 14/15.

bessere Aussichten bestehen auch zum gegenwärtigen Zeitpunkt nicht, zumal eine Diskussion über den Begriffswechsel in der Rechtswissenschaft bislang unterblieb.[9]

Eine wünschenswerte Diskussion über den Begriff des Beschäftigers könnte nicht nur den in dieser Untersuchung dargestellten zeitgemäßen Arbeitgeberbegriff, sondern auch rechtspolitische Forderungen in sich aufnehmen. Denn ebenso wie der Arbeitgeberbegriff sich im Verlauf des 19. Jahrhunderts zu einem Zukunftsbegriff entwickelte, mit dem zukünftige soziale Konzeptionen formuliert wurden, so kann auch der Begriff des Beschäftigers ein zukunftsweisender Begriff nunmehr des 20. Jahrhunderts werden, der die komplexe Macht- und Schutzstellung des Arbeitgebers im Arbeitsverhältnis und in der gesamten Sozialordnung ebenso wie die Ausweitung des Arbeitsrechts zum Ausdruck bringt. Zur Realisierung ist allerdings ein unvoreingenommenes Verhältnis zu den traditionellen Rechtsbegriffen erforderlich.[10]

Aber auch ohne diese erhoffte Diskussion über einen Begriffswandel bietet diese Untersuchung hoffentlich einen Denkanstoß, den Arbeitgeberbegriff zumindest unter Beachtung seines zeitgemäßen Inhalts zu verwenden.[11] Wenn dieser veränderte Inhalt des Arbeitgeberbegriffs Berücksichtigung findet, so bietet der Arbeitgeberbegriff auch ohne den Begriffswandel einen begrifflichen Wegweiser für ein bereits oben in § 19 skizziertes zeitgemäßes Arbeitsrecht.

---

[9] Soweit ersichtlich greift lediglich *Ramm* (Fn. 3) auf diesen Begriff zurück.

[10] Ein „unbefangenes Verhältnis" fordert auch *Ramm* in: ZfA 1978, S. 375.

[11] Die kritische Beurteilung des Arbeitgeberbegriffs als „Kauderwelsch" von *Engels* oder als eine „entwürdigende Bezeichnungsweise" durch *von Nell-Breuning* (vgl. o. Fn. 2 zu § 1) steht einem Fortbestand des Arbeitgeberbegriffs nicht entgegen. Denn dieser Kritik liegt der traditionelle Begriffsinhalt zugrunde, der aber der Vergangenheit angehört.

Schrifttumsverzeichnis

(Kursiv gesetzte Worte dienen zur Unterscheidung mehrerer Beiträge eines Verfassers. So ist auch im Text zitiert.)

Abbe, Ernst: Über Gewinnbeteiligung der Arbeiter in der Großindustrie, Vortrag vom 28. 1. 1897, in: Sozialpolitische Schriften, S. 102 - 118, 2. Aufl. Jena, 1921.

Alexander, Karl: Zum Begriff des Arbeitgebers und des Betriebs im § 245 RVO, in: BKK 1962, Sp. 313 - 318.

Apel, Günter: Leitende und wissenschaftliche Angestellte in einer künftigen Rechtsordnung, in: BB 1970, S. 1145 - 1148.

Arbeitsgesetzbuchkommission: Entwurf eines Arbeitsgesetzbuches — Arbeitsvertragsrecht —, Broschüre, hrsg. von BMA, September 1977.

Bail, H.: Das Rechtsverhältnis der Arbeitgeber und Arbeitnehmer in Handwerk, Industrie und Handelsgewerbe, Berlin 1904.

Ballerstedt, Kurt: Rechtssystematische und rechtspolitische *Grundfragen** einer Beteiligung der Arbeitnehmer an Organen der Unternehmer unter besonderer Berücksichtigung des Gesellschaftsrechts, in: Die Arbeitgeber-Arbeitnehmer-Beziehungen im Betrieb und Unternehmen — Formen und Funktionen, Luxemburg 1967.

— Probleme einer Dogmatik des Arbeitsrechts, in: RdA 1976, S. 5 - 14.

Bargen, Jörg von: Die Praxis unternehmerischer Mitbestimmung in den Führungsorganen industrieller Großunternehmen, Diss., Hamburg 1979.

Becker, Friedrich: Kritische Anmerkungen zur geplanten Neuregelung der gewerbsmäßigen Arbeitnehmerüberlassung, in: ZRP 1981, S. 262 -265.

Becker, Friedrich / *Wulfgramm*, Jörg (Hrsg.): Entscheidungssammlung zum AÜG, Neuwied und Darmstadt 1981.

Benda, Ernst: Industrielle Herrschaft und sozialer Staat, Göttingen 1966.

Bernert, Günther: Arbeitsverhältnisse im 19. Jahrhundert, Marburg 1972.

Birk, Rolf: Die arbeitsrechtliche *Leitungsmacht*, Köln usw. 1973.

— Bundessozialgericht und Arbeitsrecht, in: NJW 1979, S. 1017 - 1024.

Bobrowski, Paul / *Gaul*, Dieter: Das Arbeitsrecht im Betrieb, Bd. I, 7. Aufl., Heidelberg 1979.

Bodmann (o. Vorname): Arbeitgeberähnliche Personen, in: Deutsches Arbeitsrecht 1937, S. 94 - 95.

— Die Bosch, in: Arbeitsrecht 1921, S. 233 - 237.

Böhm, Franz: Der Zusammenhang zwischen Eigentum, Arbeitskraft und dem Betreiben eines Unternehmens, in: Das Unternehmen in der Rechtsordnung, Festgabe für Heinrich Kronstein (70. Geburtstag), Karlsruhe 1967, S. 11 - 45.

Böhm, Gustav: Arbeitsrecht und Sozialpolitik. Sammlung der einschlägigen Reichsgesetze und VO, 3. Aufl., München 1929.

Böker, Alexander: Der leitende Angestellte. Funktion und Merkmale aus arbeitsrechtlicher Sicht, Diss., Frankfurt/M. 1969.

Bönnemann, Heinrich: Die Rechtsnatur der Arbeitgeberbeiträge zur Sozialversicherung, Diss., Köln 1967.

Bötticher, Eduard: Die Gemeinsamen Einrichtungen der Tarifvertragsparteien, Heidelberg 1966.

Braun, Egon: Wandlungen des Arbeitgeberstandpunktes in der deutschen Industrie seit Beginn des 20. Jahrhunderts, Diss., Tübingen 1927.

Brecher, Fritz: Funktionsaufteilung als Zivilrechtsproblem, in: Rechtsbewahrung und Rechtsentwicklung, FS für Heinrich Lange zum 70. Geburtstag, hrsg. von Kuchinke, München 1970.

Brennberger, Ulrich / *Bauernfeind*, Heinz: Der „Arbeitgeber" im neuen JArbSchG, in: RdA 1961, S. 14 - 17.

Brentano, Lujo: Das Arbeitsverhältnis gemäß dem heutigen Recht, Leipzig 1877.

Brock, Adolf u. a.: Industriearbeit und Herrschaft, Frankfurt/M. 1969.

Brockmeyer, Norbert: Antike Sklaverei, Darmstadt 1979.

Broszat, M.: Der Staat Hitlers. Grundlegungen und Entwicklung seiner inneren Verfassung, 8. Aufl., München 1979.

Brox, Hans: Grundbegriffe des Arbeitsrechts, 6. Aufl., Stuttgart usw. 1983.

Bruck, Werner Friedrich: Die wandelnde Rolle von Unternehmerbild und -funktion in verschiedenen Epochen der Wirtschaftsgeschichte und die Theorie von Unternehmer und Unternehmung, in: Festgabe für Werner Sombart 1933, S. 85 - 112.

Brunner, Georg: Einführung in das Recht der DDR, 2. Aufl., München 1979.

Buchner, Herbert: Paritätische Mitbestimmung. Der Weg zu einer neuen Unternehmens- und Arbeitsordnung, in ZfA 1974, S. 147 - 185.

— Diskussionsbeitrag, in: Heinz-Oskar *Vetter* (Hrsg.), Mitbestimmung, Wirtschaftsordnung, GG, Frankfurt - Köln 1976.

— Die Rechtsstellung der Lizenzspieler, in: NJW 1976, S. 2242 - 2246.

— Die Rechtsverhältnisse im deutschen Lizenzfußball, in: Sonderheft RdA 1982, S. 1 - 13.

Bürger, Karlheinz / *Oehmann*, Werner / *Matthes*, Hans-Christoph, (Hrsg. und Bearbeiter): Handwörterbuch des Arbeitsrechts, Stichwort Arbeitgeber, 5. Aufl., Wiesbaden 1979, Stand: August 1983.

Burnham, James: Das Regime der Manager, Stuttgart 1948 (Ersterscheinung in Amerika 1941: The Managerial Revolution).

Dahrendorf, Ralf: Homo Sociologicus. Ein Versuch zur Geschichte, Bedeutung und Kritik der Kategorie der sozialen Rolle, 14. Aufl., Köln - Opladen 1974.

Däubler, Wolfgang: Das *Arbeitsrecht*, Bd. 2, Hamburg 1979.

— Grundstrukturen der Betriebsverfassung — Eine kurze rechtsdogmatische Betrachtung, in: ArbuR 1982, S. 6 - 12.

Däubler, Wolfgang / *Hege*, Hans: Tarifvertragsrecht, 2. Aufl., Baden-Baden 1981.

Daniels, Alexander von: Lehrbuch des gemeinen preussischen Privatrechts, Bd. III, Berlin 1851.

Dannenberg, J. F. H.: Das deutsche Handwerk und die sociale Frage, Leipzig 1872.

Dersch, Hermann: Die Rechtsstellung von Organmitgliedern juristischer Personen und Gesellschaften im Arbeitsrecht und in der Sozialversicherung, in: RdA 1951, S. 212 - 219.

— *AR-Blattei*-Handbuch für die Praxis, D I, Der Begriff „Arbeitgeber", 1955.

Dietz, Rolf / *Richardi,* Reinhard: BetrVG Komm., Bd. 1 (§§ 1 - 73), 6. Aufl., München 1981.

Dornseiff, F.: Das Problem des Bedeutungswandels, in: ZfdPh, Bd. 63 (1938), Stuttgart, S. 119 - 138.

Dubischar, Roland: Grundbegriffe des Rechts. Eine Einführung in die Rechtstheorie, Stuttgart usw. 1968.

Ebel, Wilhelm: Gewerbliches *Arbeitsvertragsrecht* im deutschen Mittelalter, Weimar 1934.

— *Quellen* zur Geschichte des deutschen Arbeitsrechts (bis 1849), Göttingen - Berlin - Frankfurt 1964.

Eichenhofer, Eberhard: *„Leitende Angestellte"* als Begriff des Unternehmensrechts, Köln usw. 1980.

— „Leitende Angestellte" — ein unternehmensrechtlicher Begriff, in: ZfA 1981, S. 219 - 232.

Eltzbacher, Paul: Über Rechtsbegriffe, Diss., Berlin 1899.

Engelhardt, Ulrich: Strukturelemente der Bundesrepublik Deutschland (Überlegungen zum Problem historischer Kontinuität am Beispiel der Betriebsverfassung), in: VSWG 1982, S. 373 - 392.

Erdmann, Gerhard: Die soziale Selbstverwaltung in ihrer rechts- und staatspolitischen Bedeutung, in: Sozialpolitik/Arbeits- und Sozialrecht, *FS* für Friedrich *Sitzler* zu seinem 75. Geburtstag, Stuttgart 1956, S. 43 - 54.

— *Arbeitgeberverbände* im sozialpolitischen Wandel der Zeit, 1966.

Esser, Josef: Wert und Bedeutung der Rechtsfiktionen, Frankfurt/M. 1940.

Fabricius, Fritz: *Mitbestimmung* in der Wirtschaft, Frankfurt/M. 1970.

— Gesellschaftsrechtliche Unternehmensverbindungen und *Arbeitgeberbegriff* in der betrieblichen Krankenversicherung, Neuwied - Berlin 1971.

— Arbeitsverhältnis, Tarifautonomie, Betriebsverfassung und Mitbestimmung im Spannungsfeld von Recht und Politik — Gedanken zur Fortentwicklung des Arbeitsverhältnisses, in: *FS* für Erich *Fechner,* Tübingen 1973, S. 171 - 206.

— *Unternehmensrechtsreform* und Mitbestimmung in einer sozialen Marktwirtschaft, Stuttgart usw. 1982.

— Rechtsprobleme gespaltener *Arbeitsverhältnisse im Konzern,* Neuwied - Darmstadt 1982.

Farthmann, Friedhelm: Der „personenrechtliche Charakter" des Arbeitsverhältnisses, in: RdA 1960, S. 5 - 9.

Farthmann, Friedhelm / *Hensche,* Detlef: Die gemeinsamen Einrichtungen der Tarifvertragsparteien — aus der Sicht der Arbeitnehmerseite —, in: Das Arbeitsrecht der Gegenwart, Bd. 9 (1972), S. 95 - 102.

Fetscher, Iring: Arbeit, in: Veränderung der Gesellschaft, hrsg. von Hendrik Bussiek, Frankfurt und Hamburg 1970, S. 44 - 64.

Figge, Gustav: Sozialversicherungs-Handbuch, Loseblattausgabe, 1 - 3. Aufl. Köln, Stand: November 1983.

Fitting, Karl / *Auffahrt*, Fritz / *Kaiser*, Heinrich: BetrVG (Hand-Komm.), 13. Aufl., München 1981.

Fleck, Hans-Joachim: Das Organmitglied — Unternehmer oder Arbeitnehmer? in: FS für Marie-Luise Hilger / Hermann Stumpf, hrsg. von Dieterich / Gammillscheg / Wiedemann, München 1983, S. 197 - 226.

Floretta / Spielbüchler / Strasser: Arbeitsrecht, Bd. II. Kollektives Arbeitsrecht (Arbeitsverfassungsrecht), Bearbeiter: Rudolf Strasser, Wien 1976.

Förster, Franz / *Eccius*, Max Ernst: Preussisches Privatrecht, II. Bd., 6. Aufl., Berlin 1892.

Freese, Heinrich: Das konstitutionelle System im Fabrikbetriebe, 2. Aufl. 1905.

Frey, August Wilhelm: Die Rechtsstellung des Arbeitsdirektors auf Unternehmens- und Verbandsebene, Diss., Köln 1960.

Frey, Erich: Der gute Glaube an die Arbeitgebereigenschaft, in: ArbuR 1957, S. 137 - 138.

Friedmann, Wolfgang: Recht und sozialer Wandel, Frankfurt/M. 1969.

Gagel, Alexander: AFG-Komm., 1. Lieferung §§ 1 - 62, München 1984.

— Konkursausfallgeld — Komm. zu den §§ 141 a - 141 n AFG, München 1981.

Galbraith, John Kenneth: Die moderne Industriegesellschaft, München - Zürich 1968.

Galperin, Hans: Begriff und Wesen des *Betriebsverbandes*, in: Das Arbeitsrecht der Gegenwart, 1964, S. 75 - 92.

— Die Stellung des Arbeitgebers in der BetrVerf., in: *FS* für Hans *Schmitz*, Bd. I, Wien - München 1967, S. 55 - 67.

Gast, Wolfgang: Arbeitsvertrag und Direktion (zweiseitige Leistungsbestimmung im Arbeitsverhältnis), Berlin 1978.

Gaul, Dieter: Betriebsinhaberwechsel und Arbeitsverhältnis, München 1966.

Geck, Ludwig, Heinrich, Adolph: *Die sozialen Arbeitsverhältnisse* im Wandel der Zeit — Eine geschichtliche Einführung in die Betriebssoziologie, Darmstadt 1977 (Nachdruck d. Ausgabe von 1931).

— Über das Eindringen des Wortes *„sozial"* in die deutsche Sprache, Göttingen 1963.

Georg, Karl: Schlagwort-Katalog, II. Bd. = S. 1888 - 1892, Hannover 1898.

Gierke, Otto von: Die Soziale Aufgabe des Privatrechts (*Vortrag*) 1889, Nachdruck (2. Aufl.), Frankfurt/M. 1948.

— Die Wurzeln des Dienstvertrages, in: *FS* für Heinrich *Brunner* zum 50jährigen Doktorjubiläum am 8. 4. 1914, München 1914, S. 37 - 68.

Gilles, Ferdinand: Der Staat als Arbeitgeber, Luxemburg 1884.

Giloy, Jörg: Die Beteiligung des Arbeitnehmers am arbeitgebenden Unternehmen, in: DB 1972, S. 1388 - 1390.

Gitter, Wolfgang: Beschäftigungsverhältnis und Arbeitsverhältnis, in: FS für Georg Wannagat, Köln 1981, S. 141 - 154.

Greiser, Hans-Jürgen: Das Direktionsrecht des Arbeitgebers, Diss., Göttingen 1958.

Gross, Hermann / *Meier*, Jens: Größe und Größenstruktur der Unternehmen. Ursachen und Auswirkungen über Wandlungen in der modernen Industriewirtschaft, Köln usw. 1964.

Großmann, Carl: Wer ist Prinzipal im Sinne des Handelsgesetzbuchs?, in: JW 1912, S. 774 - 776.

Habermas, Jürgen: Strukturwandel der Öffentlichkeit, 9. Aufl., Darmstadt und Neuwied 1978 (Erstausgabe 1962).

Hanau, Peter: Was bedeutet paritätische Mitbestimmung für das kollektive Arbeitsrecht?, in: BB 1969, S. 760 - 764.

Hanau, Peter / *Adomeit*, Klaus: Arbeitsrecht, 7. Aufl., Frankfurt/M. 1983.

Harmsen, Claus: Arbeitgeberverpflichtungen im Schwerbehindertengesetz, Königstein/Ts. 1982.

Haug, Ulrich: Direktion zwischen Sachzwang und Demokratie, Berlin 1979.

Hautmann, Wilhelm / *Krohn*, Dietrich / *Riedel*, Hermann: JArbSchG vom 12. April 1976, Lochham/München 1976.

Hecklinger, Roland: Die normative Kraft der grundgesetzlichen Sozialstaatsklausel in ihrer Bedeutung für das moderne Arbeitsrecht, Diss., Freiburg 1960.

Hedemann, J. W.: Selbständige Gruppen im Arbeitsverhältnis, in: Neue Zeitschrift für Arbeitsrecht 1924, Heft 5, Sp. 257 - 266.

Heinze, Meinhard: Die Ausübung von Arbeitgeberfunktionen durch Konkursverwalter und Testamentsvollstrecker, in: ArbuR 1976, S. 33 - 41.

— Rechtsprobleme des sog. echten Leiharbeitsverhältnisses, in: ZfA 1976, S. 183 - 201.

Hempel, Frank: Das Spannungsverhältnis zu dem sozialen Schutz der Arbeitnehmer und den wirtschaftlichen Interessen der Verleiher und der Entleiher bei der Arbeitnehmerüberlassung, Berlin 1975.

Henrich, Gustav: Der Rechtstypus des Arbeitgebers, in: öJZ 1956, S. 421 - 428 sowie S. 454 - 459.

Herkner, Heinrich: Die Arbeiterfrage, 3. Aufl., Berlin 1902.

Herschel, Wilhelm: Persönlichkeitsbild und Dienst am Arbeitsrecht, in: *FS* für Hans Carl *Nipperdey* zum 60. Geburtstag, hrsg. von Rolf Dietz / Alfred Hueck / Rudolf Reinhart, München und Berlin 1955, S. 59 - 64.

— Entwicklungstendenzen des Arbeitsrechts, in: RdA 1956, S. 161 - 168.

— Nochmals: Art. 44 Abs. 8 des Truppenvertrages, in: BArbBl 1957, S. 540 - 541.

— *Vom Arbeiterschutz zum Arbeitsrecht*, in: 100 Jahre Deutsches Rechtsleben, FS zum 100jährigen Bestehen des Deutschen Juristentages (1960), Bd. I, S. 305 - 315.

— *Freier Beruf* und Arbeitsverhältnis, Heidelberg 1964.

— Arbeitsrecht in der Wohlstandsgesellschaft, in: RdA 1968, S. 402 - 404.

— Neue Fragen zur arbeitnehmerähnlichen Person, in: ArbuR 1982, S. 336 - 339.

Herschel, Wilhelm / *Lorenz:* Komm. zum JArbSchG, Heidelberg 1976.

Herzberg, Rolf D.: Wer ist an der Uni verantwortlich?, in: BArbBl 1982, S. 27 - 31.

Hessel, Philipp: Die Problematik des wirtschaftlichen Mitbestimmungsrechts, in: BB 1950, S. 371 - 372.

Heuberger, Georg: Sachliche Abhängigkeit als Kriterium des Arbeitsverhältnisses, Königstein/Ts. 1982.

Heußner, Hermann: Sozialversicherungsrechtliche Aspekte der Arbeitnehmerüberlassung (sog. Leiharbeit), in: DB 1973, S. 1800 - 1803.

— Das abhängige Beschäftigungsverhältnis — Bindeglied zwischen Arbeits- und Sozialversicherungsrecht, in: ArbuR 1975, S. 307 - 312.

Hickmann, Hugo: Der soziale Krieg (Vortrag), Dresden 1872.

Hilger, Marie-Luise: Der Einfluß des kollektiven Arbeitsrechts auf das Einzelarbeitsverhältnis, in: Verhandlungen des 43. Deutschen Juristentags, Bd. 2, Teil F 5 - 25, München 1960.

Hitze, Franz: Pflichten und Aufgaben der Arbeitgeber in der Arbeiterfrage, Köln 1888.

— Die *Arbeiterfrage*, Berlin 1900.

Höcker, Lorenz: Die Stellung der Arbeitgeber und Arbeitnehmer im Knappschaftsrecht, in: SozFort 1960, S. 57 - 62.

Höfchen, C.: Begriffsbestimmung und arbeitsrechtliche Stellung des „leitenden Angestellten", in: ArbR 1921, S. 277 - 283.

Hoyningen-Huene, Gerrick von: Der Betriebsrat als Führungsinstrument, in: manager magazin 1983, S. 158 - 159.

Hromadka, Wolfgang: Gemeinsame Einrichtung der Tarifvertragsparteien, in: NJW 1970, S. 1441 - 1447.

— Das Recht der *leitenden Angestellten*, München 1979.

Huber, Hans: Die verfassungsrechtliche Bedeutung der Vertragsfreiheit, Berlin 1966.

Hueck, Alfred: Handbuch des Arbeitsrechtes, I. Buch: Entwicklung, Rechtsquellen, Grundbegriffe des Arbeitsrechts, Stuttgart 1922.

Hueck, Alfred / *Nipperdey*, Hans Carl / *Dietz*, Rolf: Gesetz zur Ordnung der nationalen Arbeit. Komm., 4. Aufl., München und Berlin 1943.

Hueck, Alfred / *Nipperdey*, Hans Carl: Lehrbuch des Arbeitsrechts, 1. Bd. (Bearbeiter: Alfred Hueck), 7. Aufl., Berlin und Frankfurt/M. 1963.

Hueck, Götz: Zur Tätigkeit des Kommanditisten im Dienste der KG, in: DB 1962, S. 1363 - 1368.

— Bemerkungen zum Anstellungsverhältnis von Organmitgliedern juristischer Personen, in: FS Hilger / Stumpf, hrsg. von Dieterich / Gamillscheg / Wiedemann, München 1983, S. 365 - 380.

Hug, Walther: Vom Wesen und den Funktionen des Arbeitsverhältnisses, aus: Grundfragen des Arbeitslebens, Chur 1926, Kap. III u. IV, abgedr. in: Ausgewählte Abhandlungen zum Arbeits- und Wirtschaftsrecht, FS zum 80. Geburtstag des Verfassers am 14. April 1978, Bd. I (Beiträge zum Arbeitsrecht), hrsg. von Manfred Rehbinder, Bern 1978.

Huppert, Walter: Der Begriff des Arbeitgebers, insbes. sein Verhältnis zum Begriff des Unternehmers, Diss., Köln 1928.

IG-Metall (Hrsg. vom Vorstand — Abteilung Tarifpolitik): *Daten* — Fakten — Informationen, Frankfurt/M. 1983.

Imbusch, H.: Arbeitsverhältnis und Arbeiter-Organisationen im deutschen Bergbau, Berlin und Bonn 1980, Nachdruck des 1908 erschienenen Werkes.

Isay, Rudolf: Anmerkung zu Potthoffs „Die Verselbständigung des Betriebes", in: JW 1926, S. 535.

IW = Institut der deutschen Wirtschaft (Hrsg.): *Zahlen* zur wirtschaftlichen Entwicklung der Bundesrepublik Deutschland, Ausgabe *1983*, Köln 1983.

Jacobi, Erwin: *Betrieb und Unternehmen* als Rechtsbegriffe, Sonderabdruck aus der FS der Leipziger Juristenfakultät für Victor Ehrenberg, Leipzig 1926.

— *Grundlehren* des Arbeitsrechts, Leipzig 1927.

Joachim, Hans G.: Die Rechtsprechung des BAG zum BetrVG — Einige Schwerpunkte, in: ArbuR 1982, S. 12 - 19.

Jung, Karl / *Cramer*, Horst H.: Schwerbehindertengesetz (Komm.), 2. Aufl., München 1980.

Jungfer, Victor: Wandlungen des Unternehmerbegriffs im 20. Jahrhundert, in: Gestaltungswandel der Unternehmung. Nürnberger Hochschulwochen vom 16. - 20. 9. 1953, Berlin 1954, S. 109 - 128.

Kahn-Freund, Otto: Arbeit und Recht, Köln und Frankfurt/M. 1979.

Kaiser, Josef Heinrich: Die Parität der Sozialpartner, Karlsruhe 1973.

Karch, Walter: Die Leitungsbefugnis des Arbeitgebers, Diss., München 1931.

Kaskel, Walter: Gegenstand und schematischer Aufbau des Wirtschaftsrechts als Rechtsdisziplin und Lehrfach, in: JW 1926, S. 11 - 13.

— *Arbeitsrecht*, 3. Aufl., Berlin 1928 sowie *1. Aufl.*, 1920 (Das neue Arbeitsrecht).

Kaskel, Walter / *Dersch*, Hermann: Arbeitsrecht, 5. Aufl., Berlin, Göttingen und Heidelberg 1957.

Kerb, Ruth Ingrid: Der Arbeitsdirektor. Seine Rechtsstellung im Gesellschafts- und Arbeitsverfassungsrecht, Diss., Freiburg 1964.

Kessler, Gerhard: Die Deutschen *Arbeitgeberverbände*, Leipzig 1907.

— Die geschichtliche Entwicklung der deutschen *Arbeitgeberorganisation*, in: ZfgStW, 63. Jg., 2. Heft 1907, S. 223 - 263.

Kilian, Wolfgang: Melde- und Auskunftspflichten des Arbeitgebers im Personalbereich, in: BB 1977, S. 1153 - 1159.

Kinkel, Walter Erich: *Individualismus* und Antiindividualismus in der nationalsozialistischen Wirtschaftsverfassung, Diss., München 1936.

— *Unternehmer* und Betriebsführer in der gewerblichen Wirtschaft, München und Berlin 1938.

Kleine, Dieter: Zur sozio-ökonomischen Lage der Arbeitnehmer kleiner und mittlerer Betriebe im gesamtwirtschaftlichen Strukturwandel, in: WSI-Mitteilungen, Überlegungen zu einer aktiven Strukturpolitik, 29. Jg., Heft 12, Dezember 1976, S. 754 - 761.

Knigge, Arnold: Die Abstellung von Arbeitnehmern an eine baugewerbliche Arbeitsgemeinschaft, in: Beilage Nr. 4/82 zu DB, S. 1 - 20.

Knopp, Anton / *Kraegeloh*, Wolfgang: JArbSchG (Erläuterungsbuch), 3. Aufl., Köln usw. 1976.

Koch, W. (Hrsg.): Arbeitgeber und Arbeiter. Gesetzliche Bestimmungen für das Deutsche Reich, Berlin 1891.

Konzen, Horst: Arbeitsrechtliche Drittbeziehungen — Gedanken über Grundlagen und Wirkungen der „gespaltenen Arbeitgeberstellung", in: ZfA 1982, S. 259 - 310.

Koselleck, Reinhardt: Begriffsgeschichte und Sozialgeschichte, in: Soziologie und Sozialgeschichte — Aspekte und Probleme, Sonderheft 16, Hrsg. Peter Christian Ludz, Obladen 1976.

Kraft, Alfons / *Konzen*, Horst: Die Arbeiterselbstverwaltung im Spannungsverhältnis von Gesellschafts- und Arbeitsrecht, Köln usw. 1978.

Kranig, Andreas: Lockung und Zwang. Zur Arbeitsverfassung im Dritten Reich, Stuttgart 1983.

Kretzschmar, Alfons: „Arbeitgeber" und „Unternehmer" im BetrVG, in: BB 1953, S. 209 - 210.

Kronasser, Heinz: Handbuch der Semasiologie, 2. Aufl., Heidelberg 1968.

Küchenhoff, Günter: in: Erman, Handkomm. zum BGB, 1. Bd., 6. Aufl., Münster 1975 sowie 7. Aufl. 1981.

Kunze, Otto: Bemerkungen zum Verhältnis von Arbeits- und Unternehmensrecht, in: Gesellschaftsrecht und Unternehmensrecht, FS für Wolfgang Schilling zum 65. Geburtstag, hrsg. von Fischer / Hefermehl, Berlin/New York 1973, S. 333 - 361.

Leckebusch, Roswitha: Entstehung und Wandlungen der Zielsetzungen, der Struktur und der Wirkungen von Arbeitgeberverbänden, Berlin 1966.

Lewin-Guradze, H.: Der „Innenarbeitgeber", in: ArbR 1924, Sp. 633 - 668.

Löwisch, Manfred: Mitbestimmung und Arbeitsverhältnis, in: Mitbestimmung — Ordnungselement oder politischer Kompromiß, hrsg. von Franz Böhm / Götz Briefs, 2. Aufl., Stuttgart-Degerloch 1973, S. 131 - 157.

Lotmar, Philipp: Der Arbeitsvertrag nach dem Privatrecht des Deutschen Reiches, 1. Bd., Leipzig 1902.

Lütge, Jürgen: Die Bedeutung des Arbeitsdirektors für das geltende Recht und für die bestehende Wirtschafts- und Sozialordnung, Diss., Hamburg 1957.

Mampel, Siegfried: Arbeitsverfassung und Arbeitsrecht in Mitteldeutschland, Köln 1966 (neue Aufl. 1983).

Mann, Golo: Deutsche Geschichte 1919 - 1945, Frankfurt/M. 1968.

Mansfeld, W. / *Pohl*, W. / *Steinmann*, G. / *Krause*, A. B.: Die Ordnung der nationalen Arbeit. Komm., Berlin usw. 1934.

Marburger, Horst: Versicherungs- und Beitragspflicht bei mittelbaren Beschäftigungsverhältnissen, in: BlStSozArbR 1976, S. 120 - 123.

— Zum Arbeitgeberbegriff im Bereich der Sozialversicherung, in: BB 1977, S. 449 - 452.

Martens, Erika: Wenn der Chef ein Kollege ist. Beispiel Gewerkschaftspresse: Funktionäre als Arbeitgeber, in: Die Zeit Nr. 44 (23. 10. 1981), S. 23 - 26.

Martens, Klaus-Peter: Das Arbeitsverhältnis im Konzern, in: 25 Jahre BAG, hrsg. von Franz Gamillscheg / Götz Hueck / Herbert Wiedemann, München 1979, S. 367 - 391.

— Vertretungsorgan und Arbeitnehmerstatus in konzernabhängigen Gesellschaften, in: FS für Hilger / Stumpf, hrsg. von Dieterich / Gamillscheg / Wiedemann, München 1983, S. 437 - 466.

Maus, Wilhelm: Das Deutsche Arbeits- und Sozialrecht, Bd. I: Das Arbeitsverhältnis, Grundfragen und Grundlagen, Schloß Bleckede a. d. Elbe 1948.

Maus, Wilhelm / *Kremp,* Jochen (Hrsg.): Handbuch des Arbeitsrechts, I. A-Grundgedanken des Arbeitsrechts (Bearbeiter: Maus), hier: 2 c = Der Arbeitgeberbegriff, Baden-Baden, 90. Lieferung, November 1976.

Mayer, Udo: Paritätische Mitbestimmung und *Arbeitsverhältnis,* Köln und Frankfurt/M. 1976.

— Gewerbsmäßige Arbeitnehmerüberlassung. Eine Zwischenbilanz angesichts des 4. Erfahrungsberichts der Bundesregierung, in: BB 1981, S. 1839 - 1843.

Mayer-Maly, Theo: Dienstvertrag und Arbeitsvertrag, in: ZAS 1966, S. 2 - 7.

— *Sozialpartnerparität* als Verfassungsgebot, in: Gedächtnisschrift für Hans Peters, Berlin - Heidelberg - New York 1967, S. 938 - 950.

— Das Leiharbeitsverhältnis, in: ZfA 1972, S. 1 ff.

— Vorindustrielles Arbeitsrecht, in: RdA 1975, S. 59 - 63.

— Das BGB in den Händen des BAG, in: 25 Jahre BAG, hrsg. von Franz Gamillscheg / Götz Hueck / Herbert Wiedemann, München 1979, S. 393 - 404.

Mestitz, Franz: Probleme der Geschichte des Arbeitsrechts — Ein Forschungsbericht für die Jahre 1974 - 1979, in: ZNR 1980, S. 47 - 65.

Metzmaier, Gerd: Die Eingliederungstheorie und die Lehre vom Arbeitsverhältnis, Diss., Gießen 1968.

Meyer-Cording, Ulrich: Die Arbeitsverträge der Berufsfußballspieler, in: Sonderheft RdA 1982, S. 13 - 16.

Mitscherlich, Waldemar: Die Lehre von den beweglichen und starren Begriffen, Stuttgart 1936.

Moldenhauer, Paul: Die Stellung des Arbeitgebers in der deutschen Sozialversicherung, in: Festgabe für Alfred Manes (1902 - 1927), Berlin 1927, S. 238 - 247.

Molitor, Erich: Zur *Geschichte* des Arbeitsvertrages, in: Zeitschrift für das Gesamte Handelsrecht und Konkursrecht, Bd. 87 (ca. 1924), S. 371 - 398.

— Zum Begriff des Arbeitgebers, in: DB 1956, S. 21 - 32.

Molitor, Erich / *Volmer,* Bernhard / *Germelmann,* Claas-Hinrich: JArbSchG (Komm.), 2. Aufl., München 1978.

Mommsen, Hans: Klassenkampf oder Mitbestimmung — Zum Problem der Kontrolle wirtschaftlicher Macht in der Weimarer Republik, Frankfurt/M. 1978.

Monnerjahn, Rudolf: Das Arbeitsverhältnis in der deutschen Seeschiffahrt, Stuttgart 1964.

Mück, Jürgen (Hrsg.): Die Wirtschaftsgesellschaft, Frankfurt und New York 1978.

Müller, Emil-Peter: Die Sozialpartner: Verbandsorganisationen, Verbandsstrukturen, Köln 1980.

Müller, Gerhard: Arbeitsrechtliche Probleme im Zusammenhang mit dem Gesetz zur Förderung der Vermögensbildung der Arbeitnehmer, in: DB 1961, S. 1195 - 1197 sowie S. 1225 - 1226.

— Gedanken zum Begriff des leitenden Angestellten i. S. d. § 5 III BetrVG, in: Beilage Nr. 23/81 zu Heft 40 DB vom 2. 10. 1981, S. 1 - 12.

Müller-Erzbach, Rudolf: Die Relativität der Begriffe und ihre Begrenzung durch den Zweck des Gesetzes, in: Jherings Jahrbücher, Bd. 61 (= NF Bd. 25) 1912, S. 343 - 384.

Müllner, Wolfgang: Aufgespaltene Arbeitgeberstellung und Betriebsverfassungsrecht, Diss., Berlin 1978.

Naphtali, Fritz: Wirtschaftsdemokratie, hrsg. von Rudolf F. Kuda, 4. Aufl., Köln - Frankfurt/M. 1977 (Erstausgabe 1928).

Nawiasky, Hans: Allgemeine Rechtslehre als System der rechtlichen Grundbegriffe, 2. Aufl. 1948, Zürich - Köln 1948.

Nell-Breuning, Oswald von: Unternehmensverfassung und Arbeitsrecht, in: BlStSozArbR 1969, S. 369 - 372.

— Arbeitnehmer — Mitarbeiter — Unternehmer, in: *FS Backhaus*, hrsg. von A. Geißler und W. Fricke, Hamburg 1973, S. 182 - 195.

Neumann, Franz-L.: Das Arbeitsrecht in der modernen Gesellschaft, in: RdA 1951, S. 1 - 5.

Neumann, Lothar F. / *Schaper*, Klaus: Die Sozialordnung der Bundesrepublik Deutschland, Frankfurt/New York 1982.

Nicklisch, Fritz: Die Koppelung von Wirtschaftsverbänden und Arbeitgeberverbänden, Berlin 1972.

Niedenhoff, Horst-Udo: Die unbekannte Macht, Unternehmer DGB, 3. Aufl., Köln 1977.

Nikisch, Arthur: Arbeitsrecht, *1. Aufl.*, Tübingen 1951, 3. Aufl., I. Bd., Tübingen 1961.

Nipperdey, Hans Carl: Die privatrechtliche Bedeutung des Arbeiterschutzrechts, in: Die Reichsgerichts-Praxis im deutschen Rechtsleben, Leipzig 1929, S. 203 - 230.

Oechelhäuser: Über die Durchführung der sozialen Aufgabe im Verein der Anhaltischen Arbeitgeber, Berlin 1888.

Oertmann, Paul: Interesse und Begriff in der Rechtswissenschaft, Leipzig 1931.

Oeser, E. / *Raisch*, Peter: Juristische Methodenlehre. KE 1: Einleitung — Der Wissenschaftsbegriff der Jurisprudenz und ihre Stellung im System der Wissenschaften. KE 2: Geschichte der juristischen Methodenlehre. KE 3: Systematik der juristischen Methodenlehre, Fernstudien-Material der Fernuniversität — Gesamthochschule — Hagen 1980.

Olbersdorf, Gert: Sozialer Rechtsstaat und Arbeitsrecht, in: ArbuR 1955, S. 129 - 140.

Osswald, Richard: Der Arbeitgeberbegriff nach dem ArbGG und dem SGG, in: RdA 1954, S. 246 - 247.

Otto, Hansjörg: Personale Freiheit und soziale Bindung, München 1978.

Pakebusch, Ernst: Die arbeitgeberähnlichen Personen und ihre arbeitsrechtliche Sonderstellung, Diss., Köln 1961.

Passow, Richard: Die Aktiengesellschaft, Jena 1922.

Paulssen, Hans Constantin: Die Aufgabe der Vereinigungen der Arbeitgeber und der Arbeitnehmer in der sozialen Ordnung, in: Sozialpolitik, Arbeits- und Sozialrecht, FS für Friedrich Sitzler zu seinem 75. Geburtstag, Stuttgart 1956, S. 35 - 41.

Pohl, Robert: Die Rechtsbedeutung des Betriebs — eine rechtliche und rechtspolitische Untersuchung über einige Betriebsprobleme, Berlin 1930.

Potthoff, Heinz: *Wörterbuch* des Arbeitsrechts, Stuttgart 1920.

— Zur Klärung arbeitsrechtlicher Begriffe, in: ArbR 1921, Sp. 18 - 23.

— Ist das Arbeitsverhältnis ein Schuldverhältnis?, in: ArbR 1922, Sp. 267 - 283.

— *Wesen und Ziel* des Arbeitsrechts, Berlin 1922.

— Die sozialen *Probleme des Betriebes*, Berlin 1925.

— Die Verselbständigung des Betriebes, in: JW 1926, S. 533 - 535.

— Die Rechtsform des Arbeitsverhältnisses, in: JW 1927, S. 225 - 228.

— Weltanschauliche *Grundlagen* des Arbeitsrechts, in: Archiv für Rechts- und Wirtschaftsphilosophie (20. Bd.), 1926/1927, S. 450 - 460.

— Arbeitgeber oder Bürge?, in: ArbR 1930, Sp. 158 - 162.

— *Arbeitsrecht* — Das Ringen um werdendes Recht, Leipzig 1931.

Preller, Ludwig: Sozialpolitik in der Weimarer Republik, (Neudruck des erstmals 1949 erschienenen Werks), Düsseldorf 1978.

Pretzsch, H. / *Schalkhäuser*, A. / *Rechenberg*, Friedrich: Das Recht der Arbeitnehmer bei den Streitkräften (Komm.), Hamburg 1955.

Pross, Helge / *Boetticher*, Karl W.: Manager des Kapitalismus, Frankfurt/M. 1971.

Radbruch, Gustav: Klassenbegriffe und *Ordnungsbegriffe* im Rechtsdenken, in: Revue internationale de la theorie du droit, Zürich usw. 1938, S. 46 - 54.

— Vom individualistischen *zum sozialen Recht*, (Sept. 1930) in: Radbruch, Der Mensch im Recht, Göttingen 1957, S. 35 - 49.

Raisch, Peter: Unternehmensrecht, Bd. 1: Unternehmensprivatrecht: Handels- und Gesellschaftsrecht, Reinbek bei Hamburg 1973, Bd. 2: Aktien- und Konzernrecht. Mitbestimmung und Fusionskontrolle, ebenda, 1974.

Raiser, Thomas: Das *Unternehmen* als Organisation, Berlin 1969.

— Das Arbeitsverhältnis aus der Sicht der Organisationssoziologie, in: ZRP 1973, S. 13 - 19.

Ramm, Thilo: Die Aufspaltung der Arbeitgeberfunktionen, in: ZfA 1973, S. 263 - 295.

— Einführung in das *Privatrecht*. Allgemeiner Teil des BGB, Bd. 1. 2. Aufl. 1974.

— in: Mitbestimmung, Wirtschaftsordnung und GG, hrsg. von Heinz Oskar *Vetter*, Frankfurt/M - Köln 1976.

— Das *Arbeitsverhältnis* — Eine Problemskizze des Arbeitsvertragsrechts der Staaten der Europäischen Gemeinschaft (unveröffentlichtes Typoskript), Brüssel 1977.

— Die Mitbestimmung als Teil der Arbeits- und Wirtschaftsverfassung der Bundesrepublik Deutschland und der DDR, in: *FS* für Konrad *Duden* zum 70. Geburtstag, hrsg. von Pawlowski / Wiese / Wüst, München 1977, S. 439 - 468.

— Die Arbeitsverfassung der Bundesrepublik, in: JZ 1977, S. 1 - 6. 468.

— Kollektives Arbeitsrecht und öffentlicher Dienst, in: JZ 1977, S. 737 - 743.

— Probleme der Arbeitsverfassung, in: ZfA 1978, S. 361 - 385.

— *Arbeitsrecht* I — Die Arbeitsverfassung der Bundesrepublik Deutschland. Studienmaterial der Fernuniversität — Gesamthochschule — Hagen 1979/ 1980.

— *Geschichte* der deutschen Arbeitsverfassung. Autoren: Ramm, Thilo / Kranig, Andreas / Schröder, Rainer. Niederschrift des Diskussionsbeitrags der Diskussion der Kursautoren. Studienmaterial der Fernuniversität — Gesamthochschule — Hagen 1981.

Rancke, Friedbert: Arbeitnehmerbegriff und sozio-ökonomischer Strukturwandel, in: ArbuR 1979, S. 9 - 17.

RegE eines Arbeitsschutzgesetzes: Vervielfältigtes Typoskript, hrsg. von BMA, Stand 21. Juli 1982.

Rehbinder, Manfred: *Wandlungen* der Rechtsstruktur im Sozialstaat, Sonderheft 11/1967 der Kölner Zeitschrift für Soziologie: Studien und Materialien zur Rechtssoziologie, S. 197 - 222.

— Status-Kontrakt-Rolle, in: Berliner *FS* für Ernst E. *Hirsch*, Berlin 1968, S. 141 - 169.

— Die Rechtsnatur der Arbeitsverhältnisse deutscher Arbeitnehmer bei den ausländischen *Streitkräften*, Berlin 1969.

— Schweizerisches *Arbeitsrecht*, 5. Aufl., Bern 1979.

Reifferscheid, Adolf (Hrsg.) / *Benseler*, Frank: Lexikon des Rechts (Loseblattausgabe), Neuwied 1980.

Renner, Karl: Die Rechtsinstitute des Privatrechts und ihre soziale Funktion, Nachdruck Stuttgart 1965 (Erstausgabe Tübingen 1929).

Reuter, Dieter: Die Arbeiterselbstverwaltung im Spannungsverhältnis von Gesellschafts- und Arbeitsrecht, in: ZfA 1979, S. 537 - 558.

Rhein, Alfons: Ein Appell an alle Arbeitgeber,Frankfurt/M.undLuzern1891.

Rhode, Heinz: Arbeitsrecht — Sozialrecht — Gemeinschaftsrecht, Berlin 1944.

Rittner, Fritz: Unternehmen und freier Beruf als Rechtsbegriffe, in: Recht und Staat, Heft 261/262, Tübingen 1962, S. 1 - 40.

Römer, Peter: Funktions- oder Formwandel des Eigentums?, in: DuR 1973, S. 48 - 64.

Roggemann, Herwig: Das Modell der Arbeiterselbstverwaltung in Jugoslawien, Frankfurt/M. 1970.

Rüthers, Bernd: Das *Arbeitsrecht im Wandel* der Industriegesellschaft, in: Aktuelle Fragen des Arbeitsrechts, hrsg. von Alexander Hollerbach u. a., Paderborn 1972, S. 7 - 22.

— *Arbeitsrecht* und politisches System, Frankfurt/M. 1973.

— Mitbestimmungsprobleme in Betriebsführungsaktiengesellschaften, in: BB 1977, S. 605 - 612.

— Probleme der Organisation, des Weisungsrechts und der Haftung bei Gruppenarbeit, in: ZfA 1977, S. 1 - 46.

Rüthers, Bernd / *Stindt*, Heinrich Meinhard: Der Kreis der leitenden Angestellten in der neuen Betriebsverfassung, in: BB 1972, S. 973 - 978.

Sachtler, H.: Wandlungen des industriellen Unternehmers in Deutschland seit dem Beginn des 19. Jahrhunderts, Diss., Halle 1937.

Säcker, Jürgen / *Zander*, Ernst: Mitbestimmung und Effizienz, Stuttgart 1981.

Schank, Gerd: Die Praxis der Einigungsstelle, in: AiB 1981, S. 117 - 120.

Schaub, Günter: *Arbeitsrechts-Handbuch*, 5. Aufl., München 1983.

— Aktuelle Fragen zum Kündigungsschutzrecht unter besonderer Berücksichtigung der betriebsbedingten Kündigung, in: RdA 1981, S. 371 - 376.

Scheuch, Erwin K.: Die Bedeutung kleinerer und mittlerer Betriebe für die Sozialordnung einer modernen Industriegesellschaft, in: Ifo-Institut für Wirtschaftsforschung (Hrsg.). Die gesamtwirtschaftliche Funktion kleiner und mittlerer Unternehmen, München 1976, S. 303 - 331.

Schmid, Felix: Sozialrecht und Recht der sozialen Sicherheit, Berlin 1981.

Schmieder, Eberhard: Geschichte des Arbeitsrechts im deutschen Mittelalter, Bd. I, Leipzig 1939.

Schmieder, Hans: Arbeitgeber und Unternehmer, in: SozPrax, Bd. 8 (1918/1919), Sp. 272 - 273.

Schmoller, Gustav: Zur Geschichte der deutschen *Kleingewerbe* im 19. Jahrhundert, Halle 1870.

— *Großbetrieb* und Gesellschaftsintegration (1892), in: Friedrich Fürstenberg / Heinz Maus (Hrsg.), Industriesoziologie I, 2. Aufl., 1966, S. 313 - 329.

— Die *soziale Frage*. Klassenbildung, Arbeiterfrage, Klassenkampf, München - Leipzig 1918.

Schnorr von Carolsfeld, Ludwig: Arbeitsrecht, 2. Aufl., Göttingen 1954.

Schoeck, Helmut: Soziologisches Wörterbuch, 5. Aufl., Freiburg 1972.

Schoenlank, Bruno: Sociale Kämpfe vor 300 Jahren, 2. Aufl., Leipzig 1907.

Scholz, Rupert: Referat zum Thema „Die Koalitionsfreiheit des Arbeitgebers" im Rahmen des Symposiums zum Gedächtnis an Hans Martin Schleyer anläßlich des 10jährigen Bestehens der ZfA. Gesamtthema: Die Rechtsstellung der Arbeitgeberverbände in der Arbeitsverfassung, in: ZfA 1980, S. 357 - 387.

Schröder, Rainer: Die Arbeitsverfassung des Mittelalters und des Polizeistaates, in: Geschichte der deutschen Arbeitsverfassung. Autoren: Ramm, Thilo / Kranig, Andreas / Schröder, Rainer. Typoskript des Vortrags im Rahmen des Fernstudien-Angebots der Fernuniversität — Gesamthochschule — Hagen 1981.

Schulin, Bertram: Anfängliche Arbeitsunfähigkeit im Lohnfortzahlungsrecht, in: ZfA 1978, S. 215 - 267.

Schulz, Hermann / *Eckert*, Christian: Grundzüge der deutschen Sozialversicherung — im Auftrag des RAM, Sonderheft 24 des RArbBl, Berlin 1922.

Siebert, Wolfgang: Die deutsche *Arbeitsverfassung*, 2. Aufl., Hamburg 1942.

— Einige Grundgedanken des gegenwärtigen Arbeitsrechts, in: RdA 1956, S. 13 - 17.

Simitis, Spiros: Die faktischen Vertragsverhältnisse — als Ausdruck der gewandelten sozialen Funktion der Rechtsinstitute des Privatrechts, Frankfurt/M. 1957.

Sinzheimer, Hugo: *Grundgedanken* und die Möglichkeit eines einheitlichen Arbeitsrechts für Deutschland, 1914.

— Über soziologische und dogmatische Methode in der Arbeitsrechtswissenschaft, in: ArbR 1922, Sp. 187 - 198.

— *Grundzüge* des Arbeitsrechts, 2. Aufl., Jena 1927.

Söllner, Alfred: Einseitige *Leistungsbestimmung* im Arbeitsverhältnis, Wiesbaden 1966.

— in: MünchKomm zum BGB, Bd. 3, Schuldrecht. Besonderer Teil 1. Hb (§§ 433 - 656), München 1980.

— *Arbeitsrecht*, 7. Aufl., Stuttgart 1981.

Sommerhalder, Rudolf: Die Rechtsstellung des Arbeitgebers in der AHV, Diss., Zürich 1958.

Stein, Erwin: Arbeitgeber und Arbeitnehmer, Dresden 1906.

Stein, Erwin: Zur Wandlung des Eigentumsbegriffes, in: FS für Gebhard Müller zum 70. Geburtstag, Tübingen 1970, S. 503 - 527.

Stenschke, Karl Heinz: Das Direktionsrecht des Arbeitgebers, Mannheim - Berlin - Leipzig 1932.

Stier-Somlo, Fritz: Stichwort „Arbeitgeber", in: Handwörterbuch der Rechtswissenschaft, hrsg. von Stier-Somlo / Elster, 1. Bd., Berlin - Leipzig 1926.

Tänzler, Fritz: Die deutschen Arbeitgeberverbände 1904 - 1929. Ein Beitrag zur Geschichte der Arbeitgeberbewegung, Berlin 1929.

Teichmann, Arndt: Die Personengesellschaft als Rechtsträger, in: AcP 179 (1979), S. 475 - 492.

Teuteberg, Hans-Jürgen: Geschichte der industriellen Mitbestimmung in Deutschland, Tübingen 1961.

Thürbach, Ralf-Peter: Die Entwicklung der Unternehmensgrößen in der Bundesrepublik Deutschland von 1962 - 1972, Göttingen 1975.

Tille, Alexander: Die politische Arbeitgeberbewegung, Saarbrücken 1909.

Titze, Heinrich: Das kaufmännische Hilfspersonal, in: Viktor Ehrenberg (Hrsg.), Handbuch des gesamten Handelsrechts, Bd. II, Leipzig 1918, S. 545 - 962.

Totschek, Carl: Der Begriff des leitenden Angestellten, Diss., Leipzig 1932.

Turin, Guido: Der Begriff des Unternehmers, Zürich 1947.

Unterseher, Lutz: Arbeitsvertrag und innerbetriebliche Herrschaft — eine historische Untersuchung, Frankfurt/M. 1969.

Vacarie, Isabelle: L'employeur, Paris 1979.

Van der Ven, Frans: Sozialgeschichte der Arbeit, Bde I - III, München 1971/1972.

Vetter, Heinz Oskar (Hrsg.): Mitbestimmung, Wirtschaftsordnung, GG, Frankfurt/M. - Köln 1976.

Voeltzer, Klaus: Rechtsfragen zum Gesetz über die Schaffung eines besonderen Arbeitgebers für Hafenarbeiter (Gesamthafenbetrieb) vom 3. August 1950, Diss., Hamburg 1957 (1959).

Vogel, C. Wolfgang: Aktienrecht und Aktienwirklichkeit — Organisation und Aufgabenteilung von Vorstand und Aufsichtsrat, Baden-Baden 1980.

Vollmer, Lothar: Die Entwicklung partnerschaftlicher Unternehmensverfassungen, Köln usw. 1976.

Volmer, Bernhard: Der Begriff des Arbeitgebers im ArbNerfG, in: GRUR 1978, S. 393 - 403.

Volze, Armin: Das „sozialistische Arbeitsrechtsverhältnis" in der Sowjetzone Deutschlands, Diss., Göttingen 1963.

Wackernagel, Jacob: Die geistigen Grundlagen des mittelalterlichen Rechts (Vortrag), in: Recht und Staat, Heft 62, Tübingen 1929.

Wannagat, Georg: Lehrbuch des Sozialversicherungsrechts, Bd. I, Tübingen 1964.

Weber, Werner: Die Sozialpartner in der Verfassungsordnung, in: Göttinger FS für das OLG-Celle, Göttingen 1961, S. 239 - 261.

Weiss, Manfred: Zur Integration von Rechts- und Sozialwissenschaften im Arbeitsrecht — ein möglicher erster Schritt, in: Sozialwissenschaften im Studium des Rechts, Bd. I, München 1977, S. 201 - 211.

Wendling, Gerhard: Rechtsgeschäftlicher Betriebsübergang und Arbeitsverhältnis, Bochum 1980.

Wiedemann, Herbert: Das *Arbeitsverhältnis* als Austausch- und Gemeinschaftsverhältnis, Karlsruhe 1966.

— Rationalisierungsschutz, Tarifmacht und gemeinsame Einrichtungen, in: RdA 1968, S. 420 - 424.

Wiedemann, Herbert / *Stumpf,* Hermann: TVG-Komm., 5. Aufl., München 1977.

Wiethölter, Rudolf: Zusammenfassung eines Vortrags anläßlich des deutsch-schwedischen Juristenkolloquiums „Sozialstaat und Privatrecht", in: RabelsZ Jg. 29 (1965), S. 806 - 808.

Willoweit, Dietmar: Historische Grundlagen des Privatrechts, 4. Teil: Arbeit, in: JuS 1977, S. 573 - 578.

Wilrodt, Hermann / *Neumann,* Dirk: SchwerbG (Komm.), 5. Aufl., München 1980.

Witte, Eberhard / *Bronner,* Rolf: Die leitenden Angestellten (Eine empirische Untersuchung), München 1974.

Wlotzke, Otfried: Entwicklungstendenzen im Arbeitsrecht, in: RdA 1963, S. 1 - 6 sowie S. 44 - 51.

— Zum Vorhaben eines Arbeitsvertragsgesetzes. Eine rechtspolitische Betrachtung, in: 25 Jahre BAG, München 1979, S. 681 - 707.

Wohlgemuth, Hans H.: Arbeitsrechtliche Fragen der Personaldatenverarbeitung, in: ArbuR 1981, S. 269 - 277.

Wolf, Ernst: Der Begriff Arbeitsrecht, in: 25 Jahre BAG, hrsg. von Gamillscheg / Götz Hueck / Wiedemann, München 1979, S. 709 - 726.

Wolf, Manfred: Allgemeine Grundsätze des Kündigungsrechts und des Kündigungsschutzrechts, in: Friedrich Becker u. a., Gemeinschaftskomm. zum KSchG und sonstigen kündigungsschutzrechtlichen Vorschriften, Neuwied und Darmstadt 1981.

Zapf, Karl-Friedrich: Das Direktionsrecht des Arbeitgebers, jur. Dissertation, Heidelberg 1971.

Zeuner, Albrecht: Überlegungen zum Begriff des Arbeitnehmers und zum Anwendungsbereich arbeitsrechtlicher Regeln, in: RdA 1975, S. 84 - 88.

Zimmermann, Waldemar: Das „Soziale" im geschichtlichen Sinn- und Begriffswandel, in: Festgabe für Leopold von Wiese, Mainz 1948, S. 173 - 191.

Zmarzlik, Johannes: JArbSchG (Komm.), 2. Aufl., München 1983.

Zöllner, Wolfgang: Die Zukunft der Arbeitsrechtsordnung, in: DB 1969, S. 40 - 45.

— Die Einwirkung der erweiterten Mitbestimmung auf das Arbeitsrecht, in: RdA 1969, S. 65 - 72.

— Arbeitsrecht und Politik, in: DB 1970, S. 54 - 62.

— Empfiehlt es sich, das Recht der gemeinsamen Einrichtungen der Tarifvertragsparteien (§ 4 II TVG) gesetzlich näher zu regeln? *Gutachten,* in: Verhandlungen des 48. Deutschen Juristentages, Bd. I, Teil G, München 1970.

— Zur Abgrenzung der leitenden Angestellten i. S. d. Betriebsverfassungsrechts, in: *Gedächtnisschrift* für Rolf *Dietz,* 1973, S. 377 - 406.

— Arbeitsrecht und menschengerechte Arbeitsgestaltung, in: RdA 1973, S. 212 - 218.

— Unternehmerische Mitbestimmung und Einzelarbeitsverhältnis, in: *FS* für Erich *Fechner,* Tübingen 1973, S. 155 - 170.

— *Arbeitsrecht,* 3. Aufl., München 1983.

FSC
www.fsc.org
MIX
Papier | Fördert gute Waldnutzung
FSC® C083411

Kolibri 360 GmbH
Ferdinand-Jühlke-Straße 7
99095 Erfurt, Deutschland
produktsicherheit@kolibri360.de

Druck:
CPI Druckdienstleistungen GmbH
im Auftrag der
Kolibri 360 GmbH
Ferdinand-Jühlke-Str. 7
99095 Erfurt